韓國史硏究叢書 105

통합의 정치가 이산

송기출 저

국학자료원

머릿글

인생 오십이면 지천명(知天命)이라고 했다. 살아보니 그렇다. 인간을 제외한 포유동물은 태어나자마자 땅 위를 걷는다. 몇 걸음 엎어졌다 쓰러졌다 자빠졌다 하다가는 이내 일어서 땅 위에 몸뚱아리의 중심을 잡는다.

시간으로 보면 불과 몇 시간이다.

그러나 인간은 무려 1년 여의 시간이 필요하다. 부모님을 비롯한 타인(他人)의 절대적인 보살핌과 희생 그리고 배려가 없이는 그 누구도 몸뚱아리를 땅 위에 세우지 못한다. 어미의 자궁을 나와 빨리 일어서는 동물과 비교할 때 어림잡아도 천배 이상의 시간이 소요된다. 땅 위에 두 다리를 딛고 서는 데만 그렇다는 거다.

생존에 필요한 근육을 키우고 본체의 성장에는 또 얼마의 시간이 필요한가? 아마도 일만 배의 시간이 소요되리라. 정신세계(精神世界)로 들어서면 어떠한가?

혼자서 스스로 판단하고 사회적 관계 속에서 제 역할을 하고 역사의 서사적 사역을 깨닫고 다음 세대를 위하여 한 인간의 숙명적 과제를 영광스럽게 책임을 떠맡고 행하는 것, 나는 그것을 지천명이라고 하겠다.

그러한 지천명의 역사적 여행이 내게도 오십년이 걸렸다. 살아보니, 시간(時間)이 참으로 중요함을 알게 된다. 내 생각과 다른 생각을 가진 타

존재(他存在)의 가치가 매우 중요하다. 나를 중심으로 한 타인과 공동체(共同體)와 사회(社會)와 자연(自然)과 우주(宇宙)를 깊이 생각한다면? 나는 어떻게 살 것인가? 깊은 성찰 끝에 나름의 길을 각자가 찾을 수 있을 것이다.

우리보다 200여 년 전에 살았던 한 사람이 있었다. 한 인간으로서, 자식으로서, 부모로서, 공동체의 책임자로서, 국가경영의 최고의 CEO로서 치열하게 살았던 사람이다. 우리 한반도 미래를 위한 고뇌이다.

국가의 틀과 방향 그리고 구성원 개개인의 희망(希望)을 위하여 공부하고, 고뇌하고, 몸부림쳤던 사람이다. 역사 앞에 서사적 책무를 다하려 노력했던 사람이다. 한 인간으로서 수명은 오십도 살지 못했던 인간이다. 그 사람의 이름은 이산이다.

역사가 그에게 정조대왕이란 또 다른 이름을 지어 주었다. 정조는 소통을 위하여 엄청난 노력을 기울인 정치가였다. 흔히 요즘 사람들은 정치인을 곱지 않은 시선으로 바라본다. 정치란 무엇인가? 마르크스와 엥겔스는 정치를 사적이익을 위해 공적영역을 통제하는 것으로 보았고, 아리스토텔레스는 정치를 공공선을 추구하는 행위라 정의했다. 동양적 가치로 볼 때, 공자는 위정이덕(爲政以德), 정치는 덕으로 하는 것이라 했다. 덕(德)을 파자하면, 사람(人)과 사람(人)이 곧은(直) 마음(心)으로 소통하는 것이다. 그러므로 정치란 정직한 소통으로 시작해 통합으로 완성되는 것이다. 나는 정치인의 소명은 사랑을 베푸는 것이라 생각한다. 200여 년 후를 사는 나는 깊이 생각한다. 오십이 넘은 나는 더욱 깊이 생각한다.

인생(人生)이란 무엇인가?
어떻게 살 것인가?

책을 펴냄에 너무도 부끄럽지만, 한 인간으로서도 부끄럽지만 역사 앞에, 부모님 앞에, 만났다 헤어진 모든 분들께 무릎 꿇고 절을 올리겠습니다. 진심으로 감사드립니다.

2012년 2월 정월 대보름에
송기출

차례

들어가는 글

1. 왜 정조인가

위대한 지도자 정조

우리 역사에는 국가적 위기상황에서 그 국난의 고비를 넘기고 나아가 새로운 시대를 열어준 창조적인 지도자가 많이 있었다. 그들 창조적 지도자들은 이전부터 누적되어 온 수많은 사회 구조적 모순을 개혁하고 새로운 아젠다를 형성해 미래 사회로 나아갈 수 있게 해주는 탁월한 리더십을 보여주는 공통점을 가지고 있었다. 그러나 오랜 시간 속에서 형성된 구조적 문제가 지도자 개인의 능력만으로 모두 제거되고 극복되기까지는 수많은 도전과 한계에 맞닥뜨려야 했다.

특히 개혁의 대상이 되어야만 하는 사회 구조적 모순을 축적시키고 그로부터 체계적인 사적 이익을 획득하던 기득권 세력의 저항과 반발은 가장 큰 난점이 될 수밖에 없다. 역사에서 창조적 디자이너라고 할 수 있는 지도자는 이러한 난관을 모두 극복하고 국민들에게 새로운 비전을 제시해 희망을 전해준 위대한 인물이라고 평할 수 있을 것이다. 조선 후기의 개혁군주 정조대왕의 치적은 그러한 위대한 디자이너의 대표적 사례라고 할 수 있다.

정조 시대는 격동의 시기였다. 조선의 전통적 질서가 동요하고 주자학이 이념적 지도이념으로서의 한계를 드러내고 외래사상과 문화가 들어와 사회변화의 중심적 역할을 하였다. 사회 신분질서의 고착과 그 폐해는 점점 심화되고 사색당쟁으로 인한 국론분열과 국력집결도 이루어지지 않았다. 이러한 상황에서 정조는 기존의 조선적 질서를 유지하고 사회적 요구에 부응하여야 하는 이중적 과제를 가지고 있었다. 정조의 새로운 국가와 사회를 위한 창조적 경장(更張)[1]은 이러한 상황 하에서 출발한다. 그러나 정조의 국가개혁은 오랜 시간을 통해 형성된 기득권층의 저항과 그 자신의 취약한 정치적 위치 그리고 인적 자원은 물론 그의 정책을 지원해줄 세력의 부족 등 많은 난점들을 극복해야 하는 과제를 가지고 있었다. 그런 가운데 추진된 정조의 국가경장을 위한 개혁정책은 기본적으로 위민과 통합이라는 영역에서 특히 돋보이는 업적을 남겼다고 할 수 있다. 본 저서가 연구의 주요 테마로 설정하고 집중하는 영역도 바로 정조의 위민정책과 통합정책이다.

역사적 진실과 역사적 사실

역사적 진실의 객관성을 고찰하려고 할 경우, 첫 작업은 당연히 역사적 사실에서부터 시작하게 된다. 사실의 구조는 일정한 지식수준과 연구기술을 가진 유능한 역사가들에 있어 모두에게 동일하지만, 대개 사실에 대하여 해석을 시작하는 바로 그 순간 역사가들의 견해 차이가 드러난다고 여겨지기 때문이다.

역사학의 사실주의를 대표하는 랑케학파는 역사가의 임무란 어떤 해석이나 논평 없이 순수한(pure) 사실만을 제시하는 데 그칠 뿐이라고 요구하고 있다. 그와 같은 요구를 정당화하기 위해서는, 사실이라는 말이 역사에 있어 하나의 명백한 뜻만을 갖는 용어라는 것을 인정하기만 하면 된다. 따라서 만일 누군가가 어떤 사실에 대해 무엇인가를 확인하였다면, 그것은 그 사실을 연구하는 모든 사람에게도 똑같이 확인될 수도 있다.

그러므로 역사적 사실은 사회적인 인식과정에 있어서나 개인적인 인식과정에 있어서나 소위 주관적 요인에 의해 영향을 받지 않는다고 말할 수 있을 것이다. 그 점은 연구행위에 있어서나 혹은 어떤 사실을 확인함으로써 얻어지는 결과들에 있어서도 마찬가지일 것이다.[2] 대개 역사적 사실에 관한 정의는 '역사적 사실이란 과거에 속하는 어떤 사실이다'

라고 하는 명제에서부터 출발한다. 그 명제는 분명히 사실이다. 하지만 너무 진부하여서 아무 짝에도 쓸모가 없다. 대부분의 경우는 항상 이미 발생한 사건을 취급한다고 할 수 있다.[3]

따라서 그 이외의 것은 아무 것도 문제가 될 수 없기 때문에, 우리가 이야기하고 있는 것은 언제나 과거의 사실들이라는 점은 납득할 수 있을 것이다. 개인생활이나 사회생활에서 나타나는 모든 현상들은 역사적 사실이 될 수가 있다는 점만을 지적해도 충분하다. 그러나 이 경우에 이해해야 하는 것은, 서로 대립하는 두 개의 명백한 극단 ─개인과 사회─ 사이에는 변증법적 관계가 있다는 사실이다. 개인은 항상 사회적 존재이며, 사회는 사회를 구성하고 있는 개인들의 행위를 통하여 존재하기 때문이다. 결국 모든 현상들은 역사적 사실이 될 수 있지만 반드시 역사적 사실이 되는 것만은 아니다. 중요한 것은 그와 같은 가능성이 언제 실현되는가 하는 문제에 답을 내리는 일이라고 할 수 있다.[4]

역사적 사실에 대해 벡커는 다음과 같이 정리하고 있다.

1. 역사적 사실은 어떤 사건에 관한 진술이다.
2. 사건 그 자체는 이미 없어져 버린 것이기 때문에, 역사가는 단지 그 사건에 대한 진술만을 다룰 뿐이다.
3. 그러므로 역사적 사실이란 사건 그 자체를 말하는 것이 아니라 사건의 상을 마음속에 떠올릴 수 있게 하는 어떤 상징을 말한다.
4. 따라서 역사적 사실을 엄연한(hard) 것이라고 규정하거나, 아니면 거짓이라고 말하는 것은 있을 수 없다. 우리가 접촉할 수 있는 것은 상징일 뿐이며, 이 때 우리는 그 상징이 적당하다 혹은 부적당하다고 말할 수는 있다.[5]

역사적 사실과 해석 그리고 평가

이러한 정리를 전제한다고 해도 문제는 역사적 사실을 주관적 판단에 의해 인식하고 해석해 과거와의 단절에 사용한다는 점이다. 분명 역사적 사실은 개인과 사회 속에서 발생했고 그 점이 역사의 단절에 적용되는 사례가 존재한다.

특히 역사적 사실에 대한 해석과 평가는 역사인식 속에 주관적 요인을 개입시킨다. 즉, 인과해석(因果解釋)의 경우 타당성은 다음과 같은 몇 가지 점에서 논증될 수 있다.

첫째, 인과해석에서는 부분적인 원인만을 제시하는데 완전한 해석은 불가능하기 때문이다. 그 부분적 원인에 대한 선택은 탐구자의 관심에 의해 결정된다.

둘째, 인과해석을 일반법칙의 탐구로 간주한다면, 해석의 전제들(선제조건, 가설들)에는 정확성이 결여되어 있기 때문에 해석은 어쩔 수 없이 개연성을 띠게 마련이고, 또한 그 개연성 때문에 동일한 사실에 대해 다양한 해석이 나올 수 있다. 따라서 우리는 다양한 해석들 가운데 어느 하나를 선택하지 않을 수 없게 된다.

셋째, 역사해석은 항상 불완전하며, 따라서 단지 해석초안으로 되어버린다. 역사가는 해석초안의 내용을 채워야만 하는데, 역사가마다 그 해석초안의 적성에는 정도의 차이가 있다.

마지막으로 역사해석은 상이한 단계의 일반화를 통하여 수행된다. 어느 단계를 선택하는 것이 적당한가 하는 결정은 역사가의 이해관계 및 연구의 필요성과 관련되어 있기 때문에 주관적인 된다.

결국 주관적 요소는 해석과 평가라는 방법을 통하여 역사인식에 개입한다는 사실과, 역사적 진실의 객관성에 관한 문제를 고찰하려면 역사인식에 있어서의 주관적 요소의 역할과 그 영향력의 범위를 고려해야만 한다는 사실이다.[6] 우리 역사에 있어서 이러한 역사적 사실이 단절되고 주관적 판단에 의해 규정되고 인식된 대표적인 인물을 들라면 조선조 22대 임금인 정조를 들 수 있다.[7] 정조는 그에 대한 일반적 평가와 역할에 비해 지나칠 정도로 조선 왕조에 매몰되어 버린 대표적 인물이다. 특히 정조 사후 이어진 조선의 피폐와 멸망은 근대국가를 지양하고자 했던 정조의 노력마저도 함께 역사의 창고에 수장시키고 말았다.

정조를 통한 역사와의 대화

역사는 과거와 현재와의 대화이듯이 현대 정치는 과거의 정치질서를 모델로 현대 정치질서로 운영하여야 한다. 특히 21세기 분단된 상황에서 민족공동체의 운명을 이끌어갈 새로운 이데올로기는 외부로 찾는 것이 아니라 내부에서 찾아야 한다. 우리의 오랜 역사에서 현 시대의 개혁이라는 이데올로기와 가장 접근되며 우리가 본받아야 할 시대가 바로 정조시대이다.

정조시대는 대내적으로 당쟁의 정점에 이르고 대외적으로는 서학의 본격적인 침입이 시작되는 내우외환의 시기였다. 특히 정치적 기반이

정조 어진

취약했던 정조의 왕위 등극은 기본적으로 국가 개혁정치를 이루기 어렵게 한 측면이 강했다고 할 수 있다. 그런 가운데에서도 정조는 조선조의 세종대왕에 버금가는 성군으로 역사에 이름을 남겼다. 본 저서가 주목하고 연구의 목적으로 삼고자 하는 것도 바로 이 같은 정조의 개혁정치가 어떻게 성공할 수 있었는가에 있다.

정치개혁이란 본질적으로 사상적 배경과 흐름에 강하게 영향을 받는 것이다. 따라서 정조시대 개혁정치가 가능할 수 있었던 것은 정조의

정치사상과 이념적 배경은 기존의 성리학적 틀을 벗어나 있다. 정조시대 이른바 한국적 진경산수(眞景山水)라든가 국학(國學)의 등장 등 실학사상은 정조시대를 이해하는 중요한 사상적 단초이다.

정조[8]는 흔히 비운의 왕세자였던 사도세자와 혜경궁 홍씨의 아들이라는 측면에서 이해되었지 그가 조선시대 중앙집권적 관료제사회가 해체되어 가는 시기에 백성을 위하여 위민정책과 통합정책을 펼친 문예부흥의 군주라는 사실은 간과되는 경향이 많다. 특히 그가 영조의 대를 이어 탕평을 추구한 왕이었다는 사실은 일반인들에게도 익숙하겠지만 그가 어떤 사상의 소유자이며, 자신의 개혁 사상을 어떻게 관철하고자 정치적 행위를 하였는지에 대한 인식과 연구는 부족한 편이다.

정조의 경장정책들

그러나 정조는 영조의 뒤를 이어 즉위한 후 학문적 소양을 바탕으로 군주권을 강화하며 자신의 정치철학을 현실에 반영하기 시작했다. 정조는 임진왜란과 병자호란 이후 정치적 어려움과 민생의 피폐함을 극복하고, 조선이 전 지구의 중심이자 문명국가임을 자부했다. 정치적 위기를 기회로 삼아 당파를 통합하고 자신이 추구하는 개혁정치 방향으로 정국을 이끌었다.

조선후기 붕당정치의 발달과정에서 많은 정치적 사건이 발생하였다. 특히 숙종 재위기간 왕권강화를 위한 집권층의 교체를 통해 많은 인명이 목숨을 잃었다. 우리 붕당정치사에서 가장 대표적인 정치폐단의 시대였고, 이를 극복하기 위해 영조는 탕평책을 중심 이데올로기로 제시하였다. 그러나 영조의 탕평정책은 노론세력을 중심에 놓고 나머지 세력들에게 약간의 정치참여 기회를 제공해 준 수준이었다. 이 상황에서 사도세자의 죽음인 임오화변(壬午禍變)[9]이 발생하였고, 정조는 세손임에도 불구하고 끊임없이 죽음의 위기를 맞이하였다.

사도세자의 죽음을 극복하고 어렵게 왕이 된 정조는 사도세자의 명예 회복을 통한 왕권의 안정을 추구하는 일련의 정치개혁을 시도하였다. 정조는 노론 세력이 장악한 경제 분야, 군사 분야 등 사회 전반에 걸친 개혁을 통하여 민생을 안정시키는데 온 노력을 경주하였다.

정조는 성왕론(聖王論)을 중심으로 한 왕권 중심의 학설을 강조하며 신하들을 압박하였다. 즉위 후 문풍진작(文風振作)을 위하여 규장각을 설치하고, 초계문신제도(抄啓文臣制度)를 도입하였다. 또한 학문이 뛰어난 소외계층인 서얼을 규장각 검서관으로 등용시키면서 친위 세력을 조직하였다. 이들 신진학자들은 노론, 소론, 남인 등 붕당을 초월하여 정조의 정책을 추진, 보위하는 세력으로 재위기간 내내 충실히 자신들의 역할을 다하였다.

규장각의 설치를 통해 문풍을 활성화하고, 아울러 장용영(壯勇營)의 설치를 통하여 정조의 친위군사력을 확대하였다. 조선후기 계속되던 오군영(五軍營)10)의 폐단을 혁파함과 아울러 장용영 설치를 통하여 조선 무예의 정립과 국방력의 강화를 추구하였다.

정조는 전란 및 어려운 경제 현실로 버려진 아이들을 구제하는 자휼전칙(字恤典則)11)을 반포함과 아울러 백성들을 고통스런 형벌에서 구제하고자 하였다. 이러한 위민정신에서 나온 제도가 바로 흠휼전칙(欽恤典

규장각. 정조 시대의 싱크 탱크의 역할을 한 곳이다.

則)12)으로 형구의 완화와 형벌제도의 약화를 통해 일반 백성들의 고통을 감소시켰다. 정조는 또한 평등적 사고를 통해 신분문제에 대한 혁신적인 구상과 모순된 신분제도의 철폐를 단행하고자 하였다. 이러한 정조의 시도는 링컨의 노예해방 선언보다 무려 70여 년이나 빠른 시기였다.

또한 정조는 기존 노론 세력들과 연계되어 있던 경강상인 및 시전상인들의 부도덕한 난전을 혁파하여 일반 백성 모두가 상업행위를 할 수 있는 개혁 경제정책인 신해통공(辛亥通共)을 반포하였다. 이를 통해 상업은 활성화되어 조선은 좀 더 빠른 사회로의 변화를 추구하게 되었다. 이른바 조선에서의 초기 자본주의의 맹아는 이렇게 시작되었다고 할 수 있다.

경장의 꽃 수원화성

이러한 정조의 정책들은 정조가 당대 실학자들의 의견을 충분히 수렴하여 발생된 결과로 볼 수 있다. 특히 위민과 통합정책을 통해 국가개혁의 기초를 세운 정조는 자신의 이상적 신도시인 화성의 건설로 새로운 조선을 수립하고자 했다. 즉, 정조는 사도세자의 묘소인 영우원(永佑園)을 수원부 읍치로 옮긴 것을 계기로 유교적인 왕도정치의 요체로서 성군 절대주의적 이상과 민본주의의 구현을 위해 신도시를 건설하고 조선 성곽의 꽃이라 일컬어지는 화성을 축성하였다. 정조는 자신이 추구하고자 했던 개혁정치의 마지막 완성을 위하여 화성건설을 추진한 것이다.

18세기 말에 건설된 수원 신도시는 왕조중흥과 혁신정치를 표방한 계몽절대군주 정조의 정치적 이상과 실학자들의 경륜이 어우러진 역사적 사업으로 건설된 것이었으며, 576칸으로 완공된 조선 최대의 행궁을 비롯한 여러 관아·향교·군영 건물과 도로·상점 등의 도시기반시설이 조성되었다.

신도시 화성을 건설하여 농업, 상업을 활성화하여 10만호의 대도회를 건설하고, 장용영외영의 5천 병마를 두어 자신을 호위하여 정조 자신의 개혁 정치의 배후도시로 만들고자 하는 구도였다. 조선 최고의 읍성으로서 방어시설을 겸한 총 연장 5.7km에 이르는 화성 성곽을 축조했으며, 장용외영(壯勇外營)이란 강력한 친위군단을 창설하여 주둔케 하였다.

정조는 수원 신읍치를 조성한 이후 능침을 호위할 번화한 대도회 건설을 명목으로 본격적인 모민 방안을 강구하고 기타 지역민들에게 수원으로의 이주를 권고하였다. 아울러 시전 설치의 방향성도 구상하였다. 정조는 채제공(蔡濟恭)에게 수원의 모민책과 경제 활성화 정책을 맡겼다. 이에 정조와 채제공은 10만 호의 건설을 목표로 상업 활성화와 농업 활성화를 진행시켰다.13) 이를 위해 무엇보다 또한 성 외곽에는 대대적인 농경지의 개간, 축만제(祝滿堤) · 만석거(萬石渠) · 만년제(萬年堤) 등의 큰 저수지와 대유둔(大有屯) · 축만제둔(祝滿堤屯, 西屯) 등 둔전의 설치 등을 통하여 농업 진흥을 도모하였다. 또한 전국의 부호와 상공업자들을 유치하여 정부지원과 민간자본에 의한 상공업의 발전을 추진함으로써 빠른 시일 내에 이 고장을 계획된 세계적인 성곽도시, 전국 유수의 근대적인 대도시로 발전케 하였다.

성내 외에 시장을 건설하고 서울, 개성, 평양 일대의 상인을 유치하고, 성곽 주위에 저수지와 둔전을 개간함으로써 수원은 일시에 조선에서 가장 큰 대도회로 성장할 수 있었다.14) 이러한 조선후기 정조시대의 경제 활성화 정책은 현재에까지 이르러 수원은 농업도시와 상업도시로서 같이 성장하였으며, 100만 도시의 대도회(大都會)로 성장하게 된 것이라 할 수 있다.

위대한 창조적 디자이너 정조

정조의 위민과 통합의 정책은 기울어져 가는 조선을 새롭게 일군 일종의 이데올로기적 성격을 가진다. 그것은 새로운 시대를 이상한 정조의 위대한 국가개혁의 플랜이었고 위대한 디자인이었다고 할 수 있다.

그렇기에 국가 총력체제라고 할 수 있었던 당시 정조의 개혁정책은 오늘 우리의 현실에서도 일정 정도 적합성을 가진다고 할 수 있다. 즉 급변하는 세계질서에서 민족자존을 지키며, 안으로는 국민 통합을 통하여 계층 간의 통합과 통일시대를 이루기 위해서는 정조의 사상과 정책에서 많은 시사점을 발견할 수 있다는 것이다.

특히 본 저서가 주목하는 것은 최고 국가 경영자로서의 정조의 모습이다. 오늘날 현대한국 공직자 리더십 모델의 개발이 필요하다고 했을 때 정조 연구는 매우 의미가 있을 것이다. 한국정치는 불확실한 시대변화 속에서 대내외적 도전을 효과적으로 극복해가는 정치 리더십이 그 어느 때보다 절실하게 요청되는 상황이다.

수원화성은 정조 경장의 꽃이었다.

본 저서는 정조의 정치의식을 바탕으로 그가 재임 중 행한 위민과 국민통합의 정책이 나오게 된 배경을 추적하는 과정을 가질 것이다. 이러한 추적을 통해 정조의 위민정책과 통합정책이 당시의 조선을 어떻게 개조시키려고 했는가의 결과를 얻어내는 것을 연구 목적으로 한다. 이를 위해 본 저서는 우선 정조시대에 이르기까지의 조선조 정치이념과 사상 그리고 시대적 변화상을 분석할 필요가 있다. 이것을 규명해야만 정조의 정책이 등장하게 되는 배경과 도출 결과의 결과를 추출할 수 있고 나아가 오늘 우리에게 정조 정책이 주는 역사적 · 시사적 함의를 정리할 수 있기 때문이다.

2. 정조에 대한 접근

전통적 권위의 사회 조선

조선조 시대는 유학이 국가의 지도이념이 되고 있었다. 그것은 조선왕조 오백년 동안을 일관한 통치의 기본원리로서 군왕조차 그 틀을 벗어나서 통치행위를 할 수는 없었다. 유교의 진흥을 위하여 서울에는 성균관이, 그리고 각 지방에는 향교가 세워졌고, 유교의 보급을 위하여 나라에서는 동활자(銅活字)를 만들어 수많은 책을 인쇄히 였다.

같은 경전의 해석에 있어서도 그 해석이 주자의 주해와 조금만 다르면 윤백호(尹白湖)처럼 송우암(宋尤庵)에게 사문난적이라 몰리고 양명학은 이퇴계가 급선봉으로 배척하자 유학자 사이에는 설혹 그 학설을 숭봉하는 사람이 있어도 감히 아무도 내놓고 표방하지를 못하였다. 당쟁이 격심했던 숙종 경종연간에는 더욱이나 학리연구에 자유의 기풍이 위축되어 천편일률적으로 선유 선현의 학설만을 묵수 · 답습하였으며 조선조 후기에 들어온 서양사상은 구제도와 구사상, 구 문화와 구 습관만을 완명하게 고수하려는 정통 유림의 척사위정의 서리같은 명분 밑에 좀처럼 뿌리를 붙이기가 어려웠다.

일체의 이단에 대한 관용을 불허하는 조선조의 사상계는 문자 그대로 막스 베버(Max Weber)가 전통적 지배양식을 정당화시키는 근거로서 언급한 영원한 어제의 권위(die Autoritat des ewig Gestrigen)가 군림하는 1차원적 사상의 세계였다고 해서 좋을 정도이다. 조선조 사상계의 일차원성은 단지 이단이 없고 명제에 대한 반대명제가 없다는 일면만이 아니라 또 다른 면에서 설명된다. 조선조의 국교가 된 유교 자체에 현세적인 것에 대한 내세적인 것, 내재적인 것에 대한 초월적인 것, 땅에 대한 하늘의 이분법이 없었다는 면이 그것이다.

이처럼 유교의 정치사상에 있어서는 임금은 하늘의 명에 따르고 땅위의 사람들을 위하여 왕위에 오른 자이기 때문에 그야말로 천도(天道), 지도(地道), 인도(人道)의 삼재를 매개하고 삼재에 책임을 지는 삼재의 종주이기 때문에 여기에 왕권과 교권이 갈라지는 양검론 따위가 들어설 여지는 처음부터 없었던 것이다. 영원한 어제의 권위에 더하여 무한한 하늘의 권위로 정당화된 지배체제와 지배이념 앞에서 그를 의문에 붙여보고 그를 넘어서서 불온한 이단의 사상을 갖는다는 것은 거의 불가능한 일이었다고 생각된다.

그 같은 위험 사상이 맹아의 상태로도 눈을 뜨기 어려웠던 더욱 근원적인 이유는 이른바 학자관료라고 할 수 있는 조선조 사대부의 정치체계에서는 지식계급과 지배계급, 인텔리겐치아와 통치 엘리트, 혹은 정신과 권력의 양립·대립조차도 있을 수 없는 일원적 지배구조 때문이었다고 보아야 될 것이다. 특히 국왕의 등장과 그에 따른 영향력은 절대적이었던 것이다. 더욱이 국왕이 어떤 퍼스넬리티를 가지는가는 조선 통치행태의 문제와 직결되었다.

정치현상의 연구와 관련하여 그동안 저술, 발표된 많은 서적이나 논문 및 연구들은 양적인 면에서 거의 대부분 근대의 시대정신이라고 할 수 있는 과학주의 또는 과학성에 입각한 방법론적 정향에서 시행된 것들이었다. 이러한 연구정향은 방법론적 독존주의(methodological solipsism)의 경향을 낳았고, 마침내 창조적이고 건설적인 정치사상의 영역을 정치학으로부터 소외시키는 결과를 초래하였다.15) 인간이 몸담아 살고 있는 정치 사회의 근저는 궁극적으로 사상의 토대 위에 세워져 있는 것일 뿐만 아니라, 오늘의 학문이 나아가야 할 방향도 바로 사상으로부터 제시되는 것이다. 이러한 사상의 영역을 경시하고 과학성을 강조하는 현대 행정학의 경향은 탐구의 주제영역을 분명하고 명확하게 규정하는 것이 지난한 행정학의 학문적 특성으로부터 불가피하게 연유하는 것임을 시인하지 않을 수 없다.16)

문제는 사상에 대한 방법론이 전통성에 대한 재해석을 요구한다는 점이다. 중요한 것은 과거를 오늘의 거울로 투시하여 오늘의 도덕적, 규범적 거울이 전통에 가치를 부여하는 기준이 되게끔 하는 것이다. 그러므로 과거와 전통은 오늘의 규범론적 서술로 전개되어야 한다. 규범론적 서술에는 인식 경험적 그리고 철학적 해석이 요구된다. 이러한 방법론은 인간의 자기성찰을 바탕으로 '올바르게 아는 것'과 '잘 행동하는 것'의 지적 고민으로 이어지기 때문이다.17)

사상의 연구방법

사상의 연구방법은 다음의 몇 가지로 정리될 수 있다. 첫째, 본류철학적 관점에서의 사상탐구로, 특정 사상의 구조적 맥락에 대한 연구이다. 이 접근법은 특정 사상의 구체적인 인간관·국가관·사회관·역사관 등의 내적인 논리구조를 주요한 탐구주제로 설정한다. 아울러 내적 논리구조에 대한 탐구는 정치철학적 사유에 바탕하여 이루어져야 한다.

둘째, 역사적 관점에서의 접근법으로, 특정 사상이 형성되고 등장하게 된 시대적 배경과 맥락에 대한 탐구이다. 특히, 특정 사상(가)의 지적 축적에 영향을 끼친 배경적 요소에 대한 고찰과 나아가 특정 사상의 그 시대에서의 기능, 역할, 그리고 변화 등에 대한 분석을 연구의 주과제로 삼는다.

셋째, 사회학적 고찰로, 특정 사상이 현실에 구체적으로 어떻게 실현되었는가에 주목하는 방법론이다. 이것은 사상이 하나의 제도 또는 정치적 세력으로서 형성되어, 정치적 · 사회적 · 문화적 변화와 형성에 어떻게 영향력을 행사하고 추진력을 제공하는가 등을 분석대상으로 하는 사상연구의 접근법이라고 할 수 있다.

넷째, 비교론적 접근법으로서, 특정 사상을 타 사상과 비교하여 상관성 혹은 차별성을 밝히는 작업을 주 탐구 내용으로 설정하는 방법론이다. 이 접근법은 비교연구를 통하여, 특정사상이 지니는 보편성과 특수성을 일별하고, 사상의 시대적 · 역사적 당위성에 대한 평가를 주요한 연구목적으로 제시하는 경향을 보여준다.

오늘날 동서냉전의 종식은 오랜 이념적 갈등을 겪었던 인류전체에 커다란 복음이었다. 그 동안 이념적 갈등으로 인한 숱한 파괴와 상쟁은 수많은 인권을 유린했으며 인간성마저 파멸로 몰고 갔었던 것이 주지의 사실이었기 때문이다. 그러나 그러한 갈등 종식의 혜택을 어느 나라, 어느 민족보다도 더 누렸어야 할 우리의 경우는 어떠한가. 냉전종식은 고사하고 오히려 갈등과 골이 더욱 패이고 긴장의 순간이 지속되고 있다.

정치는 원래 정치(正治)를 뜻하며, 정의실현을 위한 사회 공동체의 통제라 말해진다. 그러나 현실적으로 보면 정치는 결국 국가나 민족이 직면한 문제를 해결하기 위한 메커니즘이며, 그리하여 국가나 민족의 문제해결에 지침을 제공하는 것이 다름 아닌 정치사상 내지 정치적 이데올로기라 하겠다. 본 연구는 조선 정조대왕시대의 개혁정치를 바탕으로 그의 통합정책을 주목해 본다. 따라서 정조의 정책형성과정에 영향을 미친 시대상과 이념적 지향과 그 행태를 규명할 수 있는 1차 자료의 분석에 충실하면서 위의 연구방법론을 종합적으로 원용하고 또 혼합적인 연구접근을 시도해 보고자 한다.

정조에 대한 인과적 접근

조선왕조의 군주는 유교적 정치이상을 구현하기 위한 목적에서 각종 문제들의 해결 및 위기극복을 위한 국가경영과정의 주체였다. 따라서 그들의 국가경영 연구는 무엇보다도 국가적 위기를 포함하는 각종 문제들의 해결과정에 대한 체계적인 분석이어야 하는 바, 이를 위해서 본 연구는 특별히 정조 개인에 대한 분석은 정치리더십에 대한 원인과 결과론적 입장에서 인과적 접근을 활용할 것이다. 정치과정을 치병에 비유하거나 정치지도자를 의사에 비유하는 이른바 정치에 대한 원인과 결과 및 치유의 과정은 흔히 플라톤과 공자 이래 고금동서의 문헌과 역사에 빈번하게 인용되고 또 사용되어 왔던 분석법이다.

이는 조선시대의 경우에서도 예외가 아니다. 조선시대의 많은 사대부들은 사람의 병을 고친다는 치병 관점에서 나라 다스리는 일(治國)을 이해했으며, 실제로 "의국(醫國)"이란 말이 자주 사용되었다. 예컨대 조선 초의 권근(權近)은 "의약(醫藥)은 요사(妖邪)를 구제하니 인정(仁政)의 일단이다. … 국맥을 장수하게 하는 것은 인민의 정치요, 나라를 부유하게 하는 도로서 … 방본을 배양함이 이와 같으니 의국의 이름이 크도다"[18]라고 하여 좋은 의약을 찾는 것에서 좋은 정치의 단초를 구하고 있다. 이이역시 "좋은 의사(善醫)는 사람이 수척하거나 비대한 것을 보지 않고도 그맥을 짚어 보고 병이 있는가를 살피며, 천하를 잘 경영하는 이는 천하의안위를 보지 않고도 그 기강의 치란(治亂)을 살핀다"면서, 좋은 의사로서

국왕의 역할을 강조하고 있다.[19]

　본 연구는 정치리더십에 대한 이 같은 논의들을 배경으로 다음과 같이 리더십의 의미를 정의하고 접근하려고 한다. 즉 리더십이란 문제상황을 진단(diagnosis)하고, 치유가능한 수준의 목표(건강한 정치체의 정의)로서 건강한 공동체에 대한 비전을 제시하며, 그 문제를 해결할 수 있는 처방(prescription)을 내린 다음, 진단과 처방에 의한 실제의 치료과정(treatment)을 통해 구성원들의 지지와 협조를 창출하는 능력이다.[20]

　그렇다면 정치지도자의 리더십 과정을 발병과 치유과정을 중심으로 하는 인과이론적으로 접근할 때, 구체적으로 어떻게 분석할 것인가? 위의 정의를 바탕으로 실제의 연구과정에서 활용될 수 있는 분석적 질문들을 제시해 보면 다음과 같다.

　　첫째, 의사로서 정치지도자의 성장과정과 교육내용은 어떠한 것이었는가?
　　둘째, 의사로서 정치지도자의 비전은 무엇인가?
　　셋째, 의사로서 정치지도자는 자신이 직면한 문제상황을 어떻게 인식하고 처방하는가?
　　넷째, 문제해결과정에서 정치지도자는 주변 엘리트 및 일반국민들과 어떠한 관계를 유지하는가?
　　다섯째, 선택된 정책을 집행하는 과정에서 정치지도자는 어떠한 방식으로 그것을 추진하는가?
　　여섯째, 특정 정책의 수행결과, 그 성과는 어떠했으며, 그것에 대한 자신과 주변의 평가는 어떠했는가? 그리고 정치지도자의 성취결과에 대해 연구자는 어떻게 평가하는가?

　이상과 같은 분석적 질문들을 통해 특정 정치지도자의 리더십과정이 분석되었을 경우, 이에 대한 지도자 주변 사람들의 평가는 어떠했는지도 살펴야 한다. 그리고 연구자 자신도 이같은 주변의 평가들 및 자신의 정치적, 역사적 견해와 이론적 전망을 고려하여 연구대상자인 특정인물의 특정정책에 대한 자신의 평가적 의견을 제시할 수 있어야 한다. 물론 이러한 분석과 평가는 연구대상자 및 그가 활약했던 시기의 국가경영이 지니는 현대적 함의가 무엇인지를 헤아려 보는 것으로 자연스럽게 연결되는 것이 필요하다.

또한 본 저서는 시기적으로 정조시대를 중심축으로 그와 동시대의 다양한 시대상과 사상적 출현 등에 관심을 두며 나아가 그의 사상에 영향을 준 이전 조선의 사상에도 주목하고자 한다. 특히 정조의 위민정책이 나올 수밖에 없었던 정치 사상적 배경은 이전 시대 조선의 지배 이데올로기와는 명백한 차이를 가지기 때문이다. 즉, 이전 지배 이데올로기는 백성을 무조건적인 통치의 대상으로만 인식한 데 비하여 정조는 보다 근원적인 유학 이념에 입각하여 백성은 통치의 대상이자 교화의 대상으로 인식했다. 따라서 군주로서 혹은 스승으로서, 부모로서의 역할을 해야 하는 왕은 백성의 모범이자 그들의 민원을 직접 들을 뿐 아니라 선정을 베풀고 부양을 해야 할 대상으로 보는 것이다.

한편 정조는 조선 군주권 확립을 위한 방편을 모색했다. 그는 자신의 불완전한 군주권을 보다 확고히 하기 위해 화성 축성을 단행한다. 이를 통해 정조는 백성들과 직접 만나면서 실학자들의 연구 영역을 현실에 반영시키려 노력했나. 또한 딩평책을 통해 신구신의 조화를 추구하는 대통합정책을 추진하고자 했다. 본 연구의 범위는 부분적으로는 이전 시대의 사상을 포함하는 정조의 위민과 통합정책에 집중하고자 한다.

그러나 본 저서는 당시 점증하는 서세동점의 영향력을 행사하던 외세 특히 천주교의 영향에 대해서는 깊이 있게 다루지 못하여 국제적인 요인과 대외적 변수들을 무시한 객관성의 결여로 이어질 위험이 있다. 당시의 대외적 변수 역시 정조의 정책 반영에 크게 영향을 미친 바가 크기에 이에 대한 간과는 자칫 정조시대에 대한 올바른 규명을 부실하게 할 수 있다. 그러나 여기서는 대외적 변수보다는 보다 국내적 요인에 집중하여 보고자 한다. 이는 우리의 문제를 일차적으로 우리 내부의 변수와 동인을 통해 규명함으로써 주체적인 연구접근을 해보고자 하는 의도임을 미리 밝힌다.

조선왕조와 경장

1. 조선왕조와 경장

1) 조선조 권력구조론

(1) 성리학적 권력구조

조선의 유교 국가체제[1]는 그 체제 개창시에 체제이념으로 표방된 유교사상이 그 연원에 있어서는 공맹사상을 기본적 바탕으로 삼으면서 현실정치 운용의 실천적 측면에서는 고려시대 말기에 수용되기 시작한 이른바 신유학으로 지칭되는 성리학사상에 특별히 경도되었다고 할 수 있다.[2] 유교 국가체제란 유교이념에 의한 민본적 국가이성을 바탕을 하되 관료제, 군현제, 율령제 등의 합리적이고 효율적인 지배구조에 의해서 뒷받침되는 유교적 왕정체제를 지칭하는 개념이다. 공맹사상은 춘추전국시대의 사상으로 유학으로 표현된다. 유학은 수기치인을 중심으로 특히 통치자의 도덕적 수양을 중시하며 이를 바탕으로 유덕자인 그가 백성을 교화하고 다스리는 정치의 학(君主之學)을 의미한다.

유학사상은 밖으로는 예를 실행하여 잃어버린 질서를 회복하고 안으로는 인으로써 사람을 섬기는 특히 과거 주나라의 도덕문화에 대한 강한 복고주의적 성격을 가진다. 고려를 무너뜨리고 집권한 조선 건국의 주역들은 이 같은 「주례(周禮)」의 육전체제를 전거로 관

경복궁 근정전. 정도전의 꿈과 야망이 들어있는 곳.

료제적 왕정체제를 선호하게 됨에 따라 체제운영이 중앙집권적 관료제를 근간으로 이루어지도록 짜여졌다. 조선왕조의 개창기에 있어서 통치체제를 이론화한 인물은 바로 정도전(鄭道傳)이었다. 정도전을 비롯한 신왕조 개창자들은 중국 당우삼대(唐虞三代)의 유교적 이상국가를 재현시켜 보려는 정치적 지향을 나타내게 되었던 것으로, 정도전은 그러한 목표를 달성하기 위해 덕치와 함께 형정의 필요성을 인정하면서 통치체제에 있어서는 재상중심의 중앙집권적 관료국가를 건설할 것을 당면목표로 설정하였다.

정도전은 여말의 사회가 중앙정부의 기강이 서지 않아 관권이 타락하고 귀족이나 지방세력에 의한 농민지배가 성행하여 백성의 피해가 컸다는 사실과 새로운 국가건설에 있어서 중앙정부가 전국을 일원적으로 지배할 필요성이 있다는 것을 체험, 인식하고 있었다. 따라서 그는 조선조의 왕정체제가 민본·덕치를 채용으로 하는 왕도정치의 이념에 입각하여 운영되어야 한다는 전제하에 이를 효과적으로 뒷받침하기 위해서는 군주를 구심점으로 하되, 군주는 혼명의 차이가 있으므로, 현상의 보필을 통해 훌륭한 정사를 이룰 수 있다는 재상 중심제를 구상하였다.

즉 군주도 역시 인간적 존재 상황으로부터 벗어날 수 없고, 인간에게는 기질의 차이에 따른 현우의 구별이 존재하는 것이다. 그와 마찬가지로, 군주의 재질에도 언제나 성군 혹은 현군일 수는 없는 혼명강약(昏明强弱)의 차이가 있다는 것이다. 따라서 불완전한 존재인 군주에게 절대적인 권력을 맡길 수는 없으며, 군주에게는 정치적 구심점으로서의 상징적인 지위만을 부여하는 대신에 합리적인 관료제도의 운영을 통해서 군주의 한계를 보완하고자 했던 것이다.

정도전은 재상중심제의 통치체제를 구상하면서 군주가 설령 성왕의 자질이 있다 하더라도 치세에 이르기 위해서는 재상의 조력이 필수적이라고 생각하고 있다. 특히 군주의 자질이 성왕의 경지에 이르지 못하는 현실정치에 있어서는 왕권의 제한과 신권에 대한 상대적 강조는 더욱 당연한 것으로 그의 이러한 구상은 여러 곳에서 피력되고 있다. 예컨대 [경제문감별집] 하의 의론에서는 '예로부터 성왕들이 천하의 곤란을 구제한 것이 훌륭한 신하들의 도움으로부터 말미암지 않은 것이 없었으니 (중략) 비록 현명한 임금이라도 진실로 그러한 신하가 없다면, [조선경국전(朝鮮徑國典)] 상의 치전에서는 '인주의 직책이란 한 명의 재상을 선택하는 것', '재상으로 적임자를 선발하면 정치가 잘 되고, 그렇지 못하면 정치가 어려워진다', '패자의 시대에는 군주가 신하만 못하였으나, 신하에게 전권을 맡겼기 때문에 일대의 공업을 이룰 수 있었다'라고 하면서 현상에게로의 실질적 권한의 위임이라는 재상중심주의의 군신관계를 정당화하고 있다.

수기치인(修己治人)의 주자학적 전통 속에서도 군주의 도덕성 여부는 그 현실성에서 문제점이 노정되었다. 먼저 혈연계승의 군주세습제로 인해 수기한 사람이 치인이 될 수 없다는 구조적 한계, 그리고 혈연적 계승자의 도덕성 여부는 우연에 기인한다는 점, 마지막으로 수기한 사람이라도 유교정치의 이상을 실현시킬 보장이 없다는 점을 들 수 있다.

한편 왕조정치체제에서 최고통치자인 군주의 혼명(昏明) 여부는 국가정치에 거의 절대적 영향을 미친다고 할 수 있다. 따라서 조선왕조는 유덕자 군주론의 전통 속에서 세자에게는 서연(書筵)제도를, 군주에게는 경연(經筵)제도를 통해 최고 통치자의 자질 함양과 도덕적 수양을 일관되게 추구해왔다. 그러나 왕조체제라는 현실정치에 있어서 왕좌는 혈통에 의해 계승되는 것이므로, 왕실내부의 권력승계와 관련하여 개국 초창기에는 장자상속(長子相續)과 택현(擇賢) 사이에서 정치적 갈등이 폭발하였고, 초기 이후로는 군주 개인의 부덕이 정치 갈등의 주요 원인이었다고 할 수 있다.[3)]

왕권론과 신권론의 대립

결국 왕조정치체제의 가장 핵심적인 권력문제라 할 수 있는 군신관계에 대해서, 정도전의 구상은 군주에게는 상징적 구심점으로서의 지위만을 부여하는 대신에, 재상에게 정치에 대한 실질적인 통제권을 맡기자는 것으로 상징적 권위와 실질적 권력을 분할하는 것으로 요약된다고 하겠다. 인지의 발달로 천명의 대행자로서의 절대적 왕권은 부인될 수밖에 없었고, 이제 군주의 권력은 상대적, 상징적, 관념적인 것이 된 것이다.4)

개국 초라는 특수상황에서 왕권론과 신권론의 갈등은 2차례에 걸친 왕자의 난으로 폭발하였으며 이에 왕권론과 신권론 사이의 일종의 타협책으로서 군신공치주의(君臣共治主義)가 권근(權近)에 의해 이론화되게 되었다. 권근은 정치권력에 도덕적 긴장감을 부여함으로써 왕권의 절대성을 상대화하고, 왕권에 대한 신권의 도전도 도덕적 영역으로 제한함으로써 양자의 균형을 유지하고자 했다. 이는 개국 초라는 특수시기에 있어서 왕권의 안정과 왕권의 도덕성의 담보라는 두 가지의 목표를 동시에 추구하는 것이었다. 이러한 왕권론과 신권론의 대립은 조선 왕조 전 기간 동안 논쟁의 중심이었다. 어찌 보면 조선조는 왕권론과 신권론의 대립으로 통치체제의 변증법적인 갈등과 통합이 지속된 사회였다고 할 수 있다.

한편 군주와 사대부 등 현실정치 참여자들의 기본적 자질로서 도학적 사유능력에 바탕을 둔 수기치인의 자세확립이 엄격히 요구되며, 특히 그러한 자세를 직업적으로 수련한 사대부들이 신료로서 정치에 참여하는 것이 광범위하게 요구되는 것이었다. 그리고 이러한 관련에서 도학을 숭상하는 유자들의 집단적인 정치 참여를 인정하고 권장하는 붕당제도는 매우 중요한 정치적 기제로서의 기능을 갖게 된다. 즉 공도의 실현을 추구하는 진붕(眞朋)집단이라면 군주도 그 당에 속하도록 할 필요가

있다는 구양수·주자의 붕당관은 군신공치주의의 지향을 극명하게 대변하는 것이었다고 할 수 있다.5)

전통적으로 중국정치사상에 있어서 신료들 간의집단적인 정치참여라 할 수 있는 당의 형성은 죄악시되어 왔다. 그러나 송대에 이르러 구양수와 주자가 '군자소인지변(君子小人之辨)'의 논리를 당시의 정파현상과 관련하여 '군자유붕론(君子有朋論)'과 '인군위당설(引君爲黨說)'을 제기함으로써 긍정적 붕당관(朋黨觀)이 성립하였고 조선조의 정치에 커다란 영향력을 끼쳤다. 구양수는 붕당을 구분하여 공도(公道)의 실현을 주로 추구하는 '군자의 당'과 사리사욕을 탐하는 '소인의 당'으로 대별하여, 전자를 '진붕(眞朋)'이라 하고, 후자를 '위붕(僞朋)'이라 규정하고 이러한 분별을 바탕으로 군주가 진붕의 승세를 유지한다면 정치가 저절로 이끌어질 수 있다고 주장하였다. 주자 역시 이러한 '군자유붕론'에 입각하여 붕당이 있는 것을 염려할 것이 아니라 그 붕당이 '군자의 당'이라면 승상도 그 당에 들기를 주저하지 말아야 하며 나아가 군주도 그 당이 되게끔 승상이 이끌어야 한다는 '인군위당설'을 주장하였다.6)

군신공치주의의 이념적 지향은 현실 정치에서 사림계 신료들의 역할을 상대적으로 부각시키는 결과를 가져왔고 이러한 정치질서 속에서 군신관계도 새로운 양상을 띠게 되었다. 즉 군주에 대한 신료의 맹목적 충성이 아니라 도학적 의리규범에서 요구하는 기준에 따라 선택적으로 설정되는 다시 말해 상호 관계적 성격으로 전환하게 되는 것이었다. 즉 정당성의 문제라는 측면에서 보자면 군주권의 정당성은 건국초기에는 그 계통에 두었지만 점차 군주의 수양 노력 여부에 더 비중을 두고 중시하였던 것이다.7) 또한 신료들은 경연과 서연을 통해 군주의 성학 교육에 치중하였던 것이다. 또한 현실 정치 운용에 있어서 신료들은 소위 언로를 통해 공론 형성기능을 가짐으로써 때로는 군주를 능가하는 정치의 주도권을 행사하기도 하였던 것이다.

이처럼 왕권의 지위를 도덕적으로 정당화하고, 이에 따라 왕권에 대한 견제도 역시 도덕적 관점에서 제기되는 군신관계는 안정기로 접어든 왕조정치체제의의 권력관계에 대한 절충적 모델이었다. 즉 전체적으로는 왕권 중심적 기조를 유지하면서도 정치권력 자체의 도덕성을 강조함으로써, 왕권과 신권 사이의 도덕적 균형을 유지하여 어느 일방의 권력 독점을 제한하는 권력관계의 새로운 모델이 구상되었던 것이다.8) 그리고 현실정치의 운용이라는 측면에서 왕권론과 신권론의 한 절충형으로서 3재상 협의제는 왕정운영의 최고의결기구로서 그 전통이 발전·계승되었다고 할 수 있다.

이러한 조선조 왕권론과 신권론의 대립이 가장 극렬해진 때가 정조시대였다. 특히 자신의 직계 신하를 거느리지 못한 채 집권하게 된 정조는 강력한 신권론자들인 노론세력과 직접적으로 대립된 채 정국 운영을 해야 했다.

(2) 군주와 신료의 역할

군주성학론

조선왕조의 군주권은 천리로 표상되는 정치공동체의 본래적 목적을 실현하기위한 정당한 수단일 때 천과 민으로부터 정당성과 그 실현을 위한 절대성을 보장받는 것이다. 그리하여 군주권이 일방적 통치로 전락하지 않도록 하는 견제 장치로서 천의 규제인 천인감응설(天人感應說)과 이에 의한 여론, 그리고 중국으로부터의 규제력이 작동하고 있다. 그리고 관료권으로 부터의 견제가 상존하는 것이다. 따라서 이러한 구도에 위치하는 군주권은 역할과 책임의 영역은 포괄적이지만 결코 자의적일 수 없는 제한적인 것이라고 할 수 있다. 여기에서 주목해야 하는 것은 정당한 통치를 보장하는 수단으로서 권력의 외부적 장치를 통하여 견제하는 것보다는 권력 내부에 그러한 통제장치를 내장하는 측면을 우선시하는 것으로, 그것이 이른바 '수기이치인(修己而治人)'의 정신이었다.

결국 조선성리학파의 군주권 위상정립을 위한 노력은 대항적 견제보다는 군주의 자율적 규제능력이 향상되도록 하는데 역점을 두게 되는 것이다. 그리고 여기서 특별히 강조되는 것은 성(性), 명덕(明德), 혈구(絜矩) 등의 개념이었다. 이와 같이 이상적 통치의 선무로 제시된 것이 군주의 수신이었으며, 그것은 끊임없는 정신수양인 격물치지(格物致知) 성의(誠意) 정심(正心)의 공부로부터 시작하는 것이다. 그리고 이에 의거하여 수신제가치국평천하와 자동적 효과를 이룰 수 있다는 것이다.9)

이러한 의미에서 군주에게 이러한 효과를 거두기 위해서 군주 성학론이 특별히 강조되게 되었다. 군주 성학론이란 군주에게 필요한 도덕적 수양, 즉 격물 성정의 수신 공부를 말하는 것이다. 즉 지치(至治)의 재현을 위해서는 정치를 주도하는 사림계 신료들에게 뿐만 아니라 정치의 최고주체인 군주에게 더욱 엄격한 수기가 필요함을 역설하는 것이다.

그런데 사림정치의 초기단계에서는 군주의 자발적인 수기를 유도하고 있었음에 비하여 뒤로 갈수록 현신이 나서서 성학의 이름으로 군주를 가르쳐서 그 기질을 변화시켜야 한다는 방향으로 나아갔다. 그리고 이들은 군주를 비롯한 집권층의 유교윤리에 입각한 통치행위가 사회문제의 해결을 위한 유일한 방법론이라고 주장하였는데, 이러한 도학정치론은 퇴계 이황과 율곡 이이에 의하여 성학이라는 구체적인 이론체계로 정립되었던 것이다.10)

성학이라는 개념에는 성인이 되기 위한 학문이라는 의미와 성왕이 되기 위한 학문이라는 두 가지 의미를 가진다고 할 수 있다. 그래서 '성인지학' 또는 '제왕학(帝王學)'이라고 부른다. 제왕학도 학문을 하는 자의 지위가 다를 뿐 성인을 지향한다는 점에서는 성인지학과 마찬가지이다.

그러므로 성학이란 성인이 되기 위한 학문이라고 규정할 수 있다.

　군주성학론은 권력행사의 핵인 군주를 사림 측으로 끌어들임으로써 (回天) 사림주도정국의 안전성을 보장받는다는 현실적인 목적을 갖고 있었다. 그리고 다른 한편으로는 군주에게 고도의 도덕성을 요구함으로써 군주권의 자의적 행사를 규제하려는 측면이 또한 강했다고 할 수 있다.

정도전으로부터 파생된 왕권론과 신권론

　한편 정도전이 구상했던 재상중심적 정치체제는 상징적 권위와 실질적 권력의 분할이라는 측면에서 처음부터 왕권과 신권간의 끈임 없는 긴장관계가 유발될 소지를 배태하고 있는 것이었다.[11] 따라서 정도전의 재상중심론은 왕권론과 신권론의 갈등을 야기시켰으며, 관료들로부터 왕권에 대한 이념적 제한을 거부하고 강력한 왕권을 열망하는 군주들은 국가업무에 대한 보다 직접적인 통치를 주장하게 되었다. 이러한 왕권론과 신권론 사이의 갈등으로 조선조 정치체제에서는 재상중심적 관료제와 군주중심적 관료제 사이의 교대현상이 반복적으로 나타나게 되었으며, 이는 정치체제에 긴장성을 부여하는 동시에 장기적으로는 동태적인 균형과 안정을 가져온 요인이 되었다고 평가되고 있다.[12] 이러한 재상중심제는 초기의 왕권확립과정에서 이방원, 즉 태종 중심의 왕권론자들의 반격을 받아 정도전 자신이 거세되는 원인이 되었다. 즉 개국초 왕위계승문제로 발생했던 2차례에 걸쳐 일어났던 왕자의 난은 왕권과 신권 사이의 갈등이 최초로 표면화된 사건이었던 것이다.

　왕권론과 신권론 사이의 갈등을 조정하기 위한 하나의 절충형으로서 군신공치주의가 이론화되었던 것이며, 이러한 군신공치주의가 현실정치에서 기능하기 위해서는 사림세력의 존재와 이들에 의한 공론 형성기능의 순기능적 측면이 통치의 필수적 기본전제라 할 수 있다. 개국초 정도전 등의 개혁파들의 경세론은 정치명분상으로는 왕도정치를 표방하지만 현실의 체제운영상에서는 형정수단을 전면에 내세우는 패도정치의 가능성도 배제하지 않는 현실주의적 경향을 갖고 있었다. 즉 형정수단에 의한 법치주의의 현실적 필요성을 강조하고 있었던 것이다. "그럼으로 반드시 영을 엄격히 하여 위엄을 보이고 형을 밝혀 이를 정벌한 연후에야 백성이 두려워할 바가 있어서 화란이 그칠 것이다. 이는 비록 덕과 예로 다스리는 효과에 미치지는 못하지만 역시 성인도 부득이 방비하기 위하여 하는 것이다"[13]라고 하여 형정수단에 의한 법치주의의 현실적 성향을 보여주고 있다. 따라서 정도전 등의 신권파들의 현실주의적 경세론은 그것이 불사이군의 강상론적 의리에서 이반하는 바탕 위에서 출발하고 있다는 점과 형정수단을 앞세우는 패도적 성향 때문에 의리론적 도통을 강조하는 재야의 사림들에 의해서 정통으로부터 소외되게 되었던 것이다.[14]

사림정치

한편 신유학의 의리론적 도통을 보다 강조하는 재야의 사림세력은 그들 스스로 정몽주·길재 등 이른바 여말의 절의파의 학통을 계승하고 있다고 자부하였다. 또한 스스로를 군자의 당으로 자처하면서, 훈구세력을 소인의 당으로 규정·비판하였다. 이들은 4대 사화의 정치적 수난을 극복하면서 중앙정계에 진출하는 한편, 소학진흥운동과 향약보급운동 등을 통해 도학이념의 사회적 저변확대에 진력함으로써 선조대에 이르러 조선왕조의 유교정치체제의 운영을 전담하는 주도세력으로 부상하게 되었던 것이다.

사림에 의해 운영되는 정치형태를 일러 사림정치라 이름 할 수 있는데, 그것은 16세기 이래 정계로 진출하여 온 사림에 의해 추구되던 정치

방식이다. 중종대 조광조 등의 주장을 통해 보다 구체화되었으며, 선조 초에 사림이 집권함으로서 비로소 성립하게 되었다. 선조대 이후 중앙 정계의 주도세력이 된 이른바 사림세력이 추구하는 이념적 지향은 공자의 천명사상과 맹자의 중민사상을 바탕에 둔 '천인합일설'에 의거하여 당우삼대의 지치를 실현하는 데 있다고 할 수 있다. 그리고 여기에서는 군주를 비롯한 정치주체의 역할을 수기치인의 행도를 통하여 덕화양민에 진력함으로써 천인합일의 이상세계에 이르도록 하는데 그 정치적 목표가 있다고 할 수 있다.

그리고 그러한 이상세계에 도달하기 위한 구체적 방법론으로서 유교윤리에 입각한 새로운 사회규범의 마련에 치중해야 한다는 제도개혁론과 집권 사대부의 도덕성 함양에 중점을 두어야 한다는 도덕적 수신론이 양립하였다. 왕조 초기에는 관학파가 주도하는 중앙집권적 지배체제의 확립을 위한 제도개혁론이 우세하였다. 그러나 유교의 형이상학적 측면에 대한 연구가 심화됨에 따라 유교의 보편주의적 가치관을 신봉하는 지방 사림들을 중심으로 도덕적 수신론에 입각한 집권체제의 재구축 필요성에 대한 공감대가 확산되게 되었던 것이다.

사림정치의 내용

이들 사림 세력들은 이러한 목표달성을 위한 여러 가지 방안을 가지고 있었는데, 17세기에 이르러 자리잡게 된 사림정치의 내용은 ① 군주성학론(君主聖學論), ② 격탁양청(激濁揚淸)과 조용론(調用論), ③ 공론(公論)중심의 정국운영, ④ 견제비판 구도의 권력구조, ⑤ 산림세도론(山林世道論), ⑥ 양민 우선의 민생대책과 재정재감론 등으로 요약할 수 있다.[15]

첫째, 군주성학론이란 군주에게 필요한 도덕적 수양, 즉 격치 성정의 수신공부를 말하는 것으로, 지치의 재현을 위해서는 정치를 주도하는 사림에게 뿐만 아니라 정치의 최고 주체인 군주에게 더욱 엄격한 수기를 요구하였음을 말한 것이다. 그런데 사림정치의 초기단계에서는 군주의 자발적인 수기를 유도하고 있었음에 비하여 뒤로 갈수록 현신이 나서서 성학의 이름으로 군주를 가르쳐서 그 기질을 변화시켜야 한다는 방향으로 나아갔다. 이들은 군주를 비롯한 집권층의 유교윤리에 입각한 통치행위가 사회문제의 해결을 위한 유일한 방법론이라고 주장하였다. 그리고 이러한 도학정치론은 퇴계 이황과 율곡 이이에 의하여 성학이라는 구체적인 이론체계로 정립되었던 것이다.

둘째, 사림정치의 효율적 운영을 기하려 함에는 반드시 유덕한 인물, 즉 군자의 등용이 필요하였고, 이는 군자 소인론으로 제기되었다. 그러나 군자와 소인의 변별은 다분히 주관적이었으므로 시비의 논란을 초래하였다. 그 결과 사림의 분열로 인한 붕당의 출현으로까지 이르게 되었던 것이다. 거기에다가 당색이 자손에게 전해져간 17세기에 이르러서는 구양수와 주자가 주장한 군자소인당의 구별은 사실상 무의미했다. 인사정책에 있어서 군자진용의 원칙은 포기되지 않았으나 현실정치에의 적용은 다소 융통성을 두게 되어 자당 내의 불량, 불초자를 색출·제거하는 격탁양청(激濁揚淸)과 상대당 내의 유덕자를 불러들이는 조용책이 인사정책의 기조를 이루게 되었다.

셋째, 공론중심의 정국운영은 원래 사림세력이 16세기 이래 훈구세력과의 투쟁 과정에서 수립하였던 정치 운영 방식이었다. 그리고 사림정치가 본격화하는 17세기에 들어오게 되면 하나의 관행으로서 제도화되게 된다. 삼사의 언론은 낭천권을 지닌 이조 전랑(銓郞)의 통제를 받고 다시 그 뒤에는 서원을 통하여 향촌 여론까지 좌우하는 주론자로서 산림이 위치함으로써 공론이 조정의 향배를 좌우하고 군주권의 자의적 행사를 견제하는 막강한 정치력을 발휘하였다. 심지어는 주론자로서 산림의 권위가 막강하여짐에 따라 왕권을 핍박하는 데까지 이르게 된다.

넷째, 견제·비판구도의 권력구조란 이중환(李重煥)의 택리지(擇里志)에 서술된 바와 같이 언관권의 장악을 통하여 5품직인 전랑이 정부를 대표하는 삼공육경(三公六經)에 능히 맞서는 정치력을 지녀 이들의 전단을 비판·견제하는 것을 내용으로 한다. 이와 마찬가지로 향촌 사회에서도 사림세력이 서원을 통하여 집약된 향론을 배경으로 지방관의 일방적인 권한행사를 견제함을 말한다.

다섯째, 세도란 세상을 이끌어 가는 바른 도리로서 강상윤리, 그리고 때로는 왕도를 의미한다. 효종 이후 송시열 등의 산림세력이 이를 정치에 도입하여 정국운영과 나아가 사회전체를 유지케 하는 가치판단의 최우선 기준으로 삼은 것이었다. 따라서 이것은 이론상으로 군주의 권위조차 능가할 수 있으며 군주권의 부당한 행사를 비판 견제할 수 있었다.

여섯째는 사림정치 하의 민생대책에서 나타나는 기본원칙에 관한 것이다. 북벌을 같이 표방하면서도 강병책을 펴는 효종에 대하여 송시열이 양민우선을 주장했던 것과, 대동법 시행을 반대하면서 그 대안으로 공물재감론(公物在監論)을 주장했던 데서 점진적 개량주의의 성향이 발견되고 있다.16)

2) 유교적 왕조체제의 정책과정17)

(1) 조선조 관료제의 특징과
정책결정구조

조선조 관직체계의 중심은 약간의 변동은 있었지만 그 골격은 국왕을 중심으로 한 의정부—육조체제(議政府—六曹體制)이다.18) 그리고 속아문(屬衙門)이 있는데 정책 과정에서 속아문의 관청으로서의 역할은 미미하다. 이 중심 골격에 더하여, 사헌부(司憲府), 사간원(司諫院), 홍문관(弘文館)의 소위 삼사가 있고, 왕명의 출납을 관장하는 승정원이 있으며, 국가사범을 다루는 의금부와 국가에 유공한 인물들과 왕실과 관련한 인물들을 관리하는 종친부, 충훈부, 의빈부, 돈령부와 같은 특수기관이 있고, 중요지역을 관할하는 한성부, 개성부 등이 있다.

이 편제에서 육조의 본사인 19개의 사와 육조 속아문인 60개의 아문이 있다. 육조의 본사와 속아문의 관계는 일반적으로 육조가 정책적인 행정을 담당하고, 이를 더 세분화하여 육조 감독아래 실무를 단독으로 담당하는 기관들을 육조의 속아문으로 본다.19) 속아문의 직무는 상당부분 궁내용과 국왕의 사적 용도와 관련 있는 것으로 실물의 생산과 관리 등의 구체적인 사무이면서 관장범위가 명백한 특징이 있다. 반면, 각조의 본사가 담당하는 업무는 국왕 개인과 관련된 업무라기보다는 국가사무적인 특징이 나타난다.

이것은 동양적 왕조체제의 발전과정에서 내정의 정책결정 권한이 외조(外朝−관료제)로 옮겨가는 경향이 반영된 것으로 볼 수 있으며, 이러한 맥락에서 국왕의 지위도 왕실가족의 일원으로서의 지위에서 국가의 통치자라는 지위라는 성격이 강조된다. 이 문제는 이론적으로 매우 중요하다. 조선조에서도 국광의 통치자로서의 지위를 강조하는 남명 조식과 왕실가족의 일원임을 강조하는 퇴계 이황 사이에 사싱적 충돌이 있었으며, 결국 가족질서의 확대를 주장하는 이황의 주장이 조선 후기 사상의 흐름을 주도하였다.

이러한 흐름은 예송에도 연결되어 왕의 정통성을 가족적 질서 속에서 볼 것인가? 아니면 국가적 질서의 맥락에서 볼 것인가의 문제를 두고 치열한 정쟁이 일어나기도 했다. 정치사상사적 차원에서도 국왕의 왕실가족적 성격을 강조하는 논의20)가 있는가하면, 국왕의 국가통치자의 성격을 강조하는 입장21)이 있는데, 이러한 입장 차가 예제(禮制)와 같은 문제에 있어서 조선조의 정책의제 설정의 방향을 결정하기도 하였다. 현종시대의 복제논의에서 이와 같은 갈등이 첨예하게 노정되었다. 국왕의 가족적 질서를 강조하는 학자들은 주자가례의 적용을 강조하고, 국왕의 통치자적 지위를 강조하는 대신들은 조선조에서 제정한 국가례를 따르고자 했다.

각조 본사의 직무는 주로 낭관이 관장하는 실무인 반면, 속아문은 주로 실무직 당하관이 관장하는 업무인데(다만, 홍문관과 성균관은 속아문이지만 부제학(副提學)과 대사성(大司成)이 겸직직소가 아니면서 당상관이 관할했다), 고관이 도제조(都提調)나 제조(提調)를 겸하여 인사와 같은 주요업무를 통괄하게 하였다. 제조는 해당 각 아문에 상시 출근하여 아문의 운영을 통괄하고, 예하 관원에 대하여 아문이 속하는 해당 조(曺)의 당상관과 함께 거적(考績)과 포폄(褒貶)에 관여하였다.22)

이처럼 문반직의 최고위급 관료들은 특정의 실무분야를 관장하면서, 동시에 시사(視事: 정사를 봄)와 경연에서 정무직 활동을 하면서 국가의 중요정책결정에 참여했다. 또한 관장하는 실무가 없으면서 품계가 높은 영중추부사와 같은 직위나 충훈부(忠勳府)의 당상, 전직대신들도 국왕이 필요하다고 인정하는 경우에는 국가의 중요정책결정에 참여할 수 있었고, 국왕에 따라서는 그 빈도도 매우 높았다.

그리고 소위 청요직(淸要職)이라 불리는 홍문관, 승정원, 사헌부, 사건원의 관료들처럼 품계가 낮아도 '정무활동' 자체가 직무인 관서도 있었다. 대체로 청요직을 거치지 않고는 대신의 반열에 오르기 어려웠던 것이 조선조의 관직운영 방법이었다. 이것은 조선조 관료제의 최검열, 봉교를 거쳐, 대간직

근정전 안의 품계석

이나 관원, 승정원, 각 조의 정, 좌랑 등을 거치는 것이 거의 필수적으로 요구되었는데, 국가 정무에 관한 식견과 경륜을 갖추도록 하는 일종의 엘리트 양성과정의 성격을 갖고 있었다.

더구나 정무활동인 정책결정과정에서는 품계에 따른 위계질서는 엄격하게 적용되지 않았으며, 4~5품의 대간이 1품 정승을 논박하는 경우도 다반사였다. 더구나 학문적 능력과 식견이 중시되는 경연의 경우, 학문적 소양이 뛰어난 관료가 직위를 초월하여 큰 활약을 할 수 있었고, 조정의 정론을 결정하는 중심에 위치할 수도 있었다.

(2) 정책의제 형성과정의 특징

다원적 사회를 기초로 하는 민주국가에서는 다양한 부문과 집단의 이해관계가 상호 경쟁하면서 '문제'를 형성하고, 정책결정체제가 해결해야 할 문제로 전환시키고자 노력한다. 그리고 정책문제로 '채택'되는 과정[23] 또한 매우 동태적이다. 다원사회라고 해서 모든 부문이나 이익집단이 같은 영향력이나 권력을 가진 것도 아니기 때문에, 역시 사회적 지배세력이나 지배집단의 이해관계가 더 잘 반영될 수밖에 없고, 소외계층이나 조직화되지 못한 다수의 의견도 정책의제로 형성되기 어렵다. 현대 사회에는 그 대안으로 '시민사회운동' 등이 활성화 되고 있는데, 이들이 '권력화'하는 새로운 문제점도 대두되고 있는 것이 현실이다.

원칙적으로 조선조는 국가와 사회의 문제에 대하여, 관직에 있는 공, 경, 대부는 물론, 일반 백성인 사, 서인과 장사꾼과 여러 장인 같은 천한 사람들도 모두 말하고 다툴 수 있는 것을 이상으로 하였다.[24] 따라서 정책의제의 제안은 정무직 관료가 중심에 있지만, 다른 조관과 재야의 사람들에게도 통로가 열려 있었으며, 백성들에게도 '소지(所志)' 등을 통한 간접적인 의제형성은 가능했다. 즉 백성들의 신소(申訴)는 해당지역의 관찰사나 어사, 또는 대신들에 의해서 장계나 서계의 형식으로 제기될 수 있었다.25) 일반의 백성들이나, 사족들이 관할관청에 자신들의 의견을 제안하는 방식이 '소지'라면, 군주를 상대로 직접 의견을 제시하는 것은 '상소'의 형식을 통해서 하였다.

상소는 유림이나 조관 모두 이용하는 의견제안의 방식인데, 조관의 경우, 현직이나 전직 관료 모두에게 단독으로 할 수 있는 권한을 주었던 반면, 일반 유림의 경우, 단독 상소는 관습적으로 허락되지 않으며, 연명 상소(聯名上疏)가 일반적이다. 또한 전, 현직 관직자가 포함되지 않은 연명상소는 관습적으로 성균관의 인정을 받아야만 가능했다.

상소는 반드시 승정원을 거쳐서 등철(登徹: 어람(御覽)되도록 하는 것)되어야 하는데, 원칙적으로 중도에서 물리칠 수 없었다.

그리고 현직의 신료들이 주로 이용하는 형식은 계본으로, 일반의 유림이나 백성들이 사용할 수 없다. 일상적인 정책의 시행이나, 업무보고는 주로 이 형식에 의존하고, 임금의 '계하(啓下)'26)를 얻어 처리하게 된다.

그외 국왕이 자연재해나 재이(災異)를 당하여 조관은 물론 재야의 지식인들에게 널리 의견을 구하는 '구언(求言)'의 형식이 있다. 이것은 국왕이 적극적으로 '상소'를 유도하는 것으로 유교권 왕조에 특이한 제도였다.

이처럼 조관의 경우, 정책문제화 할 수 있는 형식은 계(啓), 차(箚), 소(疏) 등이 있는데, 대개 계(啓)가 사실 위주의 보고문의 성격이 강하다면, 소차(疏箚)는 정치적 현안에 대한 주관적인 의견과 평가가 개재된 보다 포괄적인 경우에 사용하는 것이 통례였다. 소와 차의 경우 명확한 구별의 기준은 없지만, 소가 보다 본격적이라면, 차는 간단한 경우에 사용하는 것이 일반적이었다.

정책문제화 하기위한 문제제기는 자격을 갖는 사람만이 아니라 관사(官司)가 중심이 되어서 관사의 견해로 제기할 수도 있으며(예조계(禮曹啓), 병조계(兵曹啓), 사헌부(司憲府) 상소(上疏)), 관사 소속의 개별관료의 자격으로도 가능했다(이조판서모계(吏曹判書某啓), 사헌부집의모(司憲府執義某) 상소(上疏)). 이것은 조선조의 조관관료는 관사에 소속되는 관료로서의 지위도 갖지만, 개별 자격의 정무활동이 보장되는 정무관의 지위를 동시에 가지는 특징을 가지고 있었다.

지방의 경우, 관찰사나 수령이 국왕의 대리인으로서 지방의 입법, 사법, 행정을 포괄하는 업무를 수행하였는바, 원칙적으로 수령과 방백은 중앙의 특정관사에 소속되는 것이 아니라 국왕과 직접 연결되는 것이었다. 일반적으로 수령과 진장(鎭將)이 첩정(牒呈) 등으로 관찰사에게 문제를 보고하면, 그 문제가 지방차원에서 해결될 문제가 아니라 국가적으로 중요한 경우에는 장계를 통하여 해당 중앙관서나 국왕에게 보고되었다. 대체로 도내에서 발생한 문제의 보고는 관찰사의 판단에 의해서 계문하였다(경기도관찰사거계좌우도수군절제사정(京畿道觀察使據啓左右道水軍節制使呈)).

그러나 통로는 열려있어도 일반의 백성들이 본인들이 당면한 문제를 정책문제로 채택시키는 것은 대단히 어려운 일이었다. 우선 정책문제로 채택되게 하기위해서는 문서의 형식이 주된 것이기 때문에 일반적으로 글을 아는 유림에게나 가능한 것이었고, 따라서 자연히 유림은 지방적 문제의 표출이나, 유림세계의 문제를 세기하는 중심에 있게 되었다. 일반백성이 제기하는 소장이나 정장(呈狀) 등도 글을 아는 사람이나 아전의 힘을 빌려야 했고, 그 외 '격쟁(擊錚)'과 같은 경우는 특수한 형태라 볼 수 있다. 특히 격쟁은 영ㆍ정조 시대에 많이 활용되었다.

사실상, 재야의 의견을 직접 중앙정부에다 채택을 요구하는 상소도 그렇게 용이한 것은 아니었다. 즉, 상소의 경우도 조관관료나 대유, 혹은 유림의 집단회동[27)의 경우에나 가능한 것이었다. 대개 단독으로 하는 형식이 아니라, 서원이나 향교를 거점으로 광범위한 지역의 서원이나 향교에 '통문'을 발하여 '공론'을 수렴하는 절차를 밟는 것이 일반적이었다. 이러한 절차를 밟은 상소일지라도 상소의 내용에 공감하는 중앙정부의 요직에 있는 신료들과 교감이 있을 경우라야 순조롭게 투입될 수 있었다.

결국, 정책문제를 채택시키는 역할은 주로 조관들, 그 가운데서도 정무활동이 보장되어 있는 관료들에게 집중되어 있었던 것이다. 조관들에게는 '민본'의 이념에 따라, 스스로의 안목으로 백성의 질고(疾苦)를 살피고 의제화할 의무가 주어졌던 것이다.

그런데, 이들 조관관료들이 '무엇'을 문제로 인식했던가는 각 시기마다 특징을 가진다. 특히, 조선전기의 소위 훈구세력들이라 할 수 있는 사람들이 집권한 태종, 세종, 성종에 이르는 시기에는 국방에 관한 문제, 행정의 효율을 높이는 문제, 백성을 위한 정책, 국가의 문물을 정비하는 사업 등이 정책문제로 제기되는 경우가 많았던 반면, 소위 사림파가 집권한 선조 이후에는 문묘종사문제, 예제문제 등 유교적 교의를 실천하거나 하는 등, 유교이념에 관한 문제들이 중요하게 부각되었다.

즉, 조선 전기에는 『경국대전(經國大典)』, 『훈민정음(訓民正音)』, 『동국통감(東國通鑑)』 등을 비롯한 문물전장(文物典章)을 정비하는 사업과 북방개척, 여진정벌, 대마도 정벌 등의 중요정책들이 결정된 반면, 선조정권 이후로는, 유교적 이념과 관련한, 명분확립에 관련한 문제가 주로 정책문제로 나타났다. 사림정권 하에 붕당이 출현하여 토론문화는 활발해졌지만, 정책문제채택이 조선전기와 달리 백성의 삶과 직결되는 의제설정이 이루어지지 못하고 정쟁으로 치달은 것은 유의해볼 점이다.

이것은 우리의 역사소비 방식에서 '사림'만큼 적극적으로 소비되고 '정의'의 위치에서 무비판적으로 긍정된 것은 드물다. 사림은 조선의 역사과정에서 '선'을 담보하는 세력이며, 조선전기에도 그들의 정치적 의도가 성공하지 못한 것을 애통해 하는 '공분'의 관념이 조선의 역사를 규정했다. 이러한 과정에서 태종과 세조정권을 탄생시키는데 기여한 소위 '훈구'는 부패와 탐욕으로 가득 찬 '극복'해야 할 대상이었고, '부도덕'의 상징처럼 매도되는 경향을 나타내는 것과 깊은 상관관계가 있다.

그러나 '정책'이라는 관점에서 보면, 역설적이게도 사림집권 기간의 정책문제의 내용이 오히려 '백성의 삶'과는 동떨어진 것이 많았음은 사림정권을 무비판적으로 긍정하는 데 대한 성찰을 요구하는 부분이다.

(3) 정책결정의 과정

이처럼 다양한 경로를 통하여 '정책문제'가 파악되면, 문제를 해결하기 위한 해결책을 강구하게 되는데, 정책문제를 논의하는 주도권은 국왕이 갖는다. 공식적으로는 상참 후의 '시사'와 경연에서 정사를 논의하는 것이나, 그 외 국왕이 신하들을 '인견'하거나, 필요하다고 생각되는 신하들을 지목하여 의견을 제출하게 하거나 논의하게 하였다.

이러한 시사나 '인견', '소견'의 경우, 국정의 논의에 참여하는 주요 대상은 의정부와 육조의 당상관과 대간이 중심이었고,[28] 경연의 경우, 의정부와 육조의 고관으로 구성되는 경연관은 당연히 포함되지만 홍문관과 승정원의 구성원들이 참여하는 것이 특징이었다. 특히 '인견'의 경우, 일찍이 정승을 거쳤던 인사들도 논의에 참여시키는 경우가 많았다.

제기된 정책문제에 대해서는, 대체로 개인의 의견을 개진하는 경우보다는 특정 대안에 동의하는 사람들이 합동으로 의견을 제시하는 경우가 많다. 국왕은 여러 의견들을 청취한 후, 하나를 선택하거나, 아니면 절충하고, 충분히 납득되지 않으면 결정을 미루기도 하였다.

그리고 특별한 문제로서 결정하기가 쉽지 않은 경우에는 해당 관서로 보내어 전문적인 검토를 하여 의견을 내도록 하기도 하였다.

정치적으로 첨예한 문제인 경우, 국왕은 의정부와 육조의 판서이상과 공신, 부원군, 영중추부사 등의 고위 대신과 의논하여 결정을 하는 경우가 있는데, 이런 경우 대간들의 논박이 들어오는 경우가 많이 발생했다.

특히 성종 이후, 대신과 대간의 갈등은 정국을 혼돈의 지경으로까지 몰고 가는 사례가 많았다.

대체로 대신들은 국가적 차원의 권도를 인정하여, 정치적 현실을 인정하는 경향이 강하여, 인사에 있어서도 개인의 능력을 중시하고, 비소한 개인의 도덕적 하자는 관용하는 경향을 보인 반면, 신진 기예한 사림파들이 포진한 대간은 도덕적 흠결을 결정적인 것으로 보았다.

이로서 훈구대신들은 신진 관료들을 '경박한' 습성을 가진 것으로 못마땅하게 생각했고, 사림파 관료들은 노성한 대신들을 '사람 같지 않은 (不人)'29) 것과 같은 인신공격적인 용어도 서슴없이 사용하면서 배척하였다.

이러한 정책결정의 구조 아래에서는 국왕의 판단력과 조정능력이 매우 중요하였다. 국왕이 대간의 편에 서면 대신들은 의견 내기를 주저하게 되고, 정책은 당위적 논의에 따라 현실을 감안하지 못하는 경우가 생겼다. 대신과 공신의 의견에 무게를 두면 대체로 기득권 계층에 유리한 결정들이 이루어지는 경향이 나타났다. 실제로, 성종은 훈구대신들의 권력을 견제하기 위해 다간의 기능을 강화시켰는데, 성종과 같은 현명한 국왕이 재위했을 때는, 대신의 권한을 견제하면서도 실무 경험이 원숙한 대신들의 견해를 반영하는 경우가 많았다.

그러나 연산군이 즉위하자 바로 사림파의 훈구대신 공격은 절정에 이르렀고, 대간을 위시한 신진사림들의 도덕적 결벽증은 군주와 왕실의 도덕적 흠결에 대해서도 공공연히 비판적 입장을 표현하였다. 예를 들면, 무오사화의 주역인 김일손이 '세조가 며느리인 권 귀인을 침소로 불렀는데, 권 귀인(權 貴人)이 거절했다', '영응대군(永膺大君)의 부인이 절에 가서 불공을 드린 후, 승 학조(學祖)와 간통했다'와 같은 풍문을 '사초'에 기록한 것 등은 이러한 경향이 구체적으로 드러난 것이라 할 수 있다.

어떻던 시사와 경연은 정책의 최종결정자인 국왕이 정무직 관료들을 맞아 정책을 결정하는 형식이다. 그 가운데서도 시사는 정무 그 자체를 위해 이루어지는 것인데 반해, 경연은 정무 그 자체보다는 국왕이 유자 관료와 더불어 유교적 교훈에 비추어 타당한 정치와 행정의 방향을 모색하는[30] 강독논사(講讀論思)의 장이라는 성격[31]이 강했다. 그러나 정책에 관한 논의라는 측면에서는 실질상 큰 차이가 없었다.

2. 국가경장의 고려요인

1) 정책(경장)의 의의와 속성[32]

정책이란 공공정책(public policy)을 말하는데 통일된 개념 정의를 내리기는 쉽지 않다.[33] 정책(policy)의 그리이스 어원은 'polis'로서 원래 도시국가를 뜻하는 말이었다. 산스크리트언어인 'pur'도 도시를 의미하는 말이다. 이것이 후에 라틴어에 와서는 국가(politia)를 의미하는 것으로 변화되었으며, 중세영어에서는 공공문제에 대한 처리(the conduct of Public affairs) 또는 정부의 운영(the administration of government)을 의미하는 'policie'로 표기되었다.[34] 근대에 들어와 그 뜻은 '공사에 대한 처리', '공·사문제에 대한 신중하고 현명한 관리(prudence or wisdom in the management of public and private affairs)'와 같은 일상 용어적 의미로부터 '정부·단체·집단·개인 등에 의해 여러 가능한 대안들 중에서 선택된 일정한 행동경로 또는 행동방법으로서 현재와 미래의 세부결정을 정해주는 지침', '그러한 선택된 행동대안을 달성 또는 집행하기 위해 취해지는 단일결정 또는 결정의 집합', '바라는 목적과 그것을 달성하기 위한 수단으로 구성된 계획안'과 같은 특정적 의미에 이르기까지 다양한 의미로 쓰이게 되었다.[35]

한편, 우리말 사전에서는 정책을 정의하기를 '국가가 국리민복을 증진하려고 하는 시정의 방법, 정치상의 방책'이라고 하고 있다.36)

결국 정책은 어원적으로는 정치(politics)와 같은 뜻이라는 점이다.37) 이것은 곧 정책은 정치의 영역에 속하고 있다는 것을 말해주는 것이다. 동시에 정치는 국가 또는 정부의 활동이라는 사실에 착안해 볼 때 정책도 정부 또는 국가의 활동을 의미하는 것이라는 해석도 가능해 진다.

정책연구를 독립된 사회과학의 한 분야로서 정책학이라는 학문의 수준으로까지 끌어올리는 데 결정적 계기를 마련했던 H. Lasswell은 정책을 '사회변동의 계기로서 미래탐색을 위한 가치와 행동의 복합체',38) '목표와 가치, 그리고 실제를 포함하고 있는 고안된 계획(a projected program of goals, values, and practices)'39)으로 정의하였다. 이는 정책의 특성으로서 계획성, 목표성, 가치함축성, 실제성을 강조한 개념규정으로 해석된다.

또한 D. Easton은 정책을 '사회 전체를 위한 제가치의 권위적 배분',40) '정치체계가 내린 권위적 결정',41) '권위적 산출물의 일종'42)으로 생각하고 있다. 또한 그는 산출(outputs)과 성과(outcomes)를 혼동해서는 안 된다고 하면서 산출은 공식적으로 표명된 정책 또는 의도한 정부행위의 결과를 의미하는 것이며 성과는 그러한 정책으로부터 나온 2차적인 효과 내지 현실사회에 끼치는 정책의 전반적인 영향을 의미하는 것이라고 하고 있다.43)

이러한 개념규정에 대하여 그렇다면 정부만이 사회 전체를 위하여 권위적 행동을 취할 수 있다는 말이 되며, 또한 정부의 작위·부작위적 모든 행위가 가치분배라는 말이 되어 버리고 만다는 식의 역설적 비판이 있긴 하지만44) 어쨌든 정치성, 권위성, 가치함축성, 사회지향성 등과 같은 정책개념의 중요한 국면을 제시해 주는 개념정의라는 점에서 그 의의를 찾아볼 수 있겠다.

하버드 대학의 정치학과 교수인 Friedrich는 정책개념의 핵심은 거기에 목적(goal), 목표(objective), 그리고 의도(purpose)가 포함되어 있다는 데 있다고 전제하면서 다음과 같이 정책개념을 정의하고 있다.

> 「정책이란 어떤 목적이나 목표를 달성하기 위한 노력을 시도할 때 이용
> 또는 극복해야 할 것으로 나타나는 기회나 장애의 제공원인 주어진 환경 속
> 에서 개인·집단, 또는 정부가 취하는 일종의 제안된 행동대안이다.」[45]

한편 A. Etzioni는 정책이란 "본적인 결정(fundamental decision)으로서 전반적인 결정체계를 고려하면서 단편적인 일에 관한 구체적인 결정들 간의 관련성을 검토하는데 사용되는 것"이라고 정의한다.[46] 다시 말해서 그가 말하는 정책이란 곧 「정책 중의 정책」을 의미하는 것으로서 정책의 근본성과 거시성, 그리고 총체성 등의 특성을 강조하고 있는 개념정의라 하겠다.

Y. Dror는 정책을 "매우 복잡하고 동태적인 과정을 통하여 주로 정부기관에 의해 만들어지는 미래지향적인 행동지침"을 말하며, 그것은 공식적으로는 최선의 가능한 수단을 통하여 공익을 달성할 것을 목적으로 하는 것이라고 보고 있다.[47] 이러한 정책개념에는 그것이 갖는 공익지향성과 미래지향성, 그리고 하위결정에 대한 지침성 등이 강조되어 있다고 하겠다.

또한 Mitchell과 Mitchell은 정책이란 "사회에 존재하는 각종의 문제를 해결하기 위해 구상되고 결정된 것"이라고 정의한다.[48] 그들은 정책을 야기시키는 그러한 주요 사회문제로서 ① 자원의 동원 및 배분, ② 분배, ③ 비용분담, ④ 규제 및 통제, ⑤ 적응 및 안정, ⑥ 정치적 분업 및 역할 배분 등을 열거하고 있다. 이것을 보면 정책개념의 특징으로서 현실문제 해결지향성에 있음을 확인할 수 있다. 이처럼 정책이란 현실의 문제를 어떻게 해결하느냐의 문제와 불가분의 관계를 맺고 있기에 그 결과

로서 판단되기도 한다. 따라서 정책연구학회의 정책개념은 유용하다고 할 수 있다.

즉, 정책연구학회(Policy Studies Organization)는 1972년 Policy Studies Journal 창간호를 발간하면서 정책개념을 "정책이란 다양한 사회문제에 대처하기 위해 고안된 실제로 나타난 또는 잠재되어 있는 정부의 계획과 행동이다."[49] 이처럼 정책은 현실문제 해결지향성과 계획 및 실천성을 강조하고 있는 것으로 볼 수 있다.

정책의 속성 7가지

이상에서 본 바와 같이 정책은 학자들마다 상황에 따라 연구의 목적·관점·분석방법에 따라 다양하게 정의되고 있다. 정책에 관한 개념규정이 그처럼 다양하게 되는 것은 그 내용에 있어 상호 모순적이라는 것이 아니라 어떤 측면을 포함 또는 배제시키거나 아니면 특별히 강조하거나 상대적으로 등한히 한 결과로 나타나는 것이므로 정책개념을 정의하려는 우리의 입장에서 보면 그러한 다양한 학자들의 견해를 상호 배타적인 것으로 이해하기 보다는 상호 보완적인 것으로 받아들이는 것이 바람직한 것 같다.[50] 정책의 주요 속성은 다음의 일곱 가지로 정일될 수 있다.

첫째, 정책은 주로 정부활동과 관련을 맺고 있다. 이에 대해서는 이견이 없는 것 같다. 정책을 정부활동과 연관시키는 이유는 우리가 공공정책이라고 할 때의 '공공'이라는 것 때문이다. 우리가 '공공'이라고 할 때에는 대부분의 경우 정부활동을 지칭하는 말로 사용하고 있다는 생각에서 그렇게 한 것이다. 또한 정책을 정부활동에 국한시키지 않고 주로 그것과 관련을 맺고 있다고 표현한 이유는 공공부문과 민간부문에 대한 여러 논의들[51]에서 알 수 있는 바와 같이 오늘날 양자 간의 구별이 모호해지고 있다는 점과 그에 따라 대기업과 같은 민간부문에서도 그러한 공적인 정책을 결정할 수 있다는 점,[52] 그리고 사기업체의 고위간부들이 행하는 제품가격, 생산성 향상, 인력수급, 대정부활동, 재원확보 등에 관한 고위간부들의 결정들은 공공정책결정이라는 말에서 공공이라는 말을 떼어버린 상태 그대로의 정책 결정과 다분히 유사한 성격을 지니고 있다는 점을 염두에 두었기 때문이다.[53]

예를 들어 기업정책이라고 하면 기업이 내리는 정책이 아니라 기업에 대한 정부의 정책을 즉시 연상할 정도로 정책은 정부활동에 국한되어 있다는 생각이 지배적인 우리나라에서는 그러한 정책개념규정이 다소 어색해 보일지 모르지만 향후 민간부문에 의한 그러한 성격의 정책 활동을 예상한다면 그러한 식의 정책개념이 보다 발전성 있는 개념 규정이라고 생각된다.

둘째, 정책에는 실현하고자 하는 특정의 목표가 들어 있다. 경우에 따라서는 그 목표가 어떤 것인지 명확히 식별하기가 어려운 때도 있지만 분명히 지적할 수 있는 것은 그러한 목표는 단일한 것일 수도 있고 복합적인 형태를 띨 수도 있다는 점과 그것은 정책의 집행·평가과정에서 나타나는 기타의 하위결정들에 대하여 지침으로서의 성격을 지닌다는 점, 그리고 장래에 대한 약속이라는 점이나. 동시에 그리한 목표는 미래에 달성되어야 할 것이라는 점에서 계획을 수반하며 그러한 계획의 전 과정에 걸쳐 평가의 기준으로서의 기능을 한다.

셋째, 정책은 그러한 목표를 실현시키기 위한 실제적 행동경로를 제시하고 있다. 여기서 실제적이라고 하는 이유는 환경으로서의 현실 사회에서 일어나는 문제를 말 또는 제안으로써가 아니라 행동으로써 해결하려고 한다는 점을 강조하기 위해서다.

넷째, 정책에는 특정의 가치가 함축되어 있다. 여기서 특정의 가치라 함은 아주 특수한 경우 사익이 될 수도 있겠으나 대부분의 경우 공익을 말한다. 공익이 무엇인가에 대한 자세한 논의는 뒤로 미루기로 하고 여기서는 일단 사회 전체의 이익을 의미하는 것으로 보자. 이러한 공익을 최소한 표방하고 있거나 실제로 내포하고 있음으로 인해서 정책은 국민에 대하여 권위 있는 것으로 받아들여지며 일종의 규범으로서 또는 당위로서 받아들여지는 것이다. 정책이 구속성과 강제성을 지니게 되는 이유도 여기에 있다.

다섯째, 정책은 복합적 구성체이다. 정책의 주체만 보더라도 그것은 개인에 의해서 만들어질 수도 있으며, 집단에 의해서도, 정부기관에 의해서도, 또는 삼자가 함께 어우러져서 정책을 만들 수도 있는 것이다. 정책에 반영되는 이익 역시 어떤 개인의 사익인 경우는 극히 드물고 대부분의 경우 사회의 제반이익들이 복합적인 상호경쟁과 타협의 과정을 거쳐 정책에 반영된다. 따라서 정책은 특별한 경우를 제외하고는 점진주의적 성격을 지니게 된다.

여섯째, 정책은 일종의 유형을 지니고 있다. 정책은 그때그때 상황에 따라 수시로 변화하는 상호 분리된 개별적 결정들과는 달리 장기간에 걸쳐 지속적으로 반복됨으로써 일관성을 지닌 유형화된 일련의 결정을 의미한다.

일곱째, 정책은 이상의 속성들을 지님으로 인해서 세부결정, 계획, 법규, 목표, 목적, 의도 등에 비해 보다 거시적이고 총체적이며 근본적인 성격을 지니고 그러한 것들에 대하여 전반적인 지침으로서의 기능을 지닌다.

2) 정조의 국가개혁을 위한
정책집행의 요인들

국가개혁을 위한 정책 집행은 다른 일반적인 정책 집행과는 차별화

되어야 한다. 특히 국가 개혁이라는 것은 수많은 기득권 세력의 저항을 받게 되므로 이것을 극복할 수 있는 특별한 준비가 전제되어 있지 않는 한 성공을 보장 받을 수 없기 때문이다. 따라서 기존의 정책 집행이 가지는 속성을 넘어서는 내용을 담보할 때 비로소 국가개혁을 해 나갈 수 있게 된다.

정책집행의 주된 주체를 정부의 행정기관(또는 행정관료)이라고 볼 때 정책집행은 정부의 행정기관이 그의 내외부 조직구조 속에서 각종 절차에 입각하여 각종의 필요한 자원을 동원해서 정책목표를 달성해 나가는 활동이라고 볼 수 있다. 이러한 개념적 명제로부터 정책집행에 영향을 미치는 정책집행체제의 내부요인들을 도출해 낼 수가 있다.[54]

정조의 위민정책과 통합정책을 국가개혁의 입장에서 규명하기 위한 본 연구는 정책집행과정에서의 여러 변수들 중 다음의 다섯 가지를 중심으로 분석해 보고자 한다. 정책집행과정을 하는 데 있어서 정책목표와 자원, 내외부의 조직구조와 정책담당자 그리고 집행절차는 오늘날 정책학의 주요 변수이면서 당시로서도 주요한 정책집행과정의 요인들이라고 할 수 있다.

(1) 정책목표

국가개혁을 위해서는 정책목표가 보다 명확하게 정의되어야 저항을 최소화 시키면서 정책집행을 용이하게 해 그 목표를 성공시킬 가능성이 높아진다고 한다. 다시 말해서 무엇을 집행할 것이냐 또 어떻게 집행할 것이냐에 관해 명확하게 정의된 정책목표일수록 집행의 성공확률이 높아진다는 것이다. 여기서 주의를 요하는 사실은 명확하다는 말의 의미는 그 정책목표를 수행함에 있어 서로 상반되는 오해가 일어나지 않도록 내부 일관성을 지녀야 한다는 것이지 세부적이어야 한다거나 또는 특정적이어야 한다는 것과는 구별된다는 점이다. 정책목표가 특정적이고 세부적일 경우 물론 그것이 정책집행자의 입장에서 보면 고민거리 없이 무엇을 수행해야 하는지 또는 자신이 집행하고 있는 상태가 제대로 그러한 정책목표를 수행하고 있는 것인지를 판단하는 데 도움이 되는 것이긴 하지만 그렇다고 해서 정책이 반드시 성공적으로 집행된다고는 보기 어려운 것이 현실이다. 정책목표가 지나치게 세부적이거나 특정적일 경우 그 정책에 대한 대상 집단의 찬·반적 선호를 명백히 구분 지워주게 됨으로써 심각한 갈등의 첨예화 현상을 야기시킬 수도 있으며 그 결과 그 정책에 반대하는 사람들에 의한 정책집행 방해활동이 적극적으로 표면화될 수도 있는 것이다. 이 경우 오히려 포괄적이고 애매모호한 정책목표가 더 바람직한 것이라고 볼 수 있는 것이다.[55)]

이러한 정책목표의 세부성과 특정성의 정도를 결정하는 변수, 즉 어느 정도까지 정책목표를 세부적으로 또는 포괄적으로 작성해야 할 것이냐는 사회의 이익들이 어느 정도 분화되어 있고 그들 간에 갈등이 얼마나 빨리 또 어느 정도까지 야기될 잠재력을 지니고 있느냐에 의해 결정된다고 볼 수 있다.

정책목표의 명확성을 높이기 위해서는 우선 정책결정자 자신이 관련 문제에 대하여 명확한 문제의식을 가져야 하며 그것을 해결하는 데 필요한 광범위하고 전문적인 지식을 갖추어야 한다. 또한 정책목표를 설정하는 과정에서 필연적으로 수반되는 의견의 불일치를 자연스러운 것으로 받아들이고 그것을 어느 유력한 정책결정자의 견해로만 일방적으로 정하지 말고 정책결정자들과 집행자 그리고 민간부문의 관련 이익집단들의 여러 의견을 종합하여 가능한 한 여러 사람들의 견해에 수렴시켜 나가는 노력도 게을리 하지 말아야 한다.

이것을 보면 정조시대 정조가 추진한 국가개혁은 명확한 목표와 정조 자신의 전문적인 지식인으로서의 내적 조건을 구비한 것으로 평가된다.

특히 정조는 위민과 통합정책을 통해서 국가개혁이 가능하다는 명확한 인식과 구상을 하고 있었다. 또한 정조는 신문고 제도를 부활하고 상소와 진언 듣기를 즐김으로써 자신의 정책방향이 일방적으로 흐리지 않게 하고자 하는 노력을 아끼지 않았다. 이 모두 국가개혁을 이루기 위한 국민통합의 일환이었다.

(2) 자원

자원 없이 정책이 집행될 수 있는 경우는 없다. 자원을 정책집행에 영향을 미치는 요인으로 고려할 때 문제가 되는 것은 자원의 질과 양, 그리고 그것에 대한 관리의 문제이다. 자원의 양은 상대적으로 많고 적음에 따라 정책집행의 성공 여부에 영향을 미치게 된다. 자원의 질은 정책집행의 우수성 문제와 직결된다. 그리고 자원에 대한 관리의 문제는 어느 집행기관을 막론하고 정책집행에 소요될 자원의 양이 절대적으로 충분하지 않으므로 그것을 어떻게 하면 능률적으로 동원하느냐와 관련하여 제기되는 문제이다.

정조의 경우 국가개혁을 위한 자원은 절대적으로 부족한 상황이었다. 이 문제는 정조 재위기간 그의 노력에도 불구하고 목표한 만큼의 성과가 나지 못한 것으로도 증명된다고 하겠다. 특히 그의 사후 그나마 형성되었던 국가 개혁의 토대마저 일순간에 무너져 내림으로써 자원 없는 정조의 개혁 정치의 한계를 확인시키고 있다.

그럼에도 정조의 경제정책들은 국가개혁을 위한 물적 토대 구축의 노력이었다. 경제적 기반을 상실하고 있는 백성들을 위한 위민정책들은 자원확충 노력이었다. 정조 통합정책에 있어서도 정조가 구상한 성리학적 이상세계의 완성을 통해 가능하다는 나름의 구상에서 출발한다. 후일 완성되는 화성축성은 정조 통합정책의 상징이라고 할 수 있다.

(3) 내·외부 조직구조

일종의 조직으로서의 정책집행기관의 구조적 특성도 정책집행의 성공여부에 영향을 미치는 중요한 요인이 된다. 정책집행조직의 내부구조라고 하는 것은 조직구성원들 간의 유형화된 관계를 말하며 외부구조라고 하는 것은 정책집행조직과 그것의 환경과의 유형화된 관계를 말한다. 내부구조의 대표적인 것으로 정책집행조직 내부에서의 상관과 부하와의 관계를 들 수 있으며 외부구조의 대표적인 것으로는 정책결정자와 정책집행자간의 관계와 정책집행자와 정책의 영향대상인 제반 사회집단 및 개인 간의 관계를 들 수 있다.

이러한 구조는 크게 권위주의적 구조, 민주적 구조, 자유방임적 구조로 나누어 볼 수 있는데 일반적으로 정상적인 상황 하에서는 민주적 구조를 지닌 집행조직이 다른 유형의 조직구조에 비해 효과성이 높다고 볼 수 있으며 신속한 집행이 요구되는 상황에서는 권위주의적 구조를 지닌 정책집행기관이 보다 높은 효과성을 도모할 수도 있다. 또한 고도의 쇄신성이 요구되는 정책집행에 있어서는 자유방임적 조직구조를 지닌 정책집행조직이 보다 높은 효과성을 나타낼 수도 있다. 대부분의 정책집행조직의 구조가 다분히 권위주의적인 전통이 잔존하는 우리나라의 경우에 있어서 각별한 주의를 요하는 사항은 권위주의적 정책집행구조를 획일적으로 유지할 것이 아니라 정책목표 및 해결하고자 하는 문제의 성격 등을 고려하여 거기에 적합한 조직 구조를 지닌 집행조직으로 하여금 정책집행을 담당하도록 해야 한다는 점이다.

정조가 살던 18세기 말은 전형적인 봉건주의 국가체제였다. 따라서 민주적인 구조를 가질 수 없는 상황이었다. 오히려 전제군주로서의 권위를 활용해 주어진 상황에서 그것을 극대화 시키는 몫을 정조가 해 내었다는 것에 주목해야 한다. 여기서 주목되는 것이 정조의 실학자들에 대한 평가이다. 즉, 정조는 초기 실학자들의 개혁성을 높이 보고 그들의 주장을 정책에 반영시키고자 노력했다. 다양성과 개방성에 대한 넓은 포용은 정조의 국가개혁정책이 실현되게 되는 중요한 자산이었다고 보아진다.

(4) 집행담당자

정책집행의 주체로서의 집행담당자, 즉 행정관료에 관한 주된 관심의 대상은 그들이 지니고 있는 심리적 태도의 문제다. 정책집행자가 정책의 목표와 내용 등에 대해 어떠한 태도를 취하느냐에 따라 정책집행의 성공 여부가 결정될 수 있다. 또한 정책집행에 임하는 정책집행자의 태도가 적극적이냐 소극적이냐 또는 법규 중심적이냐 관리 지향적 또는 문제해결 중심적이냐 등등에 따라서도 정책집행의 성공 여부가 좌우되기도 한다.

18세기 정조가 집권했을 때 당시의 관료 구조는 국가개혁을 목표한 정조를 보좌할 능력을 가지고 있지 못했다. 오히려 기득질서를 파괴하고 새로운 질서를 구축하려 한 정조의 노력에 조직적인 저항과 방해가 많았다고 보아야 한다. 이를 극복하고 위민과 통합의 정치를 이루어 낸 정조에 소수의 조력자들은 그동안 권력에서 소외되어 있었던 남인계열로 그들은 나름대로의 준비가 되어 있었지만 지나칠 정도로 소수에 국한되어 있었다는 한계를 가진다.

그럼에도 정조가 기존 관료들을 대신할 정책 집행자들로서 초계문신제도 등을 통해 인재를 등용하고 또 활용하는 등의 노력은 평가되어야 하며 나아가 정조는 신구 관료들의 조화를 위해 많은 노력을 하는 것을 보아 통합을 통한 국가개혁의 구상을 그가 가졌음을 알 수 있다.

(5) 집행절차

집행절차의 성격이 어떠하냐에 의해서도 정책집행의 성패가 좌우될 수 있다. 정책이 그때그때 임기응변식으로 집행되느냐 또는 제도화된 절차에 입각하여 합리적으로 집행되느냐 아니면 지나치게 획일화되어 상황변화에 대한 고려 없이 집행되느냐에 따라 정책집행은 성공하기도 하고 실패하기도 한다. 대부분의 경우 집행을 담당하는 행정기관들은 과거의 수많은 정책집행의 경험을 통해 어떤 특정 상황 하에서 어떤 특정정책을 어떻게 집행할 때 가장 합리적으로 집행될 수 있다고 하는 것을 알게 되는데 이러한 경험을 체계 있게 저장해 두었다가 차후에 그와 동일하거나 유사한 상황과 정책을 접하게 되면 집행방식에 대한 더 이상의 고민 없이 과거의 경험을 그대로 적용하게 된다.

정조 시대의 집행절차는 전제 왕권이 미치는 범위 내에서 가능했다고 볼 수 있다. 오히려 정책집행의 신속성과 다중성에서는 오늘날의 민주적 집행절차를 따를 필요가 없었기에 효과성이 앞섰다고 보아진다. 특히 국가개혁을 위한 정조의 정책집행은 신속하고 전격적으로 이루어 져야만 성공 가능성이 보장된다고 볼 수 있다.

특히 정조는 백성들에게 효 사상을 강조하고 그 자신이 몸소 실천함으로써 성리학이 강조하는 인성의 출발을 중요시 여겼다. 이를 통해 정조는 군주로서의 역할을 어버이로서의 역할로 인식하고 행동했다. 정조의 위민정책은 이러한 정조의 인식에서 출발했다고 볼 수 있다. 통합정책에 있어서도 정조는 성왕론에 입각해 신권론을 강조하는 당시의 노론 세력과 대립하였다. 즉, 절대 군주로서의 역할을 회복하여 통합의 구심점이 군주임을 명확히 하고자 했다고 볼 수 있다.

지금까지의 정조의 국가개혁을 위한 정책 집행의 요인들을 정리해 보면 다음의 표와 같다.

<표 2-1> 정조의 국가개혁 정책 구상과 인식

	위민정책	통합정책
정책목표	국가개혁을 위한 가장 급선무로 인식	국가개혁의 최종목표로 인식
자원	물적 기반 확충을 위한 경제개혁에 대한 인식	성리학적 이상사회 완성을 통한 통합정책을 구상
내 외부 조직구조	실학자들의 개혁의식 평가 및 활용 구상	실학자들의 개혁의식 평가 및 활용 구상
집행담당자	백성과 유리된 기존 관료들 거부	기존 관료와 신진학자들 모두 통합 구상
집행절차	백성에 대한 효사상 강조하는 어버이로서의 군주상	성왕론에 입각한 절대적 지존으로서의 국왕에 의한 통합 구상

조선후기 정치적 위기상황과
정조의 정치인식

1. 조선후기 사회변동과 실학사상의 등장

1) 조선후기의 사회 · 경제구조의 변화

18~19세기 조선사회는 농업, 수공업, 상업, 공업 등 모든 경제분야에서 서서히 자본주의적 생산관계가 발생 · 발전하면서, 그 사회를 지탱해왔던 봉건적 질서가 해체되는 시기였다. 봉건사회의 해체과정은 모든 사회부문에서 진행되었지만, 이를 가능케 한 기본적 동력은 17세기 이래 나타난 농업생산력의 발전이었다.[1]

농업생산력의 발전에 따라 사회적 분업이 진전되었다. 그 결과 상품화폐경제가 크게 발달하였을 뿐 아니라, 그 성격도 변하였다. 종래의 상품화폐경제는 국가가 농민들로부터 조세를 수납하는 과정에서 발생하거나, 또는 지주가 전호농민(佃戶農民)들로부터 지대를 수취하는 과정에서 형성되는 정도의 것에 지나지 않았다.

전호농민은 고려와 조선시대에 지주에게 토지를 빌려 경작하고 지대를 지불하는 소작농. 전부(佃夫) · 전인(佃人) · 전작농민(佃作農民) · 작인(作人)이라고도 했다. 전호의 신분은 일반 양인농민과 노비였다. 전호는 자신이 경작하는 토지에서는 독립된 주체였지만, 토지를 경작하기 위해서는 지주로부터 생산수단 및 노동수단의 일부(농우 · 농구 · 농량 · 종자 등)를 대여 받아야만 가능했다. 따라서 수확물 절반의 상납을 기본으로 하면서도 농장주로부터 각종 형태의 경제외적 강제를 당했다.

이때 유통되는 물품은 주로 봉건관료나 양반지주 등의 사치나 향락을 위해 쓰여지는 물품들이었다. 그러나 18세기 이후에는 농민들의 농업생산에 필요한 농기구, 면화, 면포, 미곡 등이 주요한 상품으로 등장하여 농민적 상품화폐경제가 발전하였다. 이러한 상품들은 농촌 주위의 장시에서 교환되었고, 이를 토대로 상업적 농업을 영위하는 농민들은 농업경영의 이윤추구로 부를 축적할 수 있었다.

이와 같은 농민적 상품화폐경제의 성장은 농업내부의 생산관계를 자본주의적인 것으로 변화시키는 계기가 되었으며, 나아가 상업, 수공업, 광업 등에서도 이러한 관계를 발전시켰다. 그러나 이처럼 싹트고 있었던 자본주의적 생산관계는 아직까지 사회체제를 변혁시키는 단계까지 진전되지는 못하였다. 조선 후기가 시작되는 18세기는 여전히 봉건적 사회관계가 모든 사회부문을 지배하였고, 이는 역사 발전의 장애물로서 기능하고 있었다.

조선 귀족사회의 심화와 신분제의 위기

조선 봉건사회의 위기는 일차적으로 신분제의 변동에 따른 봉건적 신분질서의 동요, 지주제의 확대에 따른 지주와 전호농민의 계급대립의 심화, 그리고 농업생산력의 발전으로 인한 농민층 분해를 초래하였다. 농민층분해는 농민경영에서 부농경영의 대두와 소농민경영의 몰락을 반영하고 있었다.

18세기 이후 소수의 농민들은 소작지를 넓혀가면서 상업적 농업을 통해 부농이나 서민지주로 성장할 수 있었던 반면, 대다수 농민들은 부농들에게 소작지마저 빼앗겨 빈농으로 전락함으로써 이제 농민층 내부에서도 부농과 빈농으로 분화가 되었던 것이다. 이 결과 대량으로 창출된 빈농층은 농업경영만으로 생계가 어려웠으므로 부농의 경영확대에 따른 노동력 부족을 보충하는 품팔이 노동에 종사하기도 하였다. 다른 한편 양반층의 경우도 오랫동안 관직에 진출하지 못하면 경제적으로 몰락하여 평민·천민과 전혀 다를 바 없는 소작농민으로 전락하기도 하였으며, 평민·천민이라도 돈을 벌어 땅을 구입하여 소작지를 대여하는 지주가 될 수 있었다.

이와 같은 변화로 인하여 농촌사회 내의 계층구성은 재편되었다. 지주계급은 구래의 양반특권지주와 새롭게 성장한 서민지주로 분화되었고, 농민층도 부농, 빈농, 농촌노동자로 분화되었다. 이러한 것들은 농촌사회내의 계층간 계급간의 대립을 첨예화시켰을 뿐 아니라, 그 자체가 봉건사회의 위기를 조성하는 객관적 조건이 되었다.[2]

18세기 이래 조선사회의 위기는 정치적인 면에서도 드러났다. 토지와 생산자 대중에 대한 봉건국가의 지배와 통제력이 약화된 이 시기에 이르러 광범한 양반세력의 참여가 보장되는 정치질서는 붕괴되었다.

정권을 잡은 세도가들은 자신들의 권력을 이용하여 매관매직으로 부를 축적하였다. 따라서 벼슬자리가 중요한 치부의 수단이 되었기 때문에, 정권을 잡은 자들은 관직의 임기를 단축시켜 자주 교체함으로써 축재하였다. 당시 사회상을 황현(黃玹)의 [매천야록(梅泉野錄)]에 의하면 '10만 냥이 있어야 과거급제하고 감사자리 하나에도 2만 냥이 있어야 하는데 그나마 안동 김씨만 가능하다'[3]고 지적했다. 이러한 관직의 불안정한 상태는 관리들에 의한 탐학행위를 더욱 조장하여 농민수탈은 가중되었다.

이와 더불어 상품화폐경제의 발전은 지배층의 사치욕구를 자극하여 국가재정의 지출을 증대시켰으며 이는 세도정권하에서 국가재정의 위기가 만성화되는 하나의 계기가 되었다. 이러한 국가재정의 위기를 극복하기 위하여 세도정권은 새로운 재원의 확보방법으로 대동미의 중앙상납분을 늘리는 조치나 환곡의 총액을 늘리는 방법, 심지어 주화의 질을 떨어뜨려 화폐발행에서 생기는 이익을 늘리는 것도 상습적으로 자행되었다. 이처럼 중앙정부에 의해 재정이 감액된 지방관청에서는 각종

잡세의 부과나 환곡, 고리대 등을 통하여 재정부족을 보충할 수밖에 없었다. 따라서 자연히 봉건권력에 의한 농민수탈은 더욱 강화되었고, 이는 19세기의 만성적인 삼정수탈의 한 계기로 작용하였다.

한편 면세특권이 부여되는 궁방전(宮房田)4)과 아문둔전(衙門屯田)5)이 전경작지에 차지하는 비중은 대략적으로 1894년경에 당시 전경지의 6% 정도였다. 1776년 정조에 의해 3만여 결의 대대적인 면세결의 혁파가 있은 직후 각 궁방·아문의 면세결 합은 7만 9,043결로서, 당시 총 시기결 104만결 2,851결의 7.6%로 면세결 혁파 이전의 10.5%에 해당한다. 약간의 출세결을 합하면 적게 잡아 12% 정도가 궁방전·아문둔전이 전경지에서 차지하는 비중이 될 것이다. 그리고 17세기까지 올라가 그 무제한의 팽창에 아무런 제약이 없었던 때라면, 궁방전·아문둔전의 전경지에 대한 비중이 최대한 15% 정도는 되었을 것이다. 둔전(屯田)은 확대되어 순조 7년(1807)에는 총 46,102결로서 당시 전국 총 결수 1,456,592결의 3.2%에 달하였으며, 총 면세결 204,635결의 약 23%에 해당하였다. 이같이 둔전과 궁방전 기타 면세전의 확대로 인해 왕실, 귀족, 지방호족 등의 사유지가 점점 확대되는데 비해 국가 공전(公田)의 감소가 뚜렷해져 갔다. 이 결과 토지에 대한 국가의 통제력이 약화되고 국가 세입이 격감되게 되었다.

조선후기에는 면세전 중에서도 진황전(陳荒田)의 증가가 두드러져 전체 면세전(免稅田)의 2/3 정도에 달하였다. 이는 지배계층의 수탈로 농민이 이농하고 유랑하며 또 흉황과 재난으로 시달린 농민이 전작이나 개간을 포기하고 유랑하는 까닭에 진황전이 증가했기 때문이다. 이에 따라 국고수입의 감소와 농민의 빈곤이 가속화되자 정조 9년(1785)에는 진황전의 개간을 촉진하기 위하여 정책적으로 지원하였으나6) 진황전은 순조 이후까지도 계속 증가한 것으로 보아 그러한 정책도 별로 실효가 없었던 것으로 볼 수 있다.7)

조세제도의 불합리

봉건제 위기의 심화는 봉건국가의 조세 수취 과정에서도 반영되었는데, 봉건적 조세수취는 원칙적으로 국가가 개별 국민과 토지를 통일적으로 지배하면서 실현되는 것으로, 신분제를 근간으로 운영되면서 그 자체가 개별 국민들에게 신분제를 강제하는 제도였다. 이러한 조세 수취 제도는 17세기 이후 크게 변화되어 대동법, 균역법의 실시, 환곡의 부세적 성격의 강화에 따라 19세기 들어서 조세수취제도는 전정(田政), 군정(軍政), 환정(還政)이라는 삼정체제로 확립되었다.

대동법시행기념비. 경기 평택시 소사동에 있다.

대동법은 지방에서 특산물로 바치던 전통적 조세체제가 미곡으로 통일되고 그 대동세는 대전납부를 허용함으로써 현물경제체제가 화폐경제체제로 변화되는 계기가 된다는 점에서 조선조 경제체제를 획기적으로 변화시켰다. 대동법은 조선전기 토공제도 자체의 모순과 공물의 부과 및 징수 과정에 있어시의 공리의 대납제를 통한 농민착취로 인해서 선조 때부터 그 개편론이 제기되어 광해군 때부터 점차 실시되었다. 이는 종래의 토공과 용역에 대해 전결을 대상으로 징수함으로써 조세체제를 일원화시킨 것이다.

또한 토지소유에 비례하여 과세함으로써 공정한 조세체계를 이룩하고 고정된 세율을 부과케 한 것으로 공물의 미납화로 인한 중간착취를 제거하였다. 대동법은 18세기 중엽 이후 정치 기강의 문란으로 정상적

운영이 저해되기도 하였으나 그 역사적 의의는 컸다. 특히 수세체제를 미·포·목 등 현물체제로부터 현물 및 전화 이원체제로 진전시켜 금납 일원체제로 전환되기 위한 기초를 마련하였을 뿐만 아니라 상품생산과 교환경제의 발달을 촉진시키는 데 기여 하였으나8) 지방에서는 여전히 특산물을 공물로 받아 국민의 부담은 여전했다.

조선은 본시 국민개병제와 병농일치였으나 16세기 이후 모병제로 바뀌면서 군역대신 포(布)로 거두는 수포대납제(收布代役制)가 실시되면서 1년에 포 2필을 내게 되었다. 집안의 장정마다 바치므로 이것은 인두세(人頭稅)나 마찬가지 였다. 결국 군역은 국방의 의무보다는 재정의 의미가 커지고 전세나 공납보다도 더 힘겨운 부담이 되었으며 군포징수에 있어서 폐단이 많았다. 따라서 균역법의 실시는 초기의 농민부담을 어느 정도 덜어 주었으나 시일이 지나면서 군정의 문란으로 확대 부패되어 갔다. 삼정은 조선의 국가재정의 원천이었다. 전정은 전세, 대동미, 삼수미, 결작9) 등을 포함한 토지에 부과되는 모든 부세를 일괄하여 거두는 전결세 수취행정이었고, 군정(軍政)은 양인농민을 대상으로 한 군포징수 행정으로 균역법(均役法)을 말하며, 환정은 환곡의 분배와 수납행정이었다. 환곡(還穀)은 일종의 국가적 사회사업제도였다. 즉, 가난한 백성에 봄에 관곡을 빌려주고 가을에 약간의 이자(15斗 당 10분의 1인 1斗 5升)를 더해 거두었다.

조세수취방식도 상품화폐경제의 발전에 따라 점차 쌀, 콩 또는 면포 등의 현물납에서 화폐납으로 바뀌어갔다. 이러한 화폐납의 성행은 조세 수탈을 신분제적 질서에 의존한 수탈방식에서 상품화폐 관계에 편승한 수탈로 바꾸어, 수탈의 양의 증가 뿐 아니라 수탈방식에 있어서 커다란 질적 변화로 나타났다. 이와 더불어 조세도 점차 토지에 집중되어 갔으며 환곡이나 군포도 사람에 대해서 걷지 않고 토지를 대상으로 징수하였다. 이와 같은 삼정제도의 확립, 화폐납의 진전, 조세의 토지집중화와 더불어 조세수취의 운영방식도 변하였다.

18세기 중엽 이후에 전정에서의 비총제(比摠制), 군정의 군총제(軍摠制), 환정(還政)의 환총제(還摠制) 등이 일반적으로 채택되었는데, 이는 국가가 토지와 민인을 낱낱이 파악하지 않고 군현 단위로 미리 정해진 수취총액을 담세자의 증감과 관계없이 공동부담 하도록 하는 제도였다. 이와 같은 총액제적 수취방식은 신분제의 변동과 농민층 분해에 따라 담세자가 줄어들고, 담세자의 담세능력이 약화되는 사회변동에 대응하여, 중앙정부가 군현단위로 일정한 액수의 조세량을 미리 정해줌으로써 조세수취의 안정을 도모하려는 의도에서 시행된 것이었다.

그러나 이러한 방식은 수세업무를 군현의 수령과 향촌지배계층에게 전적으로 위임하는 것이기 때문에 이들 사이의 상호보장적 관계 속에서 농민에 대한 무제한적 수탈이 가능한 방식이었다. 때문에 부유한 농민들은 신분상승의 방법을 통하여 조세수탈로부터 빠져 나가고, 이들이 부담해야 할 조세는 몰락해 가고 있었던 빈농층에게 전가되었다. 이러한 조세편중은 관과 민의 관계를 악화시켰을 뿐 아니라, 궁극적으로는 지주와 전호, 부농과 빈농사이의 대립을 첨예화시켰다.

결국 조선소 밀기 경제상황의 총체적 부패는 삼정의 문란으로 귀결된다. 즉, 전정의 경우는 토지대장이 정리되어 있지 않아 관리의 작위적 기재에 희비가 갈렸으며 전세의 3수미세는 호조에서, 대동미는 선혜청(宣惠廳)에서, 결작은 균역청(均役廳)에서 각각 출납케 되어 항상 혼란을 야기했다. 군정의 경우는 호적이 정비되어 있지 않아 관리에 의도대로 군역의 부담이 편중되어 가장 큰 혼란을 야기했으며 환곡의 경우는 본래의 빈민구제의 의미를 상실하고 일종의 고리대 성격으로 변하여 국민을 착취했다. 즉, 전정의 문란은 은결(隱結, 대장에 실리지 않은 전답에 징세하는 것), 진결(陳結, 진황전에 징세하는 것), 전세 문란에 따른 면세지의 증가 등이다. 군정의 문란은 족징(族徵, 도망자, 사망자의 체납분을 친족에게 물리는 것), 동징(洞徵, 동리사람에게 공동부담시키는 것), 강년채(降年債, 60이 넘은 자에게도 고의로 나이를 줄여 군포징수), 마감채(磨勘債, 병역 의무자에게 일시불로 받는 면역군포), 황구첨정(黃口簽丁, 유아를 장정으로 기재해 부과하는 것), 백골징포(白骨徵布, 죽은 자에게 부과하는 것) 등이 있었다. 환곡의 문란은 반작(反作, 허위작부로 출납을 속이는 것), 가분(加分, 저축하여야 할 부분을 대출하는 것), 허류(虛留, 창고에 없는 실물을 있는 듯이 함), 입본(立本, 풍년과 흉년 등을 미리 예견하고 미곡시세를 정해 貸錢으로 사취하는 것), 증고(增估, 상사가 명한 공정액보다 고가로 매출하는 것), 탄정(呑停, 흉년에 무리로 징수하여 연말 停減의 분을 사취하는 것) 등이다.

이러한 삼정수탈의 강화는 조선 후기 사회의 조세수취체제를 와해의 위기로 몰고 갔고, 이는 또한 수취체제 뿐만 아니라 봉건사회 전반을 해체시키는 농민항쟁의 배양기가 되었다.

이처럼 조선후기는 봉건제의 위기가 심화되면서 사회모순이 격화되는 시기였다. 따라서 사회를 구성하는 각 계층들은 각자의 위치에서 봉건사회 모순에 대해 일정한 대응을 하지 않을 수 없었다.

2) 조선후기 사회의 지배층의 변화

전통적 신분질서

성리학을 통해 조선의 정치사상은 사회의 질서나 원리에 대한 뚜렷한 인식을 가질 수 있게 되었는데 그것은 성리학이 민중을 저변으로 하는 군·신·민의 위계적 질서와 조화의 원리를 제시했기 때문이다. 따라서 조선조 성리학적 정치사상은 조선조 말기에 시민사회사상이 대두할 때까지 조선의 중세정치사상으로 군림했다. 성리학적 정치사상이 골격을 갖추게 되는 것은 고려후기의 혼란기에 새로운 사회를 지향하고 나선 신흥 사대부들에 의해서였고 그들의 사상이 조선조를 탄생시켰다. 그러나 성리학적 정치사상이 완숙하게 되는 것은 조선 중기에 와서이다. 신왕조가 정착함에 따라 왕조시대 특유의 정치적 비리가 발생하고, 이에 대해 성리학에 투철한 신진의 사림이 강력하게 비판하며 대두하여 성리학적 정치사상의 완숙기를 가져왔던 것이다.[10]

조선 중기는 공신, 척족의 전횡과 폭군의 출현으로 말미암은 정치적 비리가 만연했고, 그런 현상에 대한 신진사림의 비판은 위계적 사회질서로부터의 이탈이라는 것을 한 기준으로 했다. 공신이나 척족은 군주와의 사적인 관계를 배경으로 해서 군주의 권위를 도용할 뿐 아니라 신료들 사회의 질서를 범하게 되었다. 이는 위계적 조화를 추구하는 성리학적 정치사상의 관점에서 볼 때 척결돼야만 한다는 것이었다. 특히 공신이나 척족은 현실적으로 민중에 대한 수탈을 자행한다는 점에서 윤리적 비판의 대상이 되기도 했다.

조선조의 성리학적 정치사상은 건전한 군주정을 궁극적으로 지향하는 것으로서, 군주의 윤리적 타락을 방지하고 공신이나 척족의 발호를 근절하는 것이 그 방편이라고 생각했다. 즉, 성리학적 정치사상의 논리적 지주가 위계적 사회질서와 조화의 원리였다. 따라서 군주의 타락이나 공신 척신의 발호는 모두가 위계적 사회질서와 조화의 원리를 깨뜨림으로써, 혼정을 초래하게 된다는 것이 조선조 성리학의 논리였다. 이런 위계적 질서관은 국제관계에 대한 인식에 있어서도 그대로 적용됐었다. 대국인 중국을 중심으로 하는 제소국의 위계적 체계가 유교적 국제질서였다. 따라서 조선의 유교세력은 이런 국제질서를 지향해 오면서 성리학을 바탕으로 그런 관념을 더욱 세련시키고, 그것에 충실하고자 했다.

조선조의 성리학적 정치사상은 성리학의 본토인 중국이나 인접한 일본의 경우에 비해서 특히 위계적 사회질서를 강조했으며 그것을 현실화했다. 조선조 성리학이 굳게 자리매김한 것은 중세적 국제질서상의 중심이었던 중국에 밀접한데다가 지역이 협소해 하나의 사상이 강력하게 지배할 수 있는 여건이 조성되어 있었기 때문이었다. 그 결과 조선은 매우 안정된 유교질서를 형성할 수 있었고, 역으로 성리학사상은 교조화되었으나 조선후기에 이르러 동양중세의 국제질서 변동을 요구하는 일본의 등장, 중세적 질서의 중심이었던 중국에 청이 등장하는 변화의 와중에 조선이 있게 되었다. 결국 그 시기 중세적 위계질서를 강력하게 지향하는 성리학적 정치사상의 기반이 흔들리게 됐다.

위와 같은 위계적 중세질서의 여건 변화에 대해 조선의 정치사상도 다양한 변화를 보이게 되었다. 즉, 선험적 위계질서의 원리가 계급사회에 대한 비판의 일환으로 도전 받는가 하면, 중국 중심의 중세적 국제질서의 논리에 대한 회의가 나타나기도 했다. 그러나 실학자들은 대체로 위계적 신분질서에 대해 비판적이었다. 특히 북학파(北學派)로 불리는 일군의 실학자들이 그에 대해 통박했다. 그럼에도 그런 사상적 동향은 명백히 성리학적 지배사고의 위기를 의미하는 것이었고, 그에 대한 반동으로 성리학은 중세적 위계질서를 교조적으로 강조했던 것이다. 성리학 중에서도 정주계(程朱系)의 학설이 정통으로 군림하고, 그로부터의 이탈을 극단적으로 억압하는 동향이 17세기 중엽 이후 만연했다.

즉, 성리학은 인간을 포함한 모든 존재가 상하의 관계에 있는 대칭적 두 요소의 배합이라고 보고, 그 연장선상에서 사회도 상하, 귀천 간에도 위계질서를 이룬다고 보았다. 특히 정치적으로는 군주와 신민, 신료와 민중간의 위계적 질서를 이상적인 질서로 본다.11)

성리학적 정치사상이 위계적 사회 질서관에 입각해 군주의 지위를 정당화하는 것에는 이의가 있을 수 없으나 군주의 지위에 대한 조건이 위계적 사회 질서관에 포함돼 있음을 주목할 수 있다. 즉, 성리학사상에 있

어서의 위계는 기능의 분화에 착안하는
것이었고, 분화된 기능 간에는 불가분의
관계가 있었다.[12] 따라서 군주는 사회의
다른 요소인 신민을 떠나서는 존재할 수
없다는 인식이 뚜렷했고, 그런 만큼 성리
학은 군주의 지위를 정당화하면서도 군주
권에 대한 제한의 논리를 분명히 갖추고
있는 성숙한 군주정치사상이었다.[13]

주희. 성리학사상을 완성한 인물로 조선사회에 가장 큰 영향을 미쳤다.

신분질서의 변화

조선의 성리학적 사회구조가 결정적으로 변화된 계기는 일본과의 7년 전쟁과 그것의 뒤를 이은 청국와의 전쟁을 겪은 뒤였다. 양란으로 인한 사회경제적 기반의 동요는 조선조 후반기 정치, 경제, 사회 등 각 분야에 걸쳐 진행되었으며 이것은 또한 국민의 자각에 의한 민중의식의 발현에 의하여 촉진되어 나갔다. 당시 사회구조적인 변혁으로서 먼저 지적할 것은 신분구조의 급격한 변화이다.

본시 조선의 신분제는 그 후기에 이르러 ① 양반, ② 중인, ③ 양인(평민 또는 상민), ④ 천민(노비)의 4신분으로 구성되어 있었다. 이념형(ideal type)으로 말하면, 양반은 신분적 특권을 가지고 정치권력과 학문을 독점했으며, '역(役)'의 부담을 지지 않는 특권적 지배신분이었으며 중인은 주로 기술직에 종사하거나 중앙정부의 말단 행정관리 또는 지방의 향리로 종사한 중간신분이었다. 양인은 주로 농업 등 생산을 담당하고 '역'의 부담을 진 평민의 신분이었으며 이들은 법제적으로는 '천인'에 대비하여 '양인'이라고 불렀고, '양반'에 대비해서는 '상인'이라고 불렀으며, 조선왕조시대의 가장 숫자가 많은 중요한 신분이었다.

천인은 주로 노비와 7종 천인으로 구성되었으며, 노비는 주인에게 신분적으로 예속되어 생산을 담당하거나 사역에 사용되었다. 7종 천인은 노비, 기생, 영인(악공과 광대), 혜장(鞋匠, 갖바치: 신 만드는 사람), 향리(지방행정 실무자), 사령(관아의 심부름꾼), 승려 등으로 이들이 본격적인 양인혜택을 받게 되는 것은 동학혁명 당시의 폐정개혁안에 언급되면서부터였다.

이러한 조선왕조 시대의 신분제도는 시민사회의 계급제도와는 매우 다른 것이었다.

첫째, 신분은 태어날 때부터 가계와 혈통에 의거하여 결정되는 귀속적 지위(Ascribed Status)였다. 따라서 그것은 시민사회에 있어서의 획득적 지위(Achieved Status)와는 크게 다른 것이었다.

둘째, 신분은 그러므로 세습적인 것이었다. 이것은 시민사회의 계급이 비세습적인 것과 크게 다른 것이었다.

셋째, 신분은 출생신분에 의거해서 사회조직에 참여하는 것이었다. 이것은 시민사회가 계약에 의거해서 사회조직에 참여하는 것과 크게 다른 것이었다.

넷째, 신분은 공식적으로 특권과 차별을 인정하는 것으로서 법률적으로도 공공연히 불평등한 제도였다. 이것은 시민사회의 계급이 공식적으로는 특권을 인정하지 않아서 법률 앞에서는 만인이 평등한 것과 크게 다른 것이었다.

다섯째, 신분은 직업을 세습적으로 고정화시켰다. 예컨대 장인의 아들은 대대로 의무적으로 장인이 되는 것과 같은 것이었다. 이것은 시민사회에서 직업의 세습을 고정화시키지 않고 공식적으로 직업 선택의 자유를 인정하는 것과는 크게 다른 것이었다.

여섯째, 신분은 그 칸막이가 폐쇄적이어서 신분간의 사회이동(Social Mobility)이 원칙적으로 매우 적었다. 이것은 시민사회의 계급이 그 칸막

이가 비교적 개방적이어서 계층 간의 사회이동이 큰 것과는 크게 다른 것이었다.

일곱째, 신분은 생활양식(Life Style)을 특정 형태로 규제하고 통제하였다. 이것은 시민사회의 계급이 그 성원의 생활양식을 특정 형태로 규제하지 않고 자유로이 맡기는 것과는 크게 다른 것이었다.

양반신분질서의 문제점

이러한 특징을 가진 양반신분사회는 그 자체 많은 문제점을 갖고 있었으며 가장 큰 문제점 몇 가지를 간추려 보면 다음과 같다.

첫째, 소수의 양반신분만이 정치를 담당하며 국가와 사회의 중요한 정책 결정을 하고, 아무리 유능한 인재라도 양인이나 천인 출신은 사회 정치활동에 참가가 불가능하므로 그 사회의 인적 자원과 능력을 모두 동원하여 충분히 활용할 수 없었다.

둘째, 생산자 신분인 양인과 노비들의 부담은 과중하고 양반지주들의 수취는 매우 많아서 생산자가 자본을 축적하여 생산력을 발전시키는데 큰 제약을 받았다.

셋째, 사·농·공·상의 위세직 직업관과, 공과 상을 천시하는 직업관으로 말미암아 공업과 상업 등 산업의 발전이 어려웠다.

넷째, 양반은 공식적으로 특권을 가진 반면에 중인·양인·노비는 법률에 의하여 확고하게 보호되고 보장되는 '권리'를 충분히 갖지 못해서 다수의 국민이 자주적인 인격적 생활을 하지 못하였다.

다섯째, 기술직과 기술이 폐쇄적으로 세습되고 개방적으로 공개되지 않아서 기술을 발전시키는 데 큰 제약을 받았다.

여섯째, 공식적으로 폐쇄적인 신분차별을 하여 사회의 통합(Social Integ -ration)이 매우 약하고, 사회의 연대는 뒤르켕의 유기적 연대가 아니라 '기계적 연대(Mechanical Solidarity)'가 지배하였으며, 신분간의 갈등이 매우 심하였다.

일곱째, 게마인샤프트의 조직원리에 기초한 사회로서, 가족 · 가문(친족) · 씨족 등 혈연공동체와 촌락 · 지방 등 지연공동체를 중시하고 전체적인 민족국가와 사회에 대한 개념이 충분히 발달하지 못하였다.

여덟째, 따라서 사회성원의 충성은 민족 · 국가에 대한 직접적 충성보다 가족 · 가문 · 씨족 · 신분 · 지방 · 향당 · 사당 등에 대한 충성이 강하였다.

양반 신분사회14)는 이상과 같은 문제점을 갖고 있었으므로 선각적 지식인들은 이의 개혁을 주장하였는데 조선왕조 후기의 실학파가 그 대표적인 것이다. 또한 하위 신분층들도 여러 가지 형태로 양반신분사회의 개혁을 요구하였는데 조선왕조 후기에 빈번한 농민운동들이 그 대표적인 예들이다. 따라서 조선왕조의 양반신분사회는 19세기 중엽에 이르러 양면으로부터의 도전을 받고 큰 위기를 맞게 되었는데 그 내용은 다음과 같다.

신분사회에의 도전

먼저 양반신분사회 내부로부터 발생한 사회적 압력과 도전으로서 농민을 비롯한 양인신분층과 노비신분층의 신분제도 폐지 요구가 그것이었다. 이미 18세기 중엽에 양반신분제도는 현저하게 해체의 징후를 보여, 다수의 양인들이 여러 가지 방법으로 상향이동을 수행했으며, 다수의 노비들이 납속과 도망의 방법으로 양인신분층으로 상향이동을 달성하였다. 상향이동을 달성하지 못한 하위신분층들은 해마다 끊임없이 민란을 일으키며 양반 신분제도의 폐지를 요구하였다.

19세기에 들어오면서 하위 신분층의 양반 신분제도의 폐지를 요구하는 사회적 압력은 더 거세졌다. 따라서 조선왕조 정부는 1801년에 공노비혁파를 단행하여 일부의 노비 해방을 시행하였다. 그러나 하위신분층들은 사노비 혁파를 포함하여 모든 양반신분제도의 폐지를 요구하였으며, 그 요구의 형태도 '민란' 등의 형태가 공공연히 선택되었다. 1811년의 '홍경래 난'은 북쪽지방에서의 개혁요구의 대표적인 것이었으며, 1862년의 '진주민란'은 남쪽 지방에서의 개혁요구의 단적인 예였다. 19세기 초엽과 중엽의 하위신분층의 양반신분제도 폐지 요구는 농민층이 앞장섰지만 당시 광범위한 신흥사회계층이 이를 지지하게 되자 커다란 사회적 압력으로 형성되었다.

그 세력들은 다음과 같다.

첫째, 상공인층을 비롯하여 새로이 대두하기 시작한 시민계층이 이 개혁요구를 지지하였다.

둘째, 종래의 노비신분층이 농민들의 개혁요구에 참가하고 이를 적극 지지하면서 때로는 그 운동의 주체가 되었다.

셋째, 광산 노동자층과 유민들이 농민들의 개혁 요구에 참가하고 이를 지지하였다.

농민층을 선두로 한 이러한 광범위한 하위신분층의 개혁 요구는 종래의 조선왕조의 양반신분사회의 구조와 유형에 영향을 주지 않는 신분사회 체제내의 개혁과 재조정의 요구가 아니라 양반신분제도의 폐지에 의한 사회구조 그 자체의 변혁의 요구였다. 즉 양반신분사회를 근본적으로 개혁하여 새로운 유형의 사회구조를 창출하고자 하는 요구였기 때문에 매우 심각한 사회적 긴장과 갈등을 수반하게 된 것으로 이것은 조선왕조의 양반신분사회가 내부적으로 위기에 봉착했음을 나타내는 것이었다.

다음으로 양반신분사회에 대한 도전은 외부로부터 들어온 것으로서 선진 자본주의 열강의 침입 시작이 그것이었다. 서구의 새로운 도전은

① 서학(천주교)의 포교 ② 이양선의 연안 출몰 ③ 외국상선의 통상 요구 ④ 구·미·일 자본주의 여러 나라들의 개항 요구 ⑤ 선진 자본주의 제국에 의한 식민지화의 위협 등의 형태로 나타났다. 외부로부터의 도전은 조선왕조의 양반신분사회에 대한 도전이었음과 동시에 조선민족에 대한 도전이기도 하였다. 이 도전은 당시의 조선사회에 대하여 종래의 폐쇄체제(Closed System)로부터 개방체제(Open System)로의 전환을 요구하는 것이었을 뿐만 아니라, 조선사회가 개방체제로의 전환 후 외부로부터의 도전을 적절히 자기의 힘으로 처리하지 못하면 양반신분사회의 붕괴와 함께 조선의 민족공동체 자체가 '식민지'로 전락할 수도 있게 되는 매우 심각한 성격의 것이었다. 이러한 도전은 사회적 측면에서 보면 근대적 서구시민사회의 전근대적 조선 양반신분사회에 대한 도전이었다.

또한 그것은 정치적으로는 근대 국민국가의 제국주의적 팽창에 의한 전근대 군주국가에 대한 도전이었으며, 경제적으로는 산업혁명을 거쳐 이룩한 공장제도라는 근대 산업체제의 전근대 농업체제에 대한 도전이었다. 그것은 문화적으로는 근대 합리적 과학기술문화의 전근대적 인문교양문화에 대한 도전이었고, 군사적으로는 철제군함의 함포 등 근대 군대의 전근대적 군사장비의 구식 군대에 대한 도전이었다. 이러한 성격의 외부로부터의 도전에 대하여 적절한 대응책을 취하지 않으면 어느 쪽이 승리할 것인가는 분명하게 내다볼 수 있는 것이었다.

이러한 내외로부터의 도전에 직면하여 조선 양반 신분사회는 최대의 위기를 맞게 되었는데 불행히도 내외로부터의 도전이 시기적으로 거의 동시에 왔기 때문에 조선왕조의 양반신분사회는 두 개의 도전을 '동시에' '중첩하여' 일시에 해결할 것을 요청 받게 되었다.15)

조선 신분제도의 한계 노출

조선조의 지배양식으로서 신분제도는 중기 이후부터 양반의 수적 증대현상으로 인해서 그 자체의 한계점을 드러내게 되었다.[16] 양반제도의 위기는 상민층의 상대적인 감소와 노비의 실질적인 소멸 등에 의한, 조선조의 권력유지를 위한 사회계급 구조상의 위기를 의미하는 것이었다.[17] 이 같은 사회적인 신분구조의 변화는 경제적으로 뒷받침된 농민층 분화와 소작농의 독립 등에 의해 더욱 촉진되었던 것이다. 더욱이 가치체계 면에서의 이념적인 혼동은 그러한 신분제의 변화를 더욱 촉진했다.

즉, 18세기 이래 사회적 모순의 심화는 성리학이라는 봉건적 지배이데올로기에 대한 비판과 반발을 야기하였다. 따라서 정권에서 배제된 양반층의 일부는 현실에 대한 사회경제적 인식을 심화시켜 나가면서 새로운 학문체계를 수립하고자 하였다. 이른바 실학자들로서 그들은 봉건제의 위기가

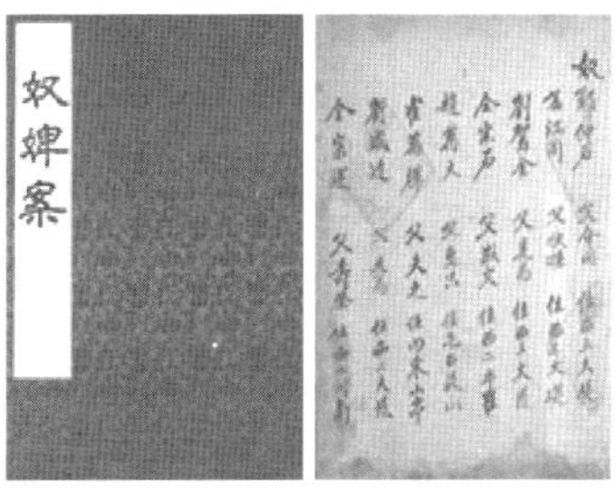

전남 장성군 황룡면 필암리 필암(筆巖)서원에 보관된 노비안

미봉적인 인재등용방법의 개선이나 제도운영의 개선으로 해결될 수 없음을 지적하고, 지주전호제의 혁파를 포함한 대대적인 개혁조치가 불가결함을 주장하였다. 더구나 이 시기는 한글소설, 시조, 판소리, 가면극, 민화 등이 평민, 천민들에 의해 향유되면서 지배층의 양반문화와 대립되는 평민문화가 성장하였던 시기였다. 이 과정에서 지식계층은 양적으로 확대되었고, 이전처럼 지배이데올로기에 대한 봉사를 주로 하는 지식층만 아니라, 지배체제를 비판하고 새로운 사회개혁이념을 제시하는 단계로 변모하였다.

다른 한편 이제까지 지배의 대상으로만 치부되었던 하층 농민들도 지

배층에 의해 강요된 유교적 이데올로기에의 맹종을 거부하였다. 즉, 17세기말에 농민, 천민들은 민중구원사상으로 등장한 미륵신앙을 신봉하면서 살주계(殺主契), 검계(劍契) 등을 조직하여 봉건통치에 저항하였고, 19세기에 들어와서는 각종 예언이나 도참 등의 형식을 취한 정감록 사상에 영향을 받아 조선왕조를 부정하였다. 나아가 농민들은 생명의 위협을 느끼면서도 동학과 천주교에 귀의하여 봉건적 지배질서에 반대하는 투쟁을 전개하였다. 지배만 당해 오던 민중들도 더 이상 지배 이데올로기에 매몰되기를 거부하고 독자적인 사유체계를 형성하기 시작하였던 것이다.

18세기 이후 심화된 신분제 동요는 사족 중심의 신분제적 향촌지배체제를 크게 동요시켰다. 즉, 18세기 이후 노론계의 집권이 장기화되면서 다른 당색의 관계진출이 제한되었으며, 그 결과 지방의 사족들은 점차 몰락하여 갔다. 한편 평민들은 사족의 향촌 내 지배력을 약화시키고, 대신 자신들의 이해관계에 맞추어 향촌질서를 재편하고자 시도하였다. 이러한 시도는 신분제적 향촌지배체제를 대체할 만큼 진행된 것은 아니었지만, 기존 사족의 향촌사회 통제력을 크게 약화시키는 결과를 가져왔다.

지배층의 대응

이러한 경제사회적 변화에도 불구하고 당시의 집권층은 특정 세도가문에 의해서 국왕의 절대권이 상대적으로 위임 행사되는 폐쇄적인 통치의 대행체계로 나타났다. 세도정치 자체가 왕권의 약화상태에서 양반지배세력과 결속한 것이라고 할 때, 조선조 후기 왕권이 이 같은 한계에 직면할 수밖에 없음은 지배체제가 사회경제적 구조적인 변혁에 대응하지 못하고 있음을 표현한 것이라고 할 수 있을 것이다. 19세기에 들어서 세도정치 출현배경은 다음과 같다. 1800년 정조가 사망하자 순조가 11세의 어린 나이로 왕위에 올랐다. 정조 말에 내정되었던 대로 김조순의 딸이 순조의 비로 책봉되자, 권력이 비변사를 장악한 김조순에게 집중되어 안동 김씨의 세도정권이 성립하였다. 순조 말년부터 헌종대까지는 풍양 조씨일파의 외척세력이 대두하여 안동 김씨 세력을 견제했으나, 1849년 헌종이 죽고 철종이 즉위하자 정국은 다시 안동 김씨에 의해 주도되었다. 철종조에 안동 김씨의 세도정치는 절정에 달하였다. 세도정치기에는 18세기 이래 진행되어오던 권력의 집중현상이 소수 명문가문을 중심으로 더욱 심화되었다. 따라서 정권의 지지기반은 더욱 축소되었고, 그 결과 지배계급 내의 갈등과 대립은 더욱 심화되어 갔다. 이러한 사태의 진전은 국왕으로 대표되는 봉건권력의 도덕적 기반마저도 붕괴시키는 결과를 낳았다. 정치사적인 측면에서, 세도정치의 출현은 결과적으로 통치체제의 정통성에 한계를 보여줌으로써 전반적인 권력구조의 효율성을 저해시킨 것이라 하겠다. 따라서 폐쇄적인 권력구조 내에서 권력의 독점은 통치엘리트의 특정화를 조장시켰다고 할 수 있다.

조선조에 있어서 일반 국민의 동원이나 조작을 위한 이념 및 왕권의 정통성 확립을 위한 논리는 주자학에 그 기반을 두어 왔으나 조선후기에 와서 세도성치의 내두라는 지배체제의 변용은 여기에 갈등을 조성하게 된다. 동시에 대외적으로도 점차 문화적 개별의식의 형성에 따라 중화관념 이라든가 화이관 등에 회의하는 자기 확인의 과정이 조성되어졌다.18)

지배 이데올로기에 대한 이 같은 도전에 대해, 집권층은 사회경제적으로 개혁을 추진하기보다는 천주교의 금압과 같은 강력한 억압을 통하여 대처함으로써 정통성을 확립시키려 하였다. 예를 들어, 1786년 불경사서 구입의 금지, 1791년 신해박해, 1801년 주문모, 이승훈 등 300여 명 처형(신유사옥, 辛酉邪獄), 1839년 프랑스 선교사 등 200여 명 처형

(기해사옥, 己亥邪獄) 등이 그것이다.

조선조 후기에는 과거제도의 기능이 실질적으로 와해됨으로써 일원적인 관리의 충원으로 기울어지게 되었다. 즉, 통치관료로의 통로가 봉쇄된 가운데 재야의 양반계층에서는 두 가지 과정을 나타낸다. 첫 번째는 전통적인 정치, 사회, 경제적 지배구조와 그 이데올로기에 회의하면서 그 비판과 극복을 지향하는 경우로서 체제내적 개혁의 논리 위에서 정치 경제변혁의 중심적인 대상자를 일반농민에서 구하고 대외적으로는 문화적 개별의식을 추구했던 실학파 사상이 그것이다. 두 번째는 여전히 지배 이데올로기적 가치에 절대성을 부여하며 그 가치를 실현시킬 수 있는 자신의 내면화에 더욱 힘을 기울이는 유림의 경우를 들 수 있을 것이다.19)

민중의 저항과 폐해

권력구조적인 측면에서 당시 피지배계층인 농민들의 경우 체제변혁에 대한 욕구는 이미 1811년 홍경래의 난에서 뚜렷이 표출하고 있었다. 일반농민에게 있어서 조선조의 권력구조는 일련의 수탈구조 그 자체로서 자연재해, 토지겸병화로 이미 피폐해진 농촌경제를 더 악화시키는 요인이었다. 이에 대해 19세기 이후 생존권을 요구하며 폭발하는 농민의 저항은 민중의식의 구체적 발현으로서 조선조의 지배체제가 이미 민중적 기반을 상실했음을 보여주는 것이라 할 것이다.

19세기 농민층의 분화 경향은 지배층에 의한 '삼정의 문란'으로 더욱 노골적으로 나타났으며 '세도정치'라는 정치과정을 통하여 더욱 심화되었다. 아울러 신분제의 동요로 다수의 부농층이 양반으로 상승해 나감으로써, 조선조의 재정 위기도 심각한 상태에 이르게 되었다. 조선조의 재정적 기초는 전정, 군정, 환곡이 중심을 이루었으나 점차 토지로 집중되어 갔다. 따라서 삼정의 문란과 함께 당시 국민의 빈궁과 유리를 촉진시켰으며, 저항의 계기가 되었던 것은 자연재해였다. 즉, 수년마다 닥쳐오는 자연 재해에 따른 농업생산의 감소는 단기적으로는 가장 큰 재정 압박의 요인이었다. 특히 수재와 한발 등의 자연재해는 직접적인 농사의 피해로 기근과 아사자를 발생케 했을 뿐만 아니라 전야의 황폐를 가져왔다.[20] 더욱이 자연재해는 지배층이 장기적인 방지책이나 사후 수습책을 제시하지 못하고 무능을 그대로 드러냄으로써 국민들의 불신을 촉진시켰다. 19세기에 들어와서도 기근의 규모나 참혹상이 감소되지 않았으나 정부의 구제활동은 오히려 점차 축소되어 갔다. 이 같은 경향은 구제활동이 축소된 19세기에 들어와서 농업의 발전과 수제시설의 확충이라는 측면도 생각할 수 있을 것이나, 계속된 피해로 보아 그 근본적인 원인으로는 세도정치 등장 이후 국가재정이 파탄 상태에 있었다는 사실을 들 수 있을 것이다.[21]

더욱이 진전화(陣田化)와 함께 통치기구 자체의 문란은 조선조의 재정위기에 가장 심각한 문제가 되었다. 조선후기 민중들은 각종 자연재해에 무방비 상태로 방치된 채, 지방관과 그들을 보좌하는 향리층들은 가렴주구와 수탈행위로 이미 빈곤상태에 있는 농민들을 막다른 궁지로 몰고 갔다.

특히 이들의 조세수탈행위는 19세기에 이르러 절정에 달하였으며 삼정의 문란으로 집중되었다. 결국 그러한 가혹한 착취에 따른 소농민 경제의 극한적인 열악화는 농민의 계층적 자각에 따른 의식의 성장과 함께 이 시대 농민저항의 기반이 된 것이다.

농민의 몰락과 함께 국가재정의 고갈을 가져온 삼정의 문란 앞에서 그 문제점의 인식과 개선을 위한 움직임이 전개되지 않을 수 없었다. 18세기 중엽 이후 실학자들은 토지제도의 개혁을 통한 조세제도의 정비문제를 제기했다.[22] 이들은 당시 농촌의 현실을 직시하고 농본주의 조선조 경제체제에 있어서 토지제도의 중요성을 인식함으로써 토지제도의 개혁안을 제시했던 것이다. 특히 반계 유형원(磻溪 柳馨遠)은 조선조의 만악의 근원은 토지제도의 모순에서 비롯되고 있다며 토지제도의 전면적인 개정을 펴기도 했다.[23] 그러나 이러한 실학자의 주장은 탁상공론의 수준에서 끝나고 말았다.[24]

또한 조정에서도 농민의 불만과 반란을 근본적으로 해결하기 위하여 토지개혁의 문제가 제기되어 영조 집권시 토지겸병의 폐단을 논하며 한전법(閑田法)이 건의되기도 하였다. 서명신이 "정전법은 비록 시행할 수 없다 하더라도, 한 대의 한전법을 시행한다면 빈민들이 보존될 수 있을 것입니다"라고 하였다. 상이 이르기를 "비록 한전법을 행한다 하더라도 한외의 전답은 무상으로 몰수하여 빈민들에게 나누어 줄 수 없다. 또한 국가에서 모두 매입하여 나누어 줄 수도 없은즉, 빈민들이 어찌 스스로 매입하겠는가!"고 지적했다.[25] 그러나 이에 따르는 막대한 재원을 염출할 수 없다는 이유 때문에 토지개혁의 주장은 좌절되고 말았다. 정조 치세 중에도 토지개혁에 관한 문제로 균전제와 한전법의 시행문제가 자주 제기되고 있었지만 부호의 반발을 이유로 이를 거부했다.[26]

토지개혁의 주장은 관리들이나 실학자들에 의해서만 제시된 것은 아니었으며 18세기 후반에 이르러서는 민중들도 이를 주장하고 나서게 되었다. 즉, 1791년 민중인 박필관은 호부(豪富)들이 자행하는 겸병의 폐단을 논하면서 노비 30구와 압토(壓土) 30결 이상의 소유를 금지시키도록 청하고 있었다.[27] 이러한 한전제(閑田制)의 시행은 정조에 의하여 거부되었으나 당시 농민들이 자신들이 처한 현실을 파악하고 있었으며 이를 기초로 근본적인 해결책을 제시하고 있음을 알 수 있다.

3) 조선후기 사상의 분화

(1) 실학 개혁사상의 등장

성리학은 조선뿐 아니라 동양의 중세사회, 특히 한문문화권에 있어서
하나의 보편성을 가지고 있었다. 즉 동양에 있어서의 중세적 세계주의
를 이루고 있었다. 내용적으로 성리학의 실천강령인 「대학」의 "격물(格
物)·치지(致知)·성의(誠意)·정심(正心)·수신(修身)·제가(齊家)·치국(治國)
·평천하(平天下)"라는 개체의 상관관계가 흥미롭다. 개인 단위의 수신이
가문 단위의 제가에 연결되고 이 제가는 나라 단위의 치국에 연결되고
있다. 그리고 치국은 마지막 정치 단위인 평천하에 이어지고 있다. 즉 성
리학의 이 실천윤리는 평천하라는 보편성을 띤 세계 질서를 전제로 하
고 있는 것이다. 성리학의 이 같은 보편성은 "이(理)" 중심의 사고를 의미
한다.[28]

그러나 이 같은 보편성의 추구에는 개체간의 불평등·불균등이 전제
되고 있다. 상위 개체가 하위개체를 종속시키는 계층구조적 성격이 성
리학의 특성이었다. 이것이 사회계층으로는 양반과 일반 백성으로 국가
관계에서는 중국과 조선으로 계층구조화 되고 있는 것이다. 더욱이 성
리학의 의리정신은 이것의 극복을 허용하지 않았다. 성리학의 의리정신
은 의(義)와 이(理)를 대립적으로 분변하여 양극화 시켜왔다. 곧 의리는 존
중하여 추구되어야 할 것으로 보고 이해는 천시하여 억제하려는 주의경
리적 가치의식을 강조해 왔던 것이다.[29] 즉, 성리학에는 민족주의적인
성격이 있되 그것은 평천하의 주인공인 중국을 중심으로 한 중국 중심
의 민족주의적인 성격이요, 민주주의적 성격이 있되 그것은 상지인 지
배층을 근간으로 하는 지배계층 중심의 민주주의적 성격일 수밖에 없었
다. 이와 같이 성리학은 그 사상면에서 민족주의 또는 민주주의의 논리

가 일반화될 수 없었던 것이다.

성리학적 사고가 지배적이던 조선에서 새로운 기운이 솟기 시작한 것은 16세기말 부터였다. 물론 그 이전에 성리학적 보편성의 추구에 이의를 제기한 매월당·화담·율곡 등의 학자들도 있었다. 특히 퇴계적인 주관주의적 규범론(정치사회 질서를 확립함에 있어 기본적으로 인간의 내면적 도덕성을 중요시함)에 대해 율곡의 기(氣) 중심의 객관주의적 규범론(정치사회질서를 확립함에 있어 기본적으로 정치제도를 중요시함) 강조가 실학의 이론적 토대를 형성시켜 주었다.[30] 50여 년간이나 계속된 임진왜란과 병자호란을 겪은 동안에 정치·경제·사회·문화 각 방면에 혼란이 거듭되었으나 지배관료들은 이발(理發)·기발(氣發) 등 비생산적인 논쟁만을 일삼고 있었으며 수령들의 가렴주구는 민생을 도탄에 빠지게 하여 유리걸식하는 자가 날로 늘어나 드디어 민란이 촉발되었다. 도적과 모반사건이 잇달아 국가의 기강은 허물어질 대로 허물어졌으나 조선의 정치이념인 성리학은 속수무책이어서 오히려 그것의 비현실성과 비실용성이 폭로되었다. 또한 실학자들을 중심으로 하여 중국에서 얻은 견문으로 말미암아 서구의 문물과 종교 및 세계에 대한 새로운 인식이 열리기 시작하고 반주자학인 양명학이 흘러 들어오기 시작했다. 따라서 이단·이학으로 배척되던 양명학·천주교 등이 실학발생에 영향을 주게 되었다.[31]

실학은 말 그대로 실지 쓸모 있는 학문을 추구하자는 것이다. 실학이라는 이름은 원래 주자(朱子)가 자신이 정립한 성리학을 한당시대(漢唐時代)의 유학과 구별하기 위해 사용한 것이었다. 주자는 자신의 성리학이 현실적 통치에 있어 매우 실용적이라는 의미에서 실학이라고 명명했다. 주자 자신이 실학이라고 주장했던 성리학은 수백 년 뒤 조선에서는 오히려 공허한 허학(虛學)이 되어 버렸던 것이다. 그럼에도 불구하고 실학이 가지는 학문적 실용적 가치는 결코 폄훼될 수 없다.

그것의 내용은 첫째, 나라를 부강하게 하고 백성을 넉넉하게 하기 위한 정치·경제·군사·교육 등의 사회개혁과 둘째, 우리나라의 역사·언어·문학·지리·풍속 등 자체의 것에 대한 연구 셋째, 천문학·수학·지리학·의학·농학 등 자연과학 및 일련의 기술에 관한 학문이었다.32) 시대적 특수성이 적합한 실지의 학문을 강조하고 있는 실학은 성리학의 비실제성을 비판하면서 전개되었다. 다양한 개념규정 속에서 대체적으로 학계에서는 천관우(千寬宇)의 '근대지향의식과 민족의식을 갖는 개신유학'이라는 정의가 통설화 되어 있다. 그리고 그 계파로는 이우성의 경세치용(經世致用)·이용후생(利用厚生)·실사구시(實事求是)의 3파로 분류하는 것이 거의 일반화된 통설이라 할 수 있다. 그리고 각파가 추구하는 실학의 내용은 각기 다소간의 차이가 있겠으나 공통기반은 '부국유민을 위한 개혁이론적인 실용지학'이라는 점은 의심의 여지가 없는 것이다.33)

실학은 민본과 위민

이 같은 실학사상에서의 핵심은 철저한 '민본'과 '위민'의 사상에 있다. 즉 통치의 근본을 '민'에 둔다는 동양적 민본주의는 전통적으로 성인·선왕·현군·명군 등의 통치자가 선정을 베푸는 그래서 민심을 얻어 올바른 통치자가 된다는 것이다. 동양의 민본주의는 서구식의 민주주의와는 구별된다. 즉 서구민주주의가 민중의 지배의미에서 국민주권주의로 완성된 것에 비해 동양적 민본주의는 통치자의 의식 속에서 형성되고 완성되는 독특함을 의미한다. 맹자의 "국가에 있어서는 민이 가장 귀중하며, 사직의 신이 그 다음이며, 군주는 제일 가벼운 것이다. 그러므로 민의 기쁨을 얻음으로써 천자가 된다"는 말은 동양적 민본주의가 통치자의 성인화에 달려있음을 말한다.34) 고래로 동양에서의 민본사상은 유교뿐 아니라 모든 정치이념에서 구현되고 있었으며 주자학 역시 예외는 아니었다. 그러나 조선조 후기로 오면서 민본의식의 쇠퇴가 실학을 발생케 한 것이다. 실제로 실학의 기본바탕에 있는 민본의식은 두 가지로 요약될 수 있다.

하나는 공동체의 전체적 이익을 중요시하는 공리주의에 있다. 모든 재화와 이익의 생산을 정당화하고 그것의 공리적 향유를 지향한다. 다른 하나는 모든 백성에게 균등하게 분배되어야 한다는 균등론의 원칙이다. 봉건제적 신분모순과 부익부·빈익빈의 경제적 모순은 민본주의에 철저하게 어긋나고 있다. 따라서 신분제도의 개혁을 주장하고 모든 생산물의 공정분배를 추구하는 것이 실학자들의 과제였던 것이다.35)

무릇 위정자란 백성을 위해 존재하는 것이지 백성이 위정자를 위해 존재하는 것은 아니다. 따라서 민본의식이 없는 위정자는 과감히 개편되어야 한다. 또한 다산(茶山)은 신분제에 관하여 "나의 소망이 있다면 온 나라 안이 모두 양반이 되게 하는 것이니 곧 온 나라 안에 양반이 없어지는 것이다"고 하였다.

주자학이 갖는 모순을 극복하고자 했던 실학파는 제도 개혁을 통하여 소유와 분배의 균형을 추구함으로써 경제적 기초 위에 사회 정의를 정립하려 하였고, 신분계급의 해소를 통하여 사회적 평등을 추구함으로써 사회정의의 실질적 기반을 조성하려 하였다. 실학의 정치논리는 ① 기존질서의 유지를 강조하는 주리철학에 대해 변혁을 강조하는 주기철학의 등장 ② 부국강병론을 주장해 경세치용·이용후생의 강조 ③ 중국 중심의 관점에서 조선중심의 관점으로 변환시킨 민족주의적 경향 ④ 반주자학적 논리 전개는 곧 중국 중심의 계층질서에 대한 거부 등으로 정리할 수 있다.36)

실학을 최초로 이론화한 이수광은 지봉유설(芝峰類說)을 통해 조선이 중국과 동등한 문화선진국임을 자랑했다. 한백겸도 사서를 강조하는 성리학으로부터 육경을 중시하는 한당시대의 고학으로 돌아갈 것을 주장했다. 그러나 이들의 이같은 반주자학적인 학풍은 인조반정으로 성리학자들이 다시 중용되면서 비주류로 밀려나게 되었다. 특히 주자학의 대의명분론은 북벌을 내세운 서인집권층에게 불변의 통치이념으로 자리잡게 되었다. 성리학이 집권 서인세력에 의해 더욱 고집스러운 명분주의에 매몰된 배경이 바로 여기에 있었다.

이밖에도 실학의 탄생배경으로 조선 성리학이 후대로 갈수록 점차 신권세력과 권력유지를 위한 이론적인 도구로 전락한 점을 들 수 있다. 집권 서인세력은 주자학을 비판하는 자들을 모두 사문난적으로 몰았다. 이 와중에 서인에게 밀려나 서울 부근의 농촌에 칩거하던 남인들이 초기 실학자들의 주장에 크게 공명하고 나섰다. 이들은 한때 숙종의 '환국정치(換局政治)'에 의해 실학의 통치이념을 현실정치에 적용할 수 있는 기회를 맞이하기도 했으나 이내 서인들의 반격으로 권좌에서 밀려났다. 농촌에 돌아온 이들은 서인의 대의명분론이 정권유지의 도구로 악용되고 있는 것은 물론 서민들에게 심각한 폐해를 끼치고 있음을 몸소 확인할 수 있었다. 이들은 농촌경제에 깊은 관심을 쏟았다.

반계 유형원의 개혁안

초기 실학자 중에서도 반계 유형원(磻溪 柳馨遠)은 서울의 전형적인 사대부 출신임에도 불구하고 일생을 초야에서 야인생활로 저술활동만 한 17세기의 사회정치 사상가였다. 유형원의 호인 "반계(磻溪)"는 중국의 강태공이 세상에 나가길 꺼려 곧은 낚시 바늘로 낚시질을 하던 곳의 지명이다. 그가 초야에 묻힌 이유를 간접적으로 설명해 주는 대목이다. 반계는 많은 저술을 했지만 전하는 것은 「반계수록(磻溪隧錄)」뿐이다. 그의 사후에 영조가 이것을 읽고 감명해 인쇄시켜 배포케 했다고 한다. 그는 그 시대의 현실적 문제를 해결하기 위하여 도덕적 근본문제에서부터 구체적이고 실천적인 문제에 관심을 돌리어 이것들을 이론적으로 체계화시키고 혁신적인 개혁안을 제시해 성리학에서 실학에로의 전환적 역활을 했다. 그의 사상은 첫째 경험론을 들 수 있다. 반계는 초기 실학자로서 대체적으로 성리학의 이념을 크게 벗어나지는 않았지만 이기이론을 독특한 경험론으로 전환시켰다. 즉, "모든 일은 자신이 실제 경험한 후에야 비로소 깊이 알게 되는 것이니 실지에 맞지 않는 말은 말아야 한다"는 경험주의적 입장에 섰다. 이것이 실학적 사고의 발아점이었다. 둘째 인간 균등의 의식이다. 그의 모든 제도개혁의 밑바탕에는 인간균등 즉 균등사상이 내포되어 있다. 모든 차별을 반대하며 과거제도와 교육의 불균등도 반대하고 있으며 왕족과 양반의 특권마저도 제한되어야 한다고 주장했다.

반계의 노예제에 대한 인도주의적 견해는 분명히 당시의 봉건제를 뛰어넘는 진보적 시각이었다. 노비의 세습과 비인도주의적 대우는 그를 더욱 균민사상가로 만들었다. 이것은 나아가 국가의 통치도 왕도정치를 지향해야지 왕권신수설만을 강조해서는 안 된다는 철저한 민본주의로 귀결되고 있다. 끝으로 그의 균민정신은 토지제도의 균등에서도 구체화되었다. 반계는 사회정치개혁의 중심을 토지제도의 개혁에서 찾았다. 즉, 봉건사회의 근간이 되는 토지에

반계수록

관한 한 그것의 균등함이 이루어지지 않음은 모든 폐의 근원이 된다고 보았다. "만약 전제를 바로 잡지 않는다면 백성들의 생활을 안정시킬 수 없으며, 부세와 부역을 고르게 할 수 없을 것이며, 호구를 밝힐 수 없을

것이며, 병제를 정비할 수 없을 것이며, 형벌을 덜 수 없을 것이며, 뇌물을 막을 수 없을 것이며, 풍속을 후하게 할 수 없을 것이다." 따라서 그는 토지의 균전제 실시를 강조해 모든 사람의 토지 사유를 근원적으로 막아야 한다고 주장하였다.37) 이같은 반계의 개혁정신은 물론 시행되지 못하였다. 그러나 이와 같은 개혁사상들은 정조 통치사상의 이론적 뒷받침이 되어주었다.

실학은 철저한 위민민본의 사상이다. 반계를 뒤이은 많은 실학자들의 수많은 전제개혁설, 노예제 폐지설 등 어느 하나도 민본위민설이 아닌 것이 없다.38) 반계의 개혁사상은 특히 정조대왕의 개혁정치로 이어졌다고 평가된다. 내우외환의 대단히 어려운 시기에 왕좌에 오른 정조는 개혁과 통합정치를 폄으로써 당시의 어려움을 극복하고 18세기 조선의 평화번영을 이룩해 낸 군주였다. 그로부터 얻을 수 있는 정조의 통합적 정치 모델은 실학의 위민개혁 이념에 기반하고 있다.

(2) 서학의 전래

서학이 언제 어떻게 조선사회에 전래되었는지에 대해서는 정확하게 확인할 수 없다.39) 다만 사료에 의하면 선조 37년 명에 사신으로 다녀오던 이광정(李光庭)이 서양인에 의해 만들어진 세계지도40)를 가지고 왔다고 한다.41) 그 후 인조년간에 정두원이 서학서 및 서양의 과학기기를 가져오고 병자호란 직후에는 소현세자(昭顯世子) 일행이 청의 서양문물에 관심을 가지고 이를 조선사회에 유입함으로써 청을 매개로 연행사들에 의해 서학이 크게 유포되었다.

정조대에 이르러 1784년 이승훈이 북경에서 영세를 받고 돌아오면서 조선사회에 있어서 천주교회가 공식적으로 성립하게 된다. 이 18세기 후반의 조선사회에서는 서학이라 일컬어지는 서양의 문물 및 종교의 영향이 두 방향에서 동시에 일어나고 있었다. 즉 한편으로는 서양의 자연과학에 대한 관심으로 접근하는 방향과 다른 한편으로 천주교신앙운동으로서의 접근이었다. 전자의 경우인 과학기술로서의 지식은 17세 초부터 서학의 전래와 더불어 미약하게나마 축적되어 왔고 특히 역학의 분야에 대해서는 조선정부도 상당한 관심을 보여왔다. 그러나 후자의 경우인 종교적 신념에 대해서는 조선사회의 통치이념인 도학의 기본성격인 정통론 내지 이단론에 따라 이단 또는 사설로 규정되어 강력한 억압을 받을 운명이 예비되어 있었다.[42]

학문적 호기심으로의 접근

서학에 대한 조선조 유학계의 최초의 대응은 지적 호기심에 의한 학문적 접근이었고, 천주교 신앙에 대해서는 온건한 비판적 견지를 취하고 있었다. 그러나 제사를 거부하고 신주를 불사르는 등 천주교 신자들의 행태는 유교를 국시로 하는 조선사회에 엄청난 파문을 일으켜 당대의 대표적 사회문제로 등장하게 되었다. 그리고 이에 따라 조선정부의 강력한 대응책을 불러 일으켰다. 이들의 신앙상의 교리는 당시 지배계층에의 도전이었고, 특히 천주교의 평등관은 당시의 시각으로는 위험한 이데올로기였던 것이다.

즉 당시 유학은 이른바 전근대적 차등의식을 바탕으로 신분과 직업 등에 따라 인간을 갖가지로 차별하는 불평등관을 가지고 있었다. 양반, 상인, 천민, 노비 및 적서, 남녀의 차별 등이 그것이었고, 바로 이러한 계급적 차별의 체제로 이루어진 것이 당시 조선사회였기 때문이다. 그러므로 천주교 신앙의 만인평등관은 곧 조선의 사회체제에 대한 부정을 의미하게 되었던 것이다. 따라서 일부의 진보적인 사고를 지녔던 유학자들 외에는 서학의 평등관을 용인할 수 없었던 것이다.[43]

따라서 서학 특히 천주교에 대한 대응에 있어서 조선의 지배적인 다수의 유학자들은 서학을 사학으로 보는 반면 유학만을 정학으로 생각해, 이른바 '위정척사(衛正斥邪: 정학을 보위하고 사학을 물리침)'를 제창하였다. 나아가 천주교도를 포함하여 서양인들을 가리켜 '금수', '양이'라고 하다가 마침내 타도의 대상인 적(賊) 및 적(敵)으로 간주하게 되었던 것이다.

조선정부가 천주교 신앙에 대해 100년간의 금압책을 지속할 수 있었던 구성요소로서 금장태는 다음의 다섯 가지 요소를 들고 있다. 첫째, 조선사회의 통치이념인 도학적 신념의 정통론적 성격. 둘째, 조선정부의 권력구조가 지닌 집권세도권력의 성격, 셋째, 조선사회에서 도학적 지식층의 이념강화 역할. 넷째, 서학(천주교)신앙집단의 반사회 체제적 태도, 다섯째, 서양열국의 압력과 제국주의적 침략성 등이다.44)

그러나 정조시대 서학에 대한 문제는 다분히 정치적 성격을 가지고 있었다. 이단포용의 입장으로 서학에 관대했던 정조의 입장을 반영하듯 당시 부정적 분위기에도 불구하고 서학은 정조시대를 거치며 점진적으로 확산되고 있었다. 특히 서학을 학문적 호기심의 입장에서 접근하던 남인세력의 경우가 문제가 되었다. 정조 이전에 권력으로부터는 밀려났지만 여전히 정치권에 한 축을 담당하고 있던 그들은 정학인 주자학 이외의 학문에 대한 접근으로 서학을 받아들이기 시작했다. 그중 일부는 학문적 접근을 넘어 종교적으로 추종하는 직접적인 신자가 되기도 하였다. 그러나 다산 정약용의 경우처럼 학문적 입장 이상을 넘어서지는 않았지만 그 경계는 모호했다. 이것은 안 그래도 정조의 등극 이후 남인의 영역이 넓어지고 점차 권력의 핵심부로 접근하는 그들에 경계심을 가지고 있었던 노론에게는 정치적 공격의 빌미가 되기에 충분했다. 결국 정조정책수립 과정에서 점차 소외되고 있다고 느낀 노론은 이것을 구실로 정치적 반대파인 남인세력을 공격했고 정조에게도 집요하게 이 문제를 제기하며 정조재위 기간 내내 정조정책의 저항구실을 만들었다고 할 수 있다.

2. 정조시대의 정치적 환경과 인식

정조의 대처인식

집권 초기 정조가 극복해야 했던 영조시대의 정치적 유산으로는 소수세력으로서 국왕의 입지를 극복하는 일, 선왕 영조의 탕평책을 계승 발전시키는 일, 무너진 관료제의 기강을 바로 세우는 일, 그리고 흐트러진 군령체계를 바로잡는 일 등이었다. 정조 스스로의 표현에도 등장하듯 당시는 온통 병폐에 찌든 시대였다. 이러한 상황과 정조의 대처인식을 정리해 보면 다음과 같다.[45]

정조의 할아버지 영조의 어진

정조의 아버지 사도세자. 임오화변의 주인공으로 정조에게 평생의 트라우마를 준 인물이다.

첫째, 정조가 소수세력의 국왕이 되는 사건은 영조시대의 대표적 후유증인 '임오화변(1762년)'에서 비롯되었다. 부왕이 세자를 뒤주 안에

가두어 굶겨 죽인 이 전대미문의 비극은 이 사건에 관여된 신하들에게
시한폭탄과도 같은 것이었다. 당시 11살의 나이로 전후 사정을 알고 있
었던 세손 정조가 '연산군과 같은 존재'가 되지 말라는 보장이 없었기 때
문이다. 말년의 영조가 세손에게 대리청정을 시키려 할 때 반대한 부홍
파(扶洪派)나, 정조의 즉위를 방해한 공홍파(攻洪波)가 보인 일련의 책동은
이같은 배경에서 이루어진 것이었다. 이같은 상황에서 '죄인의 아들'인
정조 역시 자신의 생존과 미래에 대한 불안감에 시달릴 수밖에 없었다.
그는 세손 시절에 자신을 제거하기 위해 내시와 종들을 주위에 배치해
놓고 "밤낮으로 엿보고 이리저리 염탐"하는 반대 세력들 때문에 "몇 달
씩 옷을 벗지 못하고 잠을 자야"했으며, 집권 후에도 대궐에 침입한 자
객에 의해 시해당할 뻔 하기도 했다.

이 같은 일련의 위기를 겪으면서 정조는 자연스럽게 정치에서 힘의
균형이 갖는 의미와 통치자로서 국왕이 갖추어야 할 정치적 조건을 인
식하게 되었다. 세손 시절에 홍국영을 이용하여 홍인한 · 김귀주 등 정
적들의 공격을 막아내는 한편, 즉위한 직후에는 부홍파와 공홍파의 정
치적 대립관계를 교묘하게 이용하여 자신의 정적들을 차례로 제거할 수
있었던 것은 이 같은 체험에서 터득한 정치적 감각의 힘이었던 것으로
보인다.

둘째, 영조시대의 또 다른 정치적 유산은 제 붕당의 통합을 위한 탕평
책의 계승이었다. 정조는 영조의 탕평책을 계승할 것을 분명히 했지만
영조대의 형식적이고도 소극적인 탕평을 계속하지는 않을 것임을 천명
했다. 즉 영조의 탕평은 관직의 당파별 배분에만 치중했던 탕평으로 보
고 여기서 한발 나아간 정치적 소외 세력까지 등용하는 적극적인 탕평
을 추진하고자 한 것이다. 정조는 인재의 발굴과 양성, 그리고 적절한
배치야말로 개혁의 요체라고 생각하여 유능한 인재의 적극적인 활용에
힘썼다. 그가 발탁해 중용한 신료들이 노론(이서구) · 소론(홍양호) · 남

인(정약용)·북인(강이천)의 인재는 물론이고, 서자 출신(박제가)·중인(김홍도)·무신(이주국)에 이르기까지 그야말로 다양한 인재가 각자의 장점을 발휘할 수 있었던 것은 이같은 정조의 정치관에 힘입은 것이었다.

셋째, 정조는 청·요직을 혁파하고 대신 대신을 보호함으로써 관료제의 위계질서를 세우고 국가의 기강을 확립하려 하였다. 특히 이조전랑(정랑·좌랑)의 인사권과 예문관 검열(한림)의 추천권이라는 특권을 폐지하고 대신권을 강화하는 행정관료체제의 변화를 추진하였다. 나아가 정조는 지방관청의 병폐를 아전의 전횡에 있다고 보고 아전의 권한 감독에 적극 나섰다. 암행어사의 활동이 조선시대 그 어느 때보다도 활발할 수 있었던 이유도 여기에 있다고 하겠다.

넷째, 군 조직을 개편 역시 정조에 처해진 중요한 경장의 대상이었다. 경장정책에 의해 기득권을 상실하게 되는 대부분의 사람들은 권력의 상층부를 차지하고 있으며, 이들은 정치적 대의와 국왕의 설득만으로는 그동안 누려온 특권을 포기하려 하지 않는다. 따라서 이들 기득권층의 저항과 반발을 무마하기 위해서라도 국왕은 경장의 대의를 부단히 설파하는 동시에 일사분란하게 움직이는 친위부대를 구비하지 않으면 안 되는 것이다.

결국 정조는 영조시대의 무거운 유산이었던 사도세자 사건을 통해서 정치세계의 비정함을 깨닫고 통치자로서 국왕에게 요청되는 정치적 조건들을 터득해 나갔다. 그 조건의 하나는 국왕 지지세력을 규합하는 문제였는바, 규장각의 확대 개편과 초계문신제의 설립, 그리고 장용영과 같은 국왕 친위부대의 창설이 그 예이다.

1) 사도세자 사망을 통한 정국동향인식

정조가 중시하는 성왕의 정치 또는 '성왕론'이란 유가에서 이상적 정치로 일컬어지는 '요순의 정치'를 국왕의 입장에서 재해석한 일종의 국왕의 존재론으로서, 성학의 정치 또는 '성학론'과 대조를 이루는 정치관이다. '성학론'이란 사대부를 정치의 실질적 주체로 보고 정치과정상의 핵심적 행위자이자 공론의 수렴자로서 붕당의 역할을 중시하는 정치적 입장을 말한다. 이 경우 국왕은 '정치가'라기 보다는 도덕적 모범자 또는 '성인'으로 규정된다.

이에 반해 성왕론은 국왕을 정치의 핵심적 주체이자 적극적인 정치가로 보는 입장으로서, 붕당이 공론 형성과 관련된 본래의 기능을 상실하고 각 당의 이해관계를 대변하는 전위조직으로 전락했다는 부정적 붕당관을 취한다. 정조의 경우 자신을 단순한 성인이 아니라, 정치의 세계를 떠날 수 없는 '정치가―성인', 즉 성왕으로 이해하려고 했던 바, 그는 특히 삼대시절 성왕들을 준거인물로 삼고 국왕중심의 강력한 개혁정치를 추구하였다.46)

성왕론의 군주 정조

정조시대는 영조시대의 연속선상에 있으면서 동시에 과거의 무거운 유산으로부터 벗어나려는 노력으로 점철된 시기였다. 집권초기 정조는 한편으로 영조의 위업을 계승하면서도 다른 한편으로는 영조시대의 정치적 후유증을 극복해야 하는 상황에 놓여 있었다. 영조시대의 대표적 후유증으로는 '임오화변(1762)'으로 불리는 사도세자의 사건을 들 수 있다. 부왕이 세자를 가두어 굶겨 죽인 이 전대미문의 비극은 당시 열한 살이었던 정조에게는 큰 충격이었으며 그로 하여금 정치세계의 비정성을 깨닫고 일찍부터 현실주의적 정치관을 갖게 한 것으로 보인다.

정조가 세손시절 홍국영을 이용하여 홍인한, 김귀주 등 정적들의 공격을 막아내고 즉위한 직후부터 부홍파(扶洪派, 혜경궁의 친부 홍봉한 계열)와 공홍파(攻洪波, 정순왕후의 동생 김귀주 계열)의 정치적 대립관계를 교묘하게 이용하여 자신의 대리청정과 등극을 방해한 정적들을 차례로 제거할 수 있었던 것은 이 같은 체험에서 터득한 정치적 감각의 힘이었던 것으로 보인다.

하지만 정조는 기본적으로 불행의 의식구조를 갖고 있었다. 이 불행의 의식구조가 그의 일생을 좌우했다고 해도 과언이 아니다. 우선 사도세자 사건으로 "개인적으로 말할 수 없는 애통한 마음"을 경험하였다. 할아버지가 아버지를 죽이는 것을 막지 못했을 뿐만 아니라 오히려 자신의 존재 때문에 "차마 말할 수 없는 일"이 발생한 것으로 생각하였다. 따라서 그는 "가슴에 사무친 슬픔을 죽도록 간직한 채 평생을 돌아갈 곳 없는 곤궁한 사람과도 같은 삶"을 살아야 했다.[47]

노론 벽파의 거두 심환지

그리고 정치적 세력관계에서 열세였던 정조는 자신이 원하는 일을 뜻대로 할 수 없었을 뿐만 아니라 오히려 반대자들의 의지에 따라서 결정해야만 하는 경우가 많았다. 정순왕후 김씨(1745~1805)는 왕실의 서열상 최고 어른으로, 그리고 노론벽파(老論僻派)의 후원자로서 상당한 영향력을 행사하고 있었다. 정순왕후는 영조 말년 정조의 등극을 직·간접적으로 저지한 인물로서 정조 통치기간 내내 개혁의 큰 장애물이자 강력한 국왕 견제 세력이었다.

또한 정조는 세손시절 자신을 제거하기 위해 내시와 종들을 주위에 배치해 놓고 "밤낮으로 엿보고 이리저리 음탐"하는 반대세력들 때문에 몇 달씩 옷을 벗지 못하고 잠을 자야 할 정도로 어려운 처지에 놓였다. 집권 후에도 이러한 상황은 계속되어 그는 대궐에 침입한 자객에 의하여 시해당할 뻔한 고비(즉위 1년 8월 11일)를 넘겼으며 일곱 차례 가까이 역모를 겪었다. 특히 정조는 사도세자 사건에 깊숙이 개입되어 있었던 '역적중의 역적 구선복' 같은 자도 "사세가 어쩔 수 없어서 원통함을 참고 울분을 감추면서 몇 년 동안이나 군 요직에 맡겨" 두어야 했다.[48]

무엇보다도 의정부는 물론이고 언론 삼사와 병권, 그리고 환관세력까지 장악한 노론 벽파세력은 청·요직 혁파나 인재탕평과 같은 정조의 개혁정책을 비판, 저지하였으며, 국왕의 강력한 반대에도 불구하고 정조의 이복동생(사도세자의 서자) 중 한명을 자진시키고 다른 한명은 귀양 보냈다. 요컨대 국왕이라는 외양적인 화려함과 상징적인 권위에도 불구하고 집권 초기의 정조는 자신의 뜻을 관철시킬 수 있는 현실적인 힘을 결여하고 있었다.

이와 같은 어려운 집권과정을 거쳐 정조는 자신의 지위를 향상시켰다. 그것은 앞서 말한바와 같이 성왕론에 근거해서 군주의 지위가 세속의 지위와 다르다는 것을 강조하며 차별성을 두기 시작하였다.[49]

성왕론의 반대와 찬성

하지만 정조가 갖고 있는 국왕 중심의 정치는 당시 노론벽파들의 반감을 가지고 있었다. 당시 노론벽파의 영수였던 김종수는 정조에 대해 "국왕이 근년 이래 강연을 정지하는 날이 점점 많아지고 있을 뿐만 아니라 거만하게 스스로를 성인이라 여기면서 뭇 신하들의 의견을 깔보기 때문에 서슴없이 할 말을 하는 기상이 사라지고 있다"고 비판하였다. 이

같은 "폐습을 바로 잡자면 진실로 전하께서 몸소 이끌고 앞장서서 솔선하는 것" 밖에 다른 길이 없는 바, 그 요령은 "성인의 학문(聖學)을 진전시키는 데"있다는 것이 김종수의 주장이었다.

노론의 이 같은 성학론에 대해 정약용 등 남인은 성왕론 입장에서 반박하였다. 정약용은 우선 "옛적 성왕들이 몸소 친히 서무를 부지런히 하지 않고", "현명한 사람을 임용하고 유능한 사람"에게 맡길 수 있었던 것은 바로 사사로움을 버리고 공적인 태도를 유지하는 신하들이 있었기 때문이라고 지적했다. "우(禹)와 직(稷)이 전지를 다스릴 적에 피부의 털이 닳아 없어졌고, 손발에 굳은살이 박혔다. 썰매를 타고 나막신을 끌며, 산을 넘고 구령을 지나 9년 동안이나 밖에 있었으며 자신의 집 문 앞을 세 번이나 지나갔으나 들어가지 않았다. 그런 다음에 견(畎)과 회(澮)를 파서 냇물에 이르게 하고 냇물을 파서 사해(四海)에 이르게 하여 그 일을 끝마쳤다." 그런데 정조시대에는 우나 직처럼 사사로움을 버리고, 국가의 일을 끝마치는 공적인 신하를 찾아보기가 거의 어렵고 대신 "탐관오리가 부당하게 거두고, 큰 상인과 교활한 장사치들이 이익을 독점하는" 시대인바, 이 때문에 국왕이 직접 서무를 챙기고 인사를 책임질 수밖에 없다는 것이 정약용의 주장이다. 정조는 당연히 자신을 옹호하는 남인 소장세력들을 측근에 두어 자신이 추구하는 왕권강화를 중심으로 한 개혁정치로 나아갔다.50)

2) 정조의 규장각 설치와 실학인식

정조가 정학을 바로 세우기 위해 취한 구체적인 조치 가운데 하나는 규장각 설립이었다. 정조가 규장각을 설립한 동기는 복합적인 것으로, 먼저 고립무원의 상태에 있던 초기의 상황에서 지지세력을 규합하여 자신의 정치적 기반을 구축하는 데 일차적인 목적이 있었던 것으로 보인다.51)

정조는 홍국영의 세도정치 기간 동안 왕실도서관 격인 규장각을 설치한 뒤 신진인사를 대거 기용해 이들을 왕권의 친위세력으로 육성해 나갔다. 규장각은 단순한 왕실도서관이 아니었다. 규장각은 통치이념의 최고 유권해석기관이자 근왕세력의 요람으로 작동한 것이다. 왕실도서관을 사실상의 권력기관으로 만든 정조의 의도는 통치이념의 본거지를 왕권의 관리 하에 두고자 했기 때문이다.

1776년에 설치된 규장각이 조선왕조 최고의 권위를 지니고 있는 홍문관을 대신하는 학문의 상징적 존재로 부각된 이유가 여기에 있다. 정조는 여기에 그치지 않고 승정원과 춘추관 등의 기능도 부여함으로써 명실상부한 강력한 근왕세력의 중심지로 키우려 했다. 규장각은 규모가 급속도로 팽창하고 기능이 다양해졌다.

인재사관학교

조는 규장각을 운영하면서 당하관의 소장 관원 중 우수한 인재를 뽑아 격려하고 매월 두차례 시험을 실시해 상벌을 내리는 방법을 택했다. 홍국영 축출을 계기로 본격적인 친정채비를 차린 정조는 규장각을 최고의 국가정책 자문기관 겸 혁신정치의 중심으로 만들었다. 정조의 이같은 '규장각 정치'는 영조의 '탕평정치'를 계승한 것으로 그 뿌리는 숙종의 '환국정치'에 있는 것이다. 한마디로 신권에 대한 왕권의 확고한 우위 확립을 제도화하기 위한 조치였다. 정조가 규장각정치의 핵심 인물로 발탁한 대표적인 인물은 남인계의 채제공(蔡濟恭)을 비롯해 정약용(丁若鏞), 이가환(李家煥) 등의 실학자와 박제가(朴齊家), 유득공(柳得恭) 등의 북학파였다.

정조는 왜 이같이 변형된 통치체제를 만들어냈던 것일까? 이는 영조의 탕평책에도 불구하고, 노론 주도의 신권세력이 압도적인 우위를 점해가는 상황을 방치할 수 없었기 때문이다. 탕평책은 사실 왕권 회복을 겨냥한 영조의 기대에도 불구하고 강력한 신권을 신봉하는 신권세력과 부딪쳐 숱한 알력을 빚었다. 그 희생물이 바로 사도세자였던 것이다.

정조는 왕권 약화가 어떤 결과를 초래하는지 몸소 체득했기 때문에 영조의 의지를 이어받아 노론 일색의 신권세력을 견제하기 위해 남인계 인사를 대거 발탁했던 것이다. 이로써 신권세력은 크게 영조 재위기에 형성되었던 외척 중심의 노론이 발전한 벽파(僻派)와 정조의 정치노선을 추종하는 남인과 소론 및 일부 노론세력이 결집된 시파(時派)가 대립하게 되었다. 시파는 '시류에 영합한다'는 의미에서 벽파가 붙인 것이고, 벽파 는 '시류를 무시한 외고집'의 의미에서 시파가 붙인 이름이다. 정조가 남 인에 뿌리를 둔 실학파 및 노론에 기반한 북학파 등 모든 학파의 장점을 수용해 정국을 이끌어가자 조정은 당연히 시파 중심으로 운영될 수밖에 없었다.

규장각 설립의 또 다른 목적은 정조의 성왕론과 관련하여 이해할 수 있다. 정치의 주체로서 국왕의 역할을 강조한 정조는 문체를 쇄신하고 경학 중심의 학습을 강화하여 당시 쇠잔해진 사대부의 기풍을 진작시키 는 한편, 관료들의 역량을 강화하기 위해 일련의 기구 개편을 실시하였 다. 즉 승정원·홍문관·시간원·종부시(고려 때부터 설립된 기관으로 종실에 관련한 업무와 왕가의 족보관리 등을 맡았다) 등 종래의 여러 기 관으로 분산되어 있던 교육과 문화의 기능을 통합하여 국왕을 중심으로 재정비하려 한 것이다. 규장각과 초계문신제가 그 대표적 예로서 정조 는 규장각을 세워 관료의 친왕화를 시도하는 한편, 초계문신제를 통해 성왕론과 경장논리의 확산을 꾀하였다.

규장각신에게는 많은 특권이 주어졌다. 입직각신은 매일 조석으로 왕 을 문안하고, 소대(왕명으로 임금과 대면하여 정사에 대한 의견을 상주 하는 일)나 야간의 신료들과의 정국운영 회의에도 동참하며, 승지가 입시할 때도 배석하여 의견을 개진할 수 있었다. 이 밖에도 각신에게는 백관을 청죄할 수 있는 탄핵권을 주었으며, 무엇보다도 규장각 직각(조선후기 규장각에 속한 관원 중 하나. 1776년(정조 즉위) 규장각이 설치될 때 관원으로 제학·직제학·대교와 함께 설치되었다. 그런데 제학(提學)·직제학(直提學)은 다른 관청의 중요관직으로 재임하면서 겸임했던 관직이었으므로 실제로는 직각이 규장각의 최고 책임자였다. 정원은 1명으로 정3품)을 거치면 바로 전랑에 추천되는 자격을 갖도록 하였다. 특히 이조전랑은 이조(吏曹)와 병조(兵曹) 밑의 정5품 정랑과 정6품 좌랑을 함께 일컬었던 말로 품계는 낮았지만 오늘날 검찰격인 삼사(홍문관(弘文館)·사헌부(司憲府)·사간원(司諫院))의 관료를 추천하여 사실상 임명하는 막강한 권한을 누렸다. 이들을 자기편으로 끌어들이려는 각 당파의 외압이 극심했지만 왕조차도 이들의 인선작업에 직접 간여할 수 없었다. 특히 이들을 임명하는 과정에서 왕권의 개입을 우려해 현직 전랑이 후임을 천거토록 했던 매우 독특한 제도가 있었다. 이조전랑직을 쟁탈하기위해 정치인들이 파벌을 형성하는 과정에서 김효원 지지파(동인)와 심의겸 지지파(서인)로 갈라지게 되어 최초의 붕당이 생겼다. 이는 기존 사림정치의 핵심이었던 전랑 중심의 청요직 체계에 상당한 변화를 준 것이다. 이 같은 특권 때문에 규장각신은 "일대의 영재들"이요, "임금의 총애를 받는" 새로운 정치 엘리트로 세인의 주목을 받았다.

초계문신제도의 실시

초계문신제도는 1781년(정조 5)에 시작되어 1800년 정조의 졸년까지 20년 동안 10차례에 걸쳐 시행되었다. 이 제도는 조선 전기의 세종때부터 시행되었던 사가독서제(賜暇讀書制)의 전통을 이어받은 것이며, 운영 방식은 ≪문신강제절목(文臣講製節目)≫에 규정되어 있다. 37세 이하의 당하관 중에서 선발하여 본래 직무를 면제하고 연구에 전념하게 하되, 1개월에 2회의 구술고사[講]와 1회의 필답고사[製]로 성과를 평가하였다. 초계문신에게는 잡무의 면제와 공동문집 간행 등 여러가지 특권도 부여됐지만 학업 성적이 저조하면 그에 상응하는 징계 조치를 받기도 하였다.

초계문신에 대한 훈련은 매우 엄격하여 정조가 친히 강론에 참여하거나 직접 시험을 보여 채점하기도 하였다. 교육과 연구의 내용은 물론 유학을 중심으로 하였으나 문장 형식이나 공론에 빠지는 것을 경계하고 경전의 참뜻을 익히도록 하였으며, 40세가 되면 졸업시켜 익힌 바를 국정에 적용하게 하였다. 이들의 구성은 주로 남인과 북인계열의 인물들이 많았다.

초계문신은 138인이 선발되어 정조의 국정철학을 적극 추진하였지만 세도정치 하에서 중단되었다가, 헌종이 정조를 모델로 국왕권 강화 정책을 추진하던 중 1847년(헌종 13)과 이듬해 두 차례에 걸쳐 56인을 선발한 바 있으나 후대로 이어지지 못했다.

선발된 138명의 위탁교육은 규장각에서 했지만 이들을 선발한 주체는 의정부의 삼정승이었다. 초계문신들은 정조의 문화정책 수행에 중요한 역할을 하였는데, 이후 공경대부의 대부분이 초계문신출신이었다는 점으로 미루어 볼 때 인재양성의 목적은 성취되었고 정조의 친위세력으로서도 일정의 몫을 했다고 평가된다. 대표적인 초계문신으로는 이가환 (李家煥)·정약용(丁若鏞)·서유구(徐有榘)·홍석주(洪奭周)·김재찬(金載瓚) 등 당대 최고의 학자와 관료들을 배출하여 그들이 19세기의 정치와 문화를 주도하였다. 이들은 《초계문신제명록(抄啓文臣題名錄)》에 전체 명단이 정리되어 있다. 현대 정치에 있어서도 인재양성은 매우 중요하다고 평가 할 수 있으며, 이러한 인재 양성이 국가 운영에 절대적으로 필요하다는 것을 정조의 인재양성을 통해 확인된다.[52]

정조의 탕평책

정조시대 인사부문의 탕평책은 붕당간의 '의리'와 '인재'를 혼합 조제하는 것으로 나타났는데, 특히 정치에서 정당성의 의미를 중시하여 이른바 '의리의 탕평책'을 전개하였다. 의리의 탕평책은 영조의 탕평책에 대한 반성에서 비롯된 것으로 다음과 같은 정조 자신의 말에서 나타난다.

> "단지 탕평 두 글자만 쓴다면 혼돈하게 될 염려가 없지 않다. […]탕평은 의리에 방해되지 않고 의리는 탕평에 방해되지 않은 다음에야 바야흐로 탕탕평평(蕩蕩平平)의 큰 의리라 할 수 있다. 지금 내가 한 말은 곧 의리의 탕평이지, 혼돈의 탕평이 아니다."53)

여기에서 정조가 영조시대의 '혼돈의 탕평'과 구분하여 자신의 정치를 '의리의 탕평'이라고 새롭게 규정한 것은 일차적으로 영조 후반기에 탕평책이 "왕의 인척과 권간"에 의해 악용됨으로써 세간에서 "탕평을 주장하는 당이 옛날 당보다 심하다"는 비판을 받고 있었기 때문이다. 정조가 의리의 탕평을 주장하게 된 보다 중요한 이유는 각 붕당의 명분과 개인의 명예를 회복하고 존중해 줄 때 비로소 사대부들의 국정참여가 가능해지고 참된 성왕의 정지도 이룩될 수 있다고 보았기 때문이다. 즉, 격심한 당쟁과 환국정치의 와중에서 난역의 죄목을 뒤집어쓰고 폐색되어 있는 주요 당파의 영수 및 그 후손들을 국정에 참여시킬 때 비로소 정조 자신이 추구하는 대통합의 정치가 실현될 수 있다고 보았던 것이다.54)

이런 의미에서 정조의 탕평론은 국왕 자신이 천명한 '성왕의 정치'를 현실정치에서 구현하기 위한 실천방안이자 동시에 지향이념이었다. 공평하고 중립적인 국왕이 초월적 위치에서 서로 대립하는 정치세력을 중재하고 시비를 판명함으로써 화해와 협력의 정치를 달성하려 한 탕평정치의 지향 모델은 일찍이 삼대시절에 요 · 순에 의해 행해진 성왕의 정치였다.

그런데 정조는 요·순을 도덕적 모범자로 규정하는 노론신하들의 성왕관, 즉 '성학론'을 부정하였다. 정조나 정약용은 요·순은 "흥작(興作)에 분발하여 천하 사람을 바쁘고 시끄럽게 노역시켰을 뿐만 아니라, 정밀하고 엄혹하여 천하 사람을 공손하게 움츠리고 두려워 떨게 하여 일찍이 털끝만큼도 감히 거짓을 꾸미지 못하도록 한" 강력한 정치가였다.

이처럼 유가적 전통에서 가장 이상적인 정치가로 일컬어지는 요·순을 이처럼 적극적이고 개혁지향적인 정치가로 재해석하여 자신의 개혁을 정당화하고 총체적인 사회적 위기를 극복하려 한 정조를 비롯한 성왕론자들의 시도는 개혁정치의 정당성 확보와 관련하여 매우 중요한 부분이다.

번암 채제공과 함께한 개혁

정조의 개혁을 가장 오랜기간을 가장 가까이서 지켜보고 전력을 다해 그의 오른팔 역할을 한 인물은 번암 채제공(蔡濟恭, 1720~1799)이다. 채제공은 영조 19년(1743)년 문과 정시 병과(丙科)에 급제하여 승문원 권지부정자(權知副正字)를 시작으로 벼슬을 시작하였다. 영조가 사도세자의 폐위를 거론하자, 죽음을 무릅쓰고 철회시켰는데, 이 사건으로 후일 영조는 정조에게 채제공은 "진실로 나의 사심 없는 신하요, 너의 충신이다"라고 할 정도로 높이 평가했다. 그는 1771년 호조 판서로 동지사(冬至使)가 되어 청나라에 다녀왔고, 그 후 평안도 관찰사·예조 판서를 지내고, 정조의 특별한 신임을 얻어 1793년 영의정에 오르는 등 10여 년간 재상으로서 왕을 보필하였다. 당파에 온건히 대처하여 천주교 박해가 확대되지 못하도록 한 공이 후세에 전해지며, 문숙(文肅)의 시호가 내려지기도 했다.

24세에 벼슬길에 나선 채제공은 남인 출신이었지만 영조의 탕평정책으로 인해 중용될 수 있었다. 그는 1798년 79세로 모든 직책에서 물러날 때까지 55년의 세월 동안 벼슬을 했는데 영의정이라는 최고의 벼슬에 올라 영조·사도세자·정조의 3대에 걸친 명재상으로 가장 혁혁한 공을 세웠던 문신이었다.

1776년 3월, 52년 동안 왕위에 있던 영조가 세상을 떠나자 57세의 호조판서 채제공은 국장도감 제조에 임명돼 총책임을 지고 영조의 장례를 치렀고, 정조의 치세를 맞아 본격적으로 국왕을 보필하는 희대의 재상으로 온갖 역량을 발휘해 격화된 시·벽의 당쟁 속에서도 국정을 제대로 바로잡는 중신의 임무를 다해냈다. 정조 재위 24년 중 23년을 보좌하고 정조보다 1년을 앞서 영면한 번암은 인신(人臣)으로서는 최대의 예우와 최상의 대접 속에서 장례를 치르게 된다.

번암 채제공

1799년 1월18일 부음을 들은 정조는 식사를 폐하며 슬퍼했고, 바로 하교해 자신과 채제공의 깊은 인연에 대한 말을 전하며 애도의 뜻을 표했고 성복일(成服日)에는 승지를 보내 치제하고 시장(諡狀)도 없이 시호를 올리게 해 '문숙(文肅)'이라는 시호를 하사했다. 그해 3월 28일 장례일에는 임금이 직접 뇌문(文: 祭文)을 지어 각신(閣臣)으로 해 읽도록 했다. 신하에 대한 최대의 찬사이자 높은 칭송으로 세상에 없는 예우가 아닐 수 없었다. 파란만장한 번암의 일생은 500여 글자에 가까운 정조의 제문에 모두 열거됐으니, 다른 어떤 역사가의 평도 필요 없이 당대의 제왕이 내린 평가에 온전하게 그의 일생이 정리돼 있다.

특히 정조에게 채제공은 아버지 사도세자의 죽음을 증언해 줄 수 있는 인물이자 거의 유일할 정도로 영조에 저항한 인물이기도 했다. 당쟁에 휩싸여 세자인 사도세자를 폐위한다는 영조의 비망기(備忘記)가 내려졌던 1758년, 39세의 도승지 채제공은 죽음을 각오하고 뿌리치는 영조의 옷소매를 붙잡고 피눈물을 흘리면서 간곡하게 애걸복걸해 그 부당한 명령을 취소하게 했던 세자의 충신이었다. 1772년 53세의 판서 채제공은 21세의 세손(世孫)이던 정조의 우빈객(右賓客)이 돼 세손을 보살피고 가르치는 일을 시작한 이래로 홍국영과 함께 세손이 등극할 수 있게 모든 노력을 다 했었다.

정조 재위기간 내내 채제공은 홍국영과 달리 권력을 남용하지도 않았고 늘 그랬듯 정조를 보필하는데 전심전력을 다했다. 그는 정조의 모든 개혁적 정책에는 앞장섰었고 정조가 어려운 결단을 내려야 할 때는 누구보다 먼저 방향성을 제시해 주었으며 심지어 사직원을 내는 극단적 방법을 써가면서 정조의 개혁 저항세력과 대항해 주었다. 즉 화성축성을 비롯한 정조의 구상을 구체적 실천으로 추진한 인물은 채제공이었다고 할 수 있다. 그가 없었으면 정조의 새로운 국가 건설은 그만큼 어려웠을 것이고 근접하기도 힘들었을 것이다.

조선 중화사상의 극복

조선후기 사회는 문화적으로 선진인 조선이 중심 국가라는 조선중화사상을 형성하여 국제 위상을 높이고 국민의 자부심을 회복하는 계기로 삼았다. 이에 조선 문화가 세계 제일이라는 문화자존의 의식으로 자리했다.[55]

한편으로는 청나라의 선진 문명을 적극 도입하자는 북학운동이 일어나게 되었다. 북학사상은, 조선이 병자호란 후 1세기 반에 걸쳐 내부결속력을 다지며 정체성 확립에 성공했으나 더 이상 자존의식에 안주하다가는 낙후될 염려가 있다는 집권층 내부의 젊은이들의 반성위에 제기된 신문명 도입운동이었다. 이들은 자신들의 선대들이 추구했던 북벌론을 폐기처분하고 정반대의 논리인 북학론을 제기함으로서 조선사회의 변화를 예고했다.56)

결국 외래문화 수용 논리인 북학사상은 기본 조선중화주의사상의 시대적 한계에 대한 보완논리로서 18세기 후반 정조의 규장각을 통하여 체제내로 수용되었다. 이 북학사상은 19세기 시대사상으로 기능하면서 중인계층으로 확산되었고 19세기 후반에 이르면 그 수용 통로를 중국에서 일본 및 서양으로 바꾸면서 개화사상으로 변화해 갔다.57)

3) 정조의 조선중화주의와 민족의식 고양

조선후기 사회는 17세기 양란의 후유증을 극복했다. 재야 세력들이 주도하는 붕당정치를 통한 상호비판과 감시 하에 명분사회를 이룩함으로써 깨끗하고 원칙이 통하는 정치풍토를 이룩했다. 그리고 명나라가 멸망한 국제질서에서 문화적으로 선진인 조선이 중심 국가라는 조선 중회시상을 형성하여 국세 위상을 높이고 국민의 자부심을 회복하는 계기로 삼았다. 이에 조선 문화가 세계 제일이라는 문화자존의 의식으로 자리했다. 이와 같이 자기 정체성을 다진 결과 18세기에 이르면 국가체제는 새로이 정비되고 조선 고유의 진경문화를 이루어내게 되었다.58)

조선 진경문화의 개막

이와 같은 조선 고유의 진경문화를 태동시킨 시작은 대명의리론이었다. 1644년 명나라가 망하고 청나라가 건국되자 조선은 임진왜란 때 파병

하여 조선을 도운 명의 은혜, 즉 재조지은(再造之恩)에 대한 보답으로 대명의리론을 전개했다. 이에 대청복수론과 대명의리론이 맞물려 제기되면서 전자는 북벌론, 후자는 존주론으로 이론적 틀을 형성했다. 17 · 18세기의 2세기에 걸쳐 조선은 양란의 충신 · 열사를 현창하는 국가적 사업을 지속적으로 추진했고 그 후손에 대한 국가의 배려와 지원을 계속했다.[59]

그러나 북벌론의 기치 아래 일치단결했던 국민정신이 시간이 경과함에 따라 해이해지자 '복수설치'보다는 내수외양(內修外攘 : 내치를 닦아 외적을 물리친다)을 통해 자강의 방안을 모색하는데 치중하게 되었다. 그리고 그것은 명나라에 대한 의리를 강조하면서 존주론을 강화하는 장치인 대보단(大報壇)을 설치하는 것으로 나타났다.

이처럼 대명의리론과 존주론을 통해 조선중화주의를 강조하는 한편 초기 민족주의적 의식이 정조에게 보여진다. 정조는 조선중화주의적 측면에서 조선이 문명국가임을 확인하면서 우리 민족 고유의 역사의식을 추구하였다.

이는 바로 단군 치제의 활성화이다. 조선왕조실록에 나타난 단군릉의 발견은 영조 재위 시절이었으나 단군에 대한 제사는 활성화되지 못했다. 그러나 우리 민족의 근본은 단군임을 강조하고 단군릉에 대한 치제를 규정화하고, 단군, 기자, 신라, 고구려, 백제, 고려 시조 왕릉을 수리하는 절차를 만들었다.[60]

단군을 강조함으로서 정조는 외래 사상에 빠져 조선의 학문과 정통성을 무시하려는 세력에 대해 통제를 가하는 정치적 효과와 아울러 조선이 중국과도 다르며 독창적인 문화를 형성하여 온 문화민족임을 대내외에 선포하였던 것이다.

이와 같은 정조의 조선중화주의와 단군 숭배 의식은 현대 정치에서도 세계화와 민족 주체 이데올로기 사이에서 문제를 해결하는 좋은 본보기가 된다고 할 수 있다.

정조의 통치이념과 위민정책

1. 정조의 통치이념

1) 정조의 학문관

학자 군주 정조

정조는 스스로를 군사(君師)로 자부했을 뿐만 아니라, 184권 100책에 달하는 방대한 문집을 남긴 한국 사상 유일의 학자군주였다. 학문에 지나치게 정력을 쏟는다고 걱정하는 신하들에게 "나 역시 마음을 맑게 하고 생각을 쉬는 방법을 생각하지 않는바 아니지만, 힘써 공부하지 않으면 편안할 수가 없다"[1]고 했을 정도로 그는 체질적 학자였다. "매양 눈 오는 밤이면 달빛에 비추고 언 붓을 입김으로 녹이며 공부하는 한사궁유(寒士窮儒)를 생각하며 스스로를 일깨웠다"[2]는 정조의 학문자세는 "고행에 가까운 진실한 '선비(士)'의 모습"[3] 그 자체였다고 할 수 있다.

그렇다면 정조가 추구한 학문의 목적의식, 즉 그는 무엇을 위해 그토록 열심히 공부했던 것일까? 정조가 품고 있던 최고의 이상은 왕도정치를 통해 요순삼대(堯舜三代)의 이상사회(大同社會)를 조선에 실현하는 것이었다고 생각된다. 대동사회는 군주와 신하들이 수기치인의 자세로 유학의 도(道)를 실천해야 만들어질 수 있다. 정조가 즉위 초부터 조선왕조의 창업이념이기도 한 '숭유중도(崇儒重道)'를 새삼 최고의 국정방침으로 내걸었던 것은 그에게는 유교적 이상사회를 자신의 시대 조선에서 실현하려는 큰 야망이 있었기 때문이다. 그의 이러한 포부는 자신의 치세를 빈번히 요순시대에 견주어 말한 그의 어록 속에서 쉽게 확인할 수 있다.[4]

정조는 왕도정치의 관점에서 임금의 직분을 "하늘을 공경하고, 백성을 구휼하며, 현인(賢人)을 존숭하는"5) 세 가지로 파악하였다. 하늘의 큰 덕이 자연스럽게 세상에 미치게 하는 무위이화를 이상으로 삼았던 것이다.6) 무위이화의 방법으로서 수기치인을 옳게 구현하려면 정치의 중심인 왕과 신하가 함께 군자가 되어야 한다. 정조는 군자가 되려면 존양(存養. 존심양성(存心養性))의7) 마음공부와 함께 견식이 중요하다고 보았다. 사람들의 시비선악과 일의 내외본말(內外本末)을 분별하여 올바른 처치를 할 수 있으려면 견식이 있어야 하기 때문에 배움에 있어서는 먼저 견식을 밝혀야 한다고 했다.8) "근세의 사대부가 견식이 낮고 일에 임할 때마다 제일차적인 도리도 모르는데, 이는 차분히 앉아서 독서하지 않기 때문"9)이라고도 했다.

군자가 마음공부와 견식을 밝히는데 힘쓰는 것은 세상에 의리를 천양하기 위함이다. 정조는 의리를 "천하의 공(公)으로서 치우쳐서는 안 되는 것"이라 했다.10) 의리는 특히 사대부에게 있어 생명과도 같은 것이다. "사대부는 마땅히 의리를 추환(芻豢, 늘 함께하는 가축)같이 해야 하고, 명절을 다반으로 삼아야 한다."11) 정조는 "학문은 '경술'을 주로 하고, 정치는 의리를 주로 하며, 용인의 방법은 착한 사람을 주로 해야 한다"12)고도 했다. 정조가 말한 '경술'과 '착한 사람'은 각각 '의리지학(義理之學)', '의리지인(義理之人)'을 의미한다고 볼 수 있다. 정조에게 있어 의리는 학문과 정치와 용인의 도리를 관통하는 최고 기준이었다. 정조의 학문은 왕도정치의 이념적 좌표인 의리를 밝히는 학문일 필요가 있었는데, 정조는 경학 속에서 이러한 의리지학의 모델을 발견했던 것이다.

정조는 경술의 의미와 관련하여 "성인이 만든 것은 '경(經)'이고, 현자의 저술은 '전(傳)'이며, '훈(訓)'을 써 놓은 것이 '고(詁)'이고, '장구(章句)'를 인(因)한 것이 '주(註)'인데, 전·고·주는 모두 '술(術)'"이라고 했다.13) 정조는 경전을 연구하여 배움을 쌓아 나가는 '연경독학(研經篤學)'14)을 학문의 기본자세로 보았으며, 경전의 뜻을 밝히고 실천으로 이를 닦아 나가는 '경명행수(經明行修)'를 학문의 궁극적 경지로 여겼다. 그는 연경독학과 경명행수의 기반인 경학(경술)을 '정학(正學)', 즉 '바른 학문'이라고 부르면서 특별이 중시했다.

정조의 정학(正學)

정조는 정학이라는 말을 소위 사학, 즉 서학 및 속학의 대응어로 썼다. 정학은 유교적 '위정벽사(衛正闢邪)'에 있어 지켜야 할 '정(正)'이고, 서학과 속학은 물리쳐야 할 '사(邪)'인 것이다. 정조는 정학이 밝혀지지 않은 까닭에 사학이 번성한다고 보아 당시의 폐단을 극복하려면 정학을 밝혀야 한다고 확신했다.15)

> "내가 근일에 諸臣(제신)들이 서양설을 힘써 배척하는 것에 대하여 진심을 다해 정학을 밝히라고 한 것은, 그것이 이단을 물리치는 근본이기 때문이다. 그런데 제신들은 다시 일찍이 明末淸初(명말청초)의 책을 정학이 무성한 곳으로 여겼으니, 저 속학에서 넘어져 뒹굴면서도 부끄러움을 알지 못하는 자를 어찌 단지 학식이 미치지 못하여 견해가 매우 낮을 뿐이라고 말할 수 있겠는가?"16)

정조가 생각한 정학은 '교세위도(矯世衛道)'의 유일한 모범인 堯·舜·禹·湯·文武·周公·孔子의 도(道)를 담은 육경학(六經學), 즉 원시유학을 근본으로 하였다.17) 때문에 그는 "선비가 글을 할 때는 육경과 제자(諸子)면 족하다"고 했다.18) "문(文)의 도(道)는 육경을 근본으로 하여 강(綱)과 익(翼)을 세우고 제자(諸子)로서 그 취지를 지극히 하는 것에 있다. 의리로서 드러내고 아름다운 표현으로써 드높이는 것이다."19)

> "글을 배우는 사람은 마땅히 육경을 종주로 하고 子史(諸子書와 史書)를 날개로 하여 상하를 포괄하고 今古를 博極하며, 마침내는 朱子書를 會極한

후에야 그 辭가 醇正하고 도술에 差誤가 없게 된다."20)

"진실로 돌이켜 취실지학(就實之學)에서 구하고자 한다면 육경을 침묘(寢廟, 조상을 모시는 사당)로 삼고, 좌사(左史, 춘추좌전(春秋左傳)과 사기(史記))를 당오(堂奧, 대청과 방)로 삼으며, 팔가(八家, 당송팔대가(唐宋八大家))를 문장(門墻, 문과 담장)으로 삼아야 한다."21)

정학과 주자학

정학과 주자학은 어떤 관계일까? 정조는 평생 주자서를 손에서 놓지 않았으며,22) 수많은 주자서 선본(選本)을 편찬했고, 주자서를 집대성한 『주자일통일지서(朱子一統之書)』를 편찬하려 했을 정도로 주자학을 중요시했고 조예가 깊었다.23) 그는 내부에 모순된 해석이 공존하는 주자설의 문제점을 잘 알면서도24) 깊은 애정을 가졌고, 당시 신학으로서 고증학이 출현하자 사람들이 성리지서(性理之書)에는 종사하지 않는 것을 매우 안타깝게 여겼다.25) 정조는 참된 경술과 주자학이 밀접한 관계에 있다고 보았다. 때문에 그는 "참된 경술에 종사하지 않으면서 주자를 잘 배울 수 있겠느냐"26)고 반문했다. 정조는 의리를 중심으로 경전을 해석하는 주자학의 '의리지학'적 성격이 자신의 학문적 지향과 잘 맞는다고 보아, 정학을 위한 일종의 방법론 표준서로서 주자학—특히 주자의 주석서—을 중시했던 것으로 보인다. 이러한 사실은 다음 언급들 속에 잘 드러난다.

"邪學이 橫流하는 까닭은 正學이 밝혀지지 않은 때문이니, 정학을 밝히기 위해서는 주자를 존중하는 것보다 더 급한 것이 없다."27)

"공자의 도는 주자에 밝혀져 있고, 주자의 책은 대전(大全)에 갖추어져 있다. 따라서 공자의 도를 보려는 사람은 반드시 먼저 주자에 考質해야 하며,

주자서를 연구하는 사람은 반드시 먼저 대전에 힘을 써야 한다."28)

　"주자는 바로 공자 이후의 일인자이다. 堯舜禹湯의 道는 공자로 인해 밝혀
졌고, 公子·曾子·子思·孟子의 학문은 주자에 의해 전해졌으니, 주자가 높
아진 다음에야 공자가 높아지게 된다. 천지를 위해 마음을 세우고, 백성을 위
해 천명을 세우며, 만세를 위해 태평을 열어 놓았고, 떳떳한 가르침을 끝없는
우주에 밝히며, 올바른 법도를 당대에 베풀었다. 그로인해 이단이 종식되고
백성의 뜻이 안정되었으니, 바로 우리 유학을 지키고 正學을 옹호했기 때문
이라 할 수 있다. 그런데, 그 근본을 찾아보면 우리 朱夫子를 높이는 것, 이것
이다."29)

　전술한 것처럼 정조는 정학을 '취실지학(就實之學)', 즉 실학이라 했다.
정학과 실학의 관계는 무엇일까? 실용적 학문, 현실에 쓸모 있는 학문에
대한 정조의 언급은 많다. 정조는 "날마다 쓰는 사물상에서 그 지당처(至
當處)를 강구해 나가는 것이 학문의 길"이라고 했다.30)

　"학문이란 특별한 것이 아니다. 날마다 쓰는 것으로 이 학문공부 아닌 것
이 없으니, 옷 입을 때 밥 먹을 때 이 모두가 하나하나 학문이다. 지금 사람들
이 학문이라 하면 玄遠難行의 일로 알고, 학문공부를 下手로서 어찌할 수 있
겠느냐 운운하니 참으로 이상한 일이다."31)

　또한, "학문이 정도에 도움이 되지 않으면 안 배움만 못하고, 문장이
실용에 쓰이지 않으면 없는 것만도 못하다"고도 했다.32) 그러나 당시의
현실은 "유자가 심성을 능숙하게 말하는 사람은 있어도 실지사공(實地事
功)에 이르러서는 아득하여 무엇인지 모르니 실로 무용지학"인 상황이었
다.33) 정조는 이렇게 된 원인을 "科文(과거시험)이 실학에 방해된 때문"
이라고 보아, 문과지체(科文之體)를 실학지용(實學之用)에 붙이려 했다.34) 그
러나 정조가 말하는 정학의 '실성'은 정학이 경학, 즉 철학과 역사를 중
심으로 한다는 사실을 감안할 때, 오늘날 우리가 '실학'이라고 부르는 일

단의 학자들이 추구했던 바, 경제지학(經濟之學)과 명물지학(名物之學)에 대한 실사구시적 접근과는 그 성격이 달랐던 것으로 생각된다.

그러나 정조는 경학을 "날마다 먹는 음식처럼 사람마다 지니고 사람마다 행하는 것"이라고 했다.35) 경학이 철학과 현실, 즉 제자(諸子)의 학설과 역사를 포괄하고 있기 때문이다. 정조는 경(經)에 의해 철학적 기초를 닦고, 이를 역사 속의 구체적 사례에 의해 검증하는 학문의 방법을 염두에 두고 있었던 것으로 보인다. 정조는 경(經)과 사(史)의 관계를 체(體)와 용(用)의 관계로 비유하면서 경(經)과 사(史)는 본디 하나였으나 후대에 와서 갈라진 것이라고 했다.

"三代 이전에는 經이 곧 史였고, 史가 곧 經이었다. 『尙書』의 「說明」편은 학문을 논한 글이지만 정치가 그 안에 있고, 「洪範」편은 정치를 위한 도구이지만 학문이 그 안에 있었다. 처음에는 교학에 관한 책이 법령의 밖에 따로 있지 않았던 것이다. (그러나) 秦·漢에 이르러 학문을 좇는 사람은 法書를 末務라 하고, 經濟에 뜻을 둔 이는 유가를 가리켜 迂闊하다(세상 물정에 어둡다)고 하였다. 전자가 體는 있으나 用이 없는 것이라면, 후자는 末을 따르면서 本을 버리는 것이다. 여기에서 經과 史가 처음으로 나뉘었고 治道의 汚隆(쇠함과 융성함)도 여기에서 결정되었다."36)

정조는 "옛날에는 초학자를 가르치는 방법이 먼저 『대학』·『논어』·『맹자』·『중용』·『시경』·『서경』을 가르치고, 그 뒤에 역사책을 가르쳤다"고 했다.37) 경(經)을 통해 먼저 의리에 대한 분별력을 키운 다음에 역사를 보아야 옳은 판단이 가능하다고 보았기 때문이라는 것이다. 정조는 경(經)을 읽지 않는 당대 노론의 학문풍토와, 경서(經書)보다 사서(史書)를

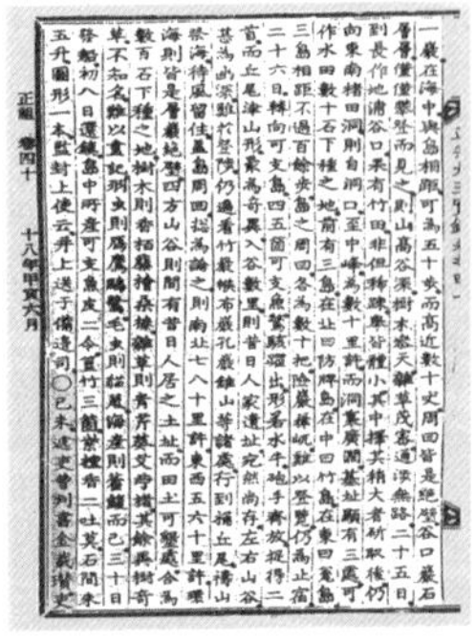

정조실록

먼저 읽는 남인들의 독서방법은 모두 정학(正學)을 익히고 의리에 대한 판단력을 키우는데 도움이 되지 않는다고 보았다.38)

정조의 지행심성론(知行心性論)

정학과 조선성리학의 심성론의 관계는 무엇인가? 심성론과 관련하여 정조는 지(知)와 행(行)이 수레의 두 바퀴, 새의 양 날개처럼 함께 가야 한 다는 지행양진(知行兩進)의 관점에서 실천이 따르지 않는 성리학의 명덕성 동이설(明德性同異說), 태극통체설(太極統體說), 오행각구설(五行各具說) 등을 비판하였다.39) 나아가, 그는 사단칠정(四端七情) 논쟁에 대해서조차도 자 신은 "말한 적도 없고, '옳다' '그르다' 말하고 싶지도 않다"고 하여, 심성 론은 그의 관심사가 아님을 분명히 했다.40) 정조의 이러한 태도는 조선 성리학의 폐단에 대한 인식에 뿌리를 두고 있었다.

> "근세의 선비가 五經도 다 헤아리지 못하는데, 하물며 十三經을 어찌 알겠
> 는가? 노망됨이 이와 같으면서 心을 말하고 性을 말하며 窮經之士로 자처하
> 고 있으니 俗學의 폐단이 참으로 오래되었다."41)

> "학문에는 活法과 死法이 있다. 우리나라 儒者로서 性理를 천명한 사람이
> 적지 않으나 모두 樣式에 얽매이는 병이 있으니 진정한 大英雄氣象이 없는
> 까닭이다."42)

이런 관점에서 정조는 전 시대 조선성리학의 심성론을 계승한 농암 김창협(農岩 金昌協, 1651~1708)에 대해 대단히 비판적이었다.43) 김창 협은 송시열의 학통을 계승했고, 이후 전개된 호락논쟁에 있어서 인물 성동론(人物性同論)을 주장한 낙론계 경화사족 학자들의 뿌리였다.

김창협의 동생인 금창흡(金昌翕)과 이재(李縡) · 이간(李柬) 등의 제자와

동료 학자들로 이루어진 낙론파는 영·정조시대 조선 정계와 학계의 주류를 이루었다. 그러나 정조는 심성론(心性論)의 뿌리라고 할 수 있는 이황과 송시열에 대해서는 긍정적인 시각을 가지고 있었다.

정조는 이황을 조선 주자서 연구의 출발점으로 보았고,44) 송시열은 주자서 연구의 최고 경지를 이룩한 학자로 존숭했다.45) 심성론의 현실 효용성을 비판하고 육경(六經) 중심의 원시유학, 즉 수사학(洙泗學)으로의 회귀성향을 보이면서, 주자학의 효용을 경전에 대한 주해로 국한시키려 한 정조의 학문 경향은 기호 남인계의 대표적 학자였던 미수(眉叟) 허목(許穆, 1595~1682)과 대단히 유사했던 것으로 생각된다. 송시열의 주자 연구는『주자대전차의(朱子大全箚疑)』121권 17책과『주자언론동이고(朱子言論同異攷)』로 집대성되었는데, 특히『주자언론동이고』는 이기와 성에 대한 주자의 해석이 모순 된 구조를 가지고 있음을 밝혀냄으로써 호락논쟁의 단초를 제공하였다. 호락논쟁에 있어 호론과 낙론은 인성과 물성의 동이에 관련된 주자의 4가지 설 가운데 2가지씩을 자신들의 근거로 삼고, 나머지 2가지 설을 거기에 맞도록 재해석하면서 만들어진 것이다.

호락논쟁은 주자로부터 퇴계, 율곡, 우암으로 이어지는 성리학 발전에 있어 하나의 극점을 이루었다고 말할 수 있다. 그것의 사회적 부작용 여부를 떠나 호락논쟁은 당대 조선 유학의 높은 수준을 드러내는 최첨단의 철학논쟁이었음이 분명하다. 더구나 낙론파의 인물성동론은 경제지학(經濟之學)과 명물지학(名物之學)의 철학적 기초를 제공함으로써 북학의 수용과 함께 당색을 넘어 실학이 발전하는데 정신적 자양을 제공한 것으로 보인다.

정조가 심성론과 호락논쟁의 이런 의미를 잘 알고 있었을 것임에도 불구하고 이를 비판하면서, 오히려 보수·퇴행적인 면까지 있어 보이는 학문 태도를 고수한 것은, 그의 학문관이 국왕으로서의 이데올로기적 선택에 의해 제약받고 있었음을 시사한다. 그것은 정조가 재위기간 내내 집요하게 추구했던바 왕권 강화라는 목적의식에 의해 소위 정학(正學)의 성격도 처음부터 구속받았을 가능성이 크다는 것이다. 사실 정학은 정조가 추구했던 성왕론을 뒷받침하는 학문[46]이어야 했다.

이런 의미에서 볼 때 예송논쟁에서 "천하의 사람들은 예를 같이 한다"는 서인들의 평등론에 맞서, "왕자의 예는 사서(士庶)의 예와 같을 수 없다"고 주장하며, 왕권 강화를 외쳤던 허목의 학문적 정향과 정조의 그것이 유사한 것은 우연이었다기보다는 필연에 가깝다고 생각된다.

정학과 고증학

정조 당시에 신학으로 불렸던 고증학과 정학의 관계는 무엇일까? 정조는 고증학에 대해서도 상당한 식견을 가지고 있었던 것으로 보인다. 그는 고증학을 비판적인 시각으로 바라보고 있었다. "근래 연경의 학사 대부들은 학문에 있어 시율과 고증을 최상의 것으로 여긴다고 한다. 이는 모두 성취에 빠르고, 눈가림에 편하며, 그 재기분한도 역시 지나칠 수 없는 바가 있다."[47] 정조는 고증학이 "물명(物名)·기계(器械)·고증(考證)·변박(辯博)에만 치우쳐 그 대의를 파악할 수 없게 한다고"[48] 비판했다.

> "요즘 문체가 날로 卑下하여 수습할 수 없게 된 깃은 考訂之學에서 비롯되었다. 문상을 읽어 놓을 줄은 알지만, 정작 안으로 들어서서는 스스로 무능력함을 깨닫고, 옛사람의 저작 중에서 지리·인명·세대·譜系의 差誤를 찾아내어 滿卷充編하는 것으로 궁극적인 법을 삼으니, 이러고도 문장을 잘 할 수 있는 사람이 몇이나 되겠는가?"[49]

결국 정조는 "고증학이 학문하는 편법"[50]에 지나지 않는다고 보았다. 조선중화주의에 입각하여 "조선의 예악문물이 중화제도 그 자체인데", 중국의 '찌꺼기'에 불과한 고증학을 기웃거릴 이유가 없다[51]는 자부심을 가지고 있었던 것이다. 그러나 정조의 이런 자부심은 시대감각이 다소 뒤떨어진 면도 없지 않았다. 기존 질서를 재확립 하려는 정조의 소망과 달리, 당대의 시대상황은 이미 대전환의 국면을 맞이하고 있었고, 정조 사후 조선 학계에는 그가 '찌꺼기'라 한 청나라 문물이 넘쳐났다.

정조의 학문적 지향

부정학론(扶正學論), 즉 정학의 부흥을 지향했던 정조의 학문관이 지닌 의미는 무엇일까? 우리는 그 성격을 어떻게 이해해야 할까? 정조의 주자서 편찬에 관한 김문식(金文植)의 연구는 정조의 학문적 지향이 지닌 의미를 잘 정리하고 있다.[52]

첫째, 정조의 학문은 당시의 기준으로 볼 때 유학의 도통을 계승한다는 의미가 있었다. 정조는 요·순·우·탕으로 이어진 옛 성왕들의 도가 공자·주자로 이어지는 것으로 파악하여, 주자를 존숭하는 것은 바로 공자를 존숭하는 것이며, 유학을 지키고 정학을 옹호하는 길이라 생각했다. 당시의 신료들도 정조의 학문을 주자의 미비점을 해결하여 경학의 본지를 회복하고 요순의 전통을 있는 것으로 평가했다.[53] 특히 김종수는 정조를 주자의 취지를 계승하면서 주공·공자의 본지를 밝혀 삼대의 성세를 회복한 대성인으로 규정하기까지 했다.[54]

둘째, 정조의 학문은 정치적으로 유교의 이상적 군주상인 군사를 실현하고 존왕사상을 보급하는데 초점이 맞추어져 있었다. 유학자들은 삼대를 내성외왕(內聖外王)의 성인이 군주로서 나라를 다스린 군사정치(君師政治)·성왕통치의 시대로 생각했다. 그러나 공자 이후 군주가 세습되면서 군사의 맥이 끊어지고 유학의 도통이 재야 학자들에 의해 이어지는 소강(小康)의 시대가 되었다고 보았다. 더구나 주자 이후는 유학의 명맥마저 끊어진 난세로 이해하고 있었다. 이런 관점에서 볼 때 스스로 군사를 자임하고 삼대의 이상 정치를 추구한 정조는 윤행임의 말처럼 "유학의 도를 조선으로 오게 한" 성왕이라는 평가가 가능했다.

> "하늘이 文運을 열어 유학의 도가 조선으로 오게 되었다. 우리 선왕(정조)이 왕위에 올라 천명을 지키면서 군주로서 스승을 겸했으니, 덕망이 높아 행실이 갖추어졌고, 학문을 숭상하여 업적이 많았다."[55]

셋째, 정조의 학문은 세종대의 문화정책과 주자학 연구에 강점을 가진 조선의 학문을 계승하려는 의미가 있었다. 정조에게 있어 조선성리학의 최고봉인 송시열은 그와 주자를 연결시키는 핵심적 매개자와 같은 존재였다. 실제로 정조는 주자와 송시열의 글 중에서 취지가 서로 통하는 것들을 함께 편집한 『양현전심록(兩賢傳心錄)』을 편찬하고 이를 통해 유학의 진흥을 기대했을 정도로 정조의 학문에 있어 송시열의 비중이 컸다.[56] 정조는 조선문화의 우수성에 대한 중화주의적 자신감을 바탕으로 당대의 문예부흥을 이끄는 학문적 지주로서 정학을 설정하고, 이를 중심으로 여타의 학문을 수용·포섭하려 했다.

넷째, 정조는 정학을 부흥시킴으로써 당시에 유행하던 속학과 서학에 대응하려 했다. 정조는 모든 학문의 근본인 정학을 진흥시키면 사학이 저절로 사라질 것이라고 생각했다. 서양 학문을 금지하기를 원한다면 먼저 패관잡기를 금해야 하고, 패관잡기를 금하려면 명말청초의 문집을 금해야 하는데, 대체로 근본을 바로잡는 것은 시간이 많이 걸리는 것처럼 보여도 효과는 훨씬 크다고 했다.[57] 정학과 사학의 관계와 관련하여 정조는 사학을 물리쳐 정학을 지키는 '벽사위정(闢邪衛正)'에 반대하고, 정학을 밝히면 사학이 저절로 사라진다고 믿는 '위정벽사(衛正闢邪)'의 관점을 고수했다.

정학론(正學論)을 기준으로 볼 때 정조 시대의 학문풍토는 사습의 타락이 심각한 상황이었다. 선비들은 경전을 통해 정학을 닦는 데는 관심이 없었고 과거 시험의 득점을 위한 편법에만 열중하고 있었으며, 심지어는 경술에 대해 논하는 것을 부끄럽게 여기는 풍조까지 생겨나고 있었다.

> "지금의 선비라는 사람들은 애초에 經書旨義는 엿보지 않고, 문자만을 따다가 科文에 쓰는 데 그친다."58)

> "근래에 선비라는 자들이 '魚'字와 '魯'字도 겨우 구별하면서 科場의 병려체에만 골몰하고 경학에 이르러서는 모두 아득하니 어둡다."59)

> "근래의 풍속을 보면, 經術에 대해 이야기하는 것을 부끄럽게 여기며 오로지 옆길로만 치달아, 말이 경학에 미치면 황당한 헛소리를 하는 것으로 본다. 公堂에 사람들이 많이 모인 자리에서도 말하는 것이라곤 외설스럽고 비루한 이야기들이며, 조금은 체신을 지키려고 말을 가려서 하는 자들도 또한 폐단될 것도 없고 해로울 것도 없는 말을 하는 데에 지나지 않는다. 조정에서도 학문을 논하고 경전을 이야기하는 선비가 있다는 말을 듣지 못하니, 참으로 한심스러운 일이다."60)

정조는 선비들이 진실한 마음으로 경전의 가르침을 체인하려는 자세는 온데간데없이, 과거시험의 득점 요령이나 신경 쓰고, 귀로 들은 풍월을 입으로 떠들어대기만 하는 천박한 모습으로 타락한 것을 못내 안타까워했다.61) "이제 선비는 단정히 앉아 독서하는 것을 졸렬한 계책이라 여기고, 재상은 학문과 사공(事功)을 별개로 여기니 나는 장차 어찌해야 한단 말인가?"62) 사실 정조가 한탄했던 당시 사대부들의 풍기는 그의 시대에 이르러 본격화 된 사회변화의 조짐을 반영한 것이었다. 그것은 의리와 명분을 생명처럼 여기던 조선사회가 이해관계를 중시하는 공리주의적 사회로 변화하고 있었음을 의미한다.

영·정조 시대 농업 생산력과 유통경제의 발전은 사회 풍속에도 변화를 가져와 선비들조차 명분의식이 약화되고 재리를 다투는 일이 많아졌던 것으로 보인다.[63] 또한 정조는 사대부들 사이에 바른 소리를 꺼리는 보신주의와 원만한 처신의 유행을 우려하고 있었는데,[64] 이는 사색안배에 의한 탕평정치의 부정적 결과였던 것으로 보인다.

사치풍조와 저질 외래문화의 확산도 사습(士習)의 타락과 맞물려 있는 현상이었다. 정조는 호화·사치를 일삼는 당시의 풍조에 대해 다음과 같이 말했다. "사치풍조가 최근처럼 심했던 때가 없었다. 가난하고 몰락한 부류들조차도 의·식·주에 모두 모양을 갖추고자 하니, 직접 생산을 하지 않는 자들이 재물이 어디에서 나오겠는가? 수단과 방법을 가리지 않고 이권을 추구하고, 수령이 되면 온갖 작폐를 일삼게 된다."[65] 정조는 날로 '의'가 무너지고, '리'가 어두워지며, '도'가 멀어지고, '학'이 퇴색하여 서양학이 진리를 어지럽히고 정도를 거슬러도 지금의 조정 신하들은 위태롭기가 취생몽사의 지경으로 작록에만 매달려 명검을 천히 여긴다고 우려했다.[66]

정조가 당학(唐學)이라고 불렀던 외래문물의 범람도 사치풍조와 함께 사회 내에 퇴폐한 기운을 증폭시키는 역할을 하고 있었다. 여기에서 당학이란 패관소품으로 지칭되던 소설류와 서학 및 중국물품에 대한 기호 등을 총칭하는 것이다. 정조의 다음 언급은 외래문화가 범람하던 당시의 사회상을 잘 묘사하고 있다.

"요즘 사대부들 사이의 풍습이 참으로 괴이하다. 반드시 우리나라의 규모를 벗어나 멀리 중국인들을 배우려 한다. 서책은 말할 것도 없고 일상적으로 쓰는 그릇 종류나 온갖 기구에 이르기까지 모두 중국산을 쓰며, 이로써 고상함을 겨룬다. 먹·병풍·붓걸이·의자·탁자·찻물 끓이는 솥이나 잔, 茶器 등 奇巧한 물건을 좌우에 늘어놓고 차를 마시고 향을 태우며 억지로 세련되고 우아한 척 꾸미는 모습을 이루 다 말할 수 없다. 내가 구중궁궐 깊은 곳에 앉아 있지만 그 풍문을 들어 알고 있고, 그 낭자한 폐단은 말하지 않아도 알 만하다."[67]

서학에 대한 인식

한편, 17세기에 서양 역수지학(曆數之學)에 대한 지적 호기심에서 유입이 시작된 서학은 18세기에 이르러 서교에 대한 신앙의 형태로 급속히 확산되는 양상을 나타냈다. 17세기말 이래 권력에서 밀려난 근기 남인들 사이에서 싹트기 시작한 천주교 신앙은 정조 시대에 이르면 "총명하고 재주 있는 선비들이 열에 여덟아홉은 거기(서학)에 빠져버려 남은 자가 거의 없다"는 말까지 나오게 된다.[68] 이 인용문은 '공서파(攻西派)'인 홍낙안이 서학을 정치 쟁점화 함으로써 같은 남인계의 서학에 대한 온건론자였던 채제공을 난처하게 만들기 위해 채제공에게 보낸 후 공개한 편지의 일부로, 정치적 목적을 위해 과장된 면이 있을 것으로 보이지만, 당시 서학이 급속히 확산되고 있던 정황만은 확실한 것으로 보인다. 또한, 정조 12년 이경명의 상소에서 확인되는 것처럼 서학은 몰락한 양반 지식인뿐만 아니라 서민들 사이에서도 급속도로 퍼져나가고 있었다.

"서울에서부터 먼 시골에 이르기까지 돌려가며 서로 속이고 유혹하여 어리석은 농부와 무지한 村夫까지도 그 책을 언문으로 베껴 神明처럼 받들면서 죽는다 해도 후회하지 않으니, 이렇게 계속된다면 요망한 학설로 인한 종당의 화가 어느 지경에 이를지 모르겠습니다."[69]

서학의 확산이 홍낙안이 묘사한 바, "해진 대바구니로 소금을 긁어 담는 것"처럼 손을 쓰려고 해도 쓸 수 없는 지경에까지 이른 근본 원인은 유교적 가치관의 해체였다고 생각된다. 당시의 현실에서 유학은 이미 사람들에게 설득력 있는 삶의 지침을 제공해 주지 못했기 때문에 "무지한 하천민과 쉽게 현혹되는 부녀자들"까지도 한번 서학의 가르침을 들으면, "목숨을 걸고 뛰어들어 지상에서 살고 죽는 따위는 아랑곳하지 않고 영원한 천당 지옥설에 마음이 끌려" 들어가게 되었던 것이다.[70]

수원화성박물관

그러나 정조가 이상으로 삼았던 바, 정학조차도 백성들의 삶에 현실적 길잡이가 되어줄 '살아 있는 학문'과는 거리가 멀었던 것으로 보인다. 정조의 시대는 분명 변화가 요구되는 시대였지만 그의 정학은 시간적 준거점을 미래가 아니라 과거에 둔 의고적 학문이었던 것이다.

정조의 학문정책은 당대의 변화하는 현실을 그의 학문적 이상에 맞추어 재정립해 보려는 노력의 표현이었다고 할 수 있다. 정조는 규장각을 설치하여 정학(正學)에 입각한 우문정치(右文政治)의 핵심기관으로 삼았고, 초계문신제도로 정학을 닦고 실천할 중심세력의 양성을 추구했다. 규장각과 초계문신제가 위정적 성격의 부정학(扶正學) 정책이었다고 한다면, 문체반정운동(文體反正運動)은 속학으로 빗나가는 선비들의 기풍을 검속하기 위한 척사적 정책수단이었다고 할 수 있다.

2) 정조의 효사상 정치

유교는 사회의 가장 기본적인 단위를 가정으로 삼고 이를 매우 중시한다. 인간의 사회화 과정이 가정에서 출발하여 인류사회로 확대될 때 진정한 힘을 발휘할 수 있다고 보기 때문이다. 이는 공자의 정명사상이 잘 대변해주고 있다. 남의 노인이나 어린이를 우리 집 노인이나 어린이처럼 섬기고 사랑하는 마음을 가진다면 천하를 다스리는 것은 손바닥에 놓고 움직이는 것과 같이 쉽다는 것과 같은 맥락이다. 孝(道)라고 하면 부모를 받드는 윤리를 뜻하지만, 사상적으로는 훨씬 뜻이 깊어 근본적으

로 '인간의 도리'를 포괄하게 된다. 효사상은 역사적 존재란 인간의 특수
성을 배경으로 해서 생겨난 사상이다. 따라서 효는 어제와 오늘을 연결
해서 내일로 이어가는 윤리이고 자기 정체성을 확인해주는 도덕이다.[71]

이는 효가 개인적 기능에만 머물지 않고 사회와 정치, 인류애와 자연
사랑에까지 확대되는 기능을 가지고 있음을 일러주고 있다. 또한 대동
사회의 사람들이 자기 부모만 부모로 여기지 않으며, 자기 자식만 자식
으로 여기지 않는다는 내용과 같은 것임을 말하는 것이기도 하다. 그리
고 유교는 이상적인 사회의 모습을 정치적 안정과 경제적 근본에 중점
을 두고 있는데 "국가를 소유한 사람은 백성이 적음을 근심하지 말고 고
르지 못함을 근심하며, 가난함을 근심하지 말고 편안하지 못함을 근심
한다. 고르면 가난이 없고 화하면 적음이 없고, 편안하면 기울어짐이 없
는 것이라"고 하였다.[72]

정조의 효치(孝治)

이러한 유교의 이상적인 정치와 경제의 이념을 잘 인식한 정조는 효
에 기반 한 정치와 경제를 고려하지 않을 수 없다. 윤리와 교육에도 힘쓰
면서 효의 본질을 잊지 않고 끊임없이 효를 통한 대동사회를 지향한 정
조의 효사상은 그의 통치이념에서도 핵심적 역할을 한다.[73]

누구보다도 효성이 지극했던 정조는 당시 선친인 사도세자의 왕릉을
정하고 이장하는 구체적인 문제와 연계시켜 이를 몸소 실천하였다. 또 정
조는 "이 백성들을 요순의 백성으로 만들지 못한 것은 나의 책임"이고 이
세상을 당우(唐虞)의 시대로 만들지 못한 것은 나의 책임이라고 하였다. 이
렇게 정조는 대우(大禹)와 같이 자만하지 않는 마음을 가지고 항상 문왕처
럼 되지 못한다고 탄식하면서 그 효성이 백왕의 으뜸이요, 도통은 여러
성왕을 계승하여 인륜의 지극함을 밝히고 서물(庶物)의 품류를 살폈다.

조상의 훌륭한 업적을 잊지 않고 이어받는 것을 효라 하고, 자손에게 길을 열어주는 것을 자(慈)라 하며, 일가들을 잘 돌봐주는 것을 목(睦)이라 하고, 그것을 들어서 백성에게 행하는 것을 인이라 하며, 효가 모든 활동의 출발점으로 여기고 있음을 보여주고 있다. 이는 효가 기초에 공고히 자리할 때, 정치도 제 기능을 할 수 있을 것으로 내다보았기 때문으로 보인다.

정조의 인륜에 대한 윤리의식을 두고 "왕이 명주실만큼 가늘게 말하면 나오자마자 띠처럼 커지고, 왕이 띠만큼 굵게 말하면 나오자마자 동아줄처럼 더 커지네"라고 군주의 말이나 생각의 그 영향력이 매우 클 수 있음을 언급하였다.

여기서 정조의 세계관을 엿볼 수 있다.[74] 정사가 미치는 것은 얕고 풍속에서 얻는 것은 깊기 때문이다. 따라서 국가를 잘 살피는 사람은 반드시 인간을 먼저 보고 그 다음에 조정을 보는 것이다. 어버이를 공경하는 자는 다른 사람을 함부로 대하지 않으니 그 공경함을 넓히고 근본을 따르기 때문에 우(虞)·하(夏)·상(商)·주(周)가 서로 계승하면서 덕있는 사람을 부유하게 하거나, 관리를 친히 하는 것에는 차이가, 이것 모두 어버이를 섬기는 데서 비롯된다.

정조의 효사상은 부모에 대한 효성을 기초로 하여 백성에 다가가고 있다. 즉 정조는 효가 개인적 기능에만 머물지 않고 사회와 정치 그리고 인류애와 자연사상에까지 확대될 수 있다는 것을 잘 인식하고 있다. 특히 유교는 이상적인 사회의 모습을 정치적 안정과 경제적 균분에 초점을 두고 있는데 이에 대한 출발점이 바로 효가 될 수 있음을 알고 정조는 몸소 행한 것이라 할 수 있다.

정조는 윤음에서 보듯 노인을 봉양할 것과 농사에 힘쓸 것을 강조했다. 정조는 백성들이 어버이에게 효도하고 노인을 공경하는 것이 인간의 기본윤리를 실천하는 것이고, 노인이 편안하고 상하가 화합하면 그 기운은 풍년으로 이어진다고 하여 민생이 안정되고 상하질서가 유지되는 것을 이상적인 형태로 보았다. 이 때 백성들에게 기본윤리를 가르치는 방법 내지는 수단을 정조는 백성들이 『소학(小學)』과 『오륜행실도(五倫行實圖)』를 익히고 향음주례(鄕飮酒禮)와 향약(鄕約)의 실천을 통하면 윤리가 습득될 수 있다고 생각했다.

정조는 1795년 혜경궁 홍씨의 회갑잔치를 계기로 일반 백성의 교화에 본격적인 관심을 기울인다. 『오륜행실도(五倫行實圖)』는 정조의 이런 관심의 구체적인 성과 가운데 하나이다. 『오륜행실도』는 효자, 충신, 열녀의 행적을 기록한 『삼강행실도(三綱行實圖)』와 연장자와 연하자의 처신과 벗의 사귐에 모범이 될만한 47인을 골라 그 행적을 기록하고 그림과 찬(贊)75)을 넣어 『三綱行實圖』에서 미비한 것을 채워 넣은 『이륜행실도(二倫行實圖)』가 이것이다.76) 『이륜행실도』는 형제와 붕우(朋友) 등 2부로 나눠져 있으며 종족과 사생(師生)이 각각 부록으로 첨부되어 있다.

수원시의 정조 효문화제

화(和)가 연장자가 연소자에게, 윗사람이 아랫사람에게 베풀어야 할 덕목이라면, 경(敬)은 연소자가 연장자에게, 아랫사람이 윗사람에게 실천해야 할 덕목이다. 『오륜행실도』는 상하질서의 유지를 목적으로 하니 당연히 경(敬)의 실천이 중심이 된다.

그렇지만 이에 조응하여 정조는 화(和)의 정치를 구현할 때에만 비로소 요순의 가르침이 실천되고 삼대의 이상정치가 이뤄질 것임을 강조한 것이다.77)

한편 정조는 1751(정조 19) 閏 2월 13일, 혜경궁 홍씨의 회갑잔치가 화성행궁 봉수당에서 어머니인 혜경궁 홍씨의 회갑잔치를 열면서 신민들과 그 기쁨을 함께 하기 위해 양노연을 개최하고 효행이 뛰어난 사람을 표창했는데, 이는 막상 자신이 다스린 시대를 뒤돌아보니 역사에 기록할만한 공적도 없고 민간의 풍속도 쇄신되지 않고 있음을 인식한 것이다. 특히 당대의 사회의 분위기가 안일과 방종으로 흐르고 어버이를 섬기고 연장자를 공경하는 기본윤리가 제대로 실천되지 않음을 안타깝게 생각했다.

이는 정조로 하여금 윤리의 실천이 사회질서를 유지하는 수단이 될 뿐만 아니라 국가기강을 굳건히 하는 것과 직결되는 문제로 인식하게 하는 계기가 된 것으로 보인다. 이에 정조는 1797년이란 시점을 바로 흐트러진 사회분위기를 바로잡고 국가기강을 확립할 수 있는 기회로 삼고자 했다. 이에 대한 정조의 윤음을 보면 구구절절 백성을 교화하려는 정조의 의지를 확인할 수 있다. 정조는『소학』과『오륜행실도』그리고 향음주례와 향약의 중요성을 매우 강조하고 있음을 볼 수 있다. 정조는『소학』이 초학자들에게 학문의 기본을 갖추고 인간의 기본 도덕을 터득하게 할 수 있다는 점을 중시했는데, 이는 정조 자신이 어린 시절 할아버지인 영조의 가르침으로『소학』을 익혔으며, 이를 바탕으로 학문을 연마할 수 있었기 때문으로 보인다.

정조는 유교의 이상적인 사회를 건설하기 위해 효에 대한 교육을『오륜행실도(五倫行實圖)』나『향례합편(鄕禮合編)』또는『소학(소학)』등을 간행 보급하는 것으로 이를 구체화했음을 볼 수 있다. 이는 효를 궁극적으로는 소외된 백성들을 화합하게 하여 고루 잘 살게 하려는 정조의 깊은 뜻이 담겨있는 것으로 볼 수 있다. 군주의 인심이 백성에 대해 지속적으로 관심을 갖게 되면 결국 자신과 백성의 관계는 물론 천지만물까지도 저절로 하나로 이어질 수 있다는 것을 정조는 누구보다 잘 인식한 결과라 할 수 있다.

화성행궁의 진찬례

정조 효사상 실천의 백미는 사도세자를 위한 지극한 효성과 어머니 혜경궁 홍씨에 대한 진찬례(進饌禮)이다. 1795년의 정조의 효성의 화성 행차는 많은 반대와 우여곡절을 거쳐 완성단계에 있는 화성을 최종적으로 점검하는 계기이자, 화성 성역이 상징하는 여러 가지 정치적 의미를 확인하고 집권 후반기의 개혁정국을 알리는 시위였다.

정조는 이 행차에 앞서 화성건설에 비판적 태도를 보여 온 노론의 이병모를 직위해면하고 대신 그 동안 화성성역과 사도세자 신원을 주도해 온 채제공을 발탁하는 등 정계개편을 단행하였다. 정조는 사도세자 명예회복(신원)에 긍정적이던 우의정 이병모가 화성건설에 비판적 태도를 취하자 이 해 정월에 단행된 정계개편에서 직위해면하고 그 자리에 채제공을 임명하였다. 또한 노론, 남인, 노론벽파, 소론 등을 임명하여 탕평정국을 구성하였다. 노론의 유언호에게 '마음을 단단히 먹으라'는 말에서 알 수 있듯이 정조의 화성행차는 노론벽파를 겨냥한 것이었다.

어머니 혜경궁 홍씨의 회갑연을 열기 전에 먼저 현륭원(顯隆園)을 방문한 것에서 알 수 있듯이 이 행차는 33년 전에 '정치적인 이유'로 희생된 생부 사도세자에 대한 국왕의 '애통한 마음'과 그에 대한 노론벽파의 책임을 묻는 자리이기도 했다. 요컨대 정조가 8일간의 화성행차에서 벌인 일련의 행사들은 단순한 회갑잔치가 아니라 국왕 자신이 20여 년간 쌓아놓은 위업을 과시하고 내외 신민들의 충성을 결집하는 한편, 노론벽파의 분열을 노리는 거대한 정치적 시위였던 것이다.[78]

정조는 이렇게 선친인 사도세자와 어머니인 혜경궁 홍씨에 대해 극진한 효성을 다한 군주였다. 특히 비운에 간 사도세자를 추존하기 위해 묘를 화성으로 옮기고 현륭원이라 이름 붙이는가 하면 13차례에 걸쳐 선친의 묘소를 찾았다. 또한 그는 재위 24년간 70여 회나 경기도 일원에

산재한 왕릉을 찾아 나섰다.

국왕이 민정을 살피고 민의를 알기 위해 궁성 밖을 나오기 시작한 것은 영조 때부터인 것으로 알려져 있다.[79] 영조는 시민, 향민 등으로부터 의견을 듣기 위해 자주 궁성문이나 도성문에 임했다. 영조가 이처럼 도성 안 또는 도성 문에서 백성들과 만난데 비해 정조는 도성 밖으로 나와서 백성들의 소리를 들었다. 또한 즉위 이후 30년이 지난 후에야 비로소 대민접촉을 시도한 영조와 달리 정조는 즉위 초반부터 대민접촉을 적극적으로 시도하였다.

정조가 이처럼 적극적으로 대민접촉을 시도한 것은 왕세손으로서 영조의 국정운영을 보좌하면서 일찍이 그 중요성을 깨달았기 때문이었다. 그는 왕세손으로서 1765(영조 41) 명릉 배알 때 영조를 수행하기 시작하면서 관료들의 중간 왜곡 없이 직접 백성들의 말을 들으려 하였다. 이는 임금과 백성 사이에서 국왕의 덕의를 왜곡하고 '중간에 소멸시켜버리는' '탐오하고 교활한 관리들'을 제거해야만 성왕의 정치가 이루어질 수 있다는 그의 정치관에서 비롯되었다.[80]

이렇게 보면 정조는 효의 개인적 기능인 자신과 부모에 대한 효행을 넘어 사회로 더 나아가서는 정치로까지 확대했다는 점에서 정조의 효사상을 단순하게 효치로만 바라보기에는 미흡한 면이 있을 만큼 정조는 효에 대한 확고한 정신을 가지고 정치를 하였음을 볼 수 있다. 선친을 추존하고 능침천봉과 화성건설 그리고 화성행궁에서의 진찬례 등 정조의 행위 하나하나가 당대 백성들에 대해 모범을 보이는 것으로, 즉 교화의 중심이요, 주체였다는 것은 그의 효사상이 가족제도를 비롯하여 정치제도에 이르기까지 오늘날 혼란의 극치를 보여주고 있는 우리 사회에 많은 시사를 하고 있다 하겠다.

3) 정조의 창조적 문화관

조선은 병자호란을 겪으며 청나라 오랑캐에게 굴복했다는 굴욕감을 벗어나가 위해 오랜 시간을 보내야 했다. 조선은 그 정신적 상처를 북벌대의론의 끊임없는 환기와 전통 중화문화의 유일한 계승자라는 소중화사상의 강조 등으로 거듭되는 자기확인을 하고자 했다. 즉, 주자학적 명분론이라고 할 수 있는 "반청 북벌대의론", "대명의리론", "소중화주의론"에 치중하면서 특히 의리지학을 국가의 이념으로 굳히고 있었다.

멸망한 명나라에 대한 의리를 강조하는 조선의 이러한 행태는 한편으로는 사대주의의 극치였지만 또 한편으로는 조선의 문화적 주체성을 강조하는 측면이 있었다고 할 수 있다. 즉, 무력에 의한 청나라에의 굴복을 인정하지만 정신적인 면에서의 굴복은 있을 수 없다는 조선의 주체적 자각을 기반으로 한다는 것이다.

우문지치(右文之治)**와 작성지화**(作成之化)

조선이야말로 명나라의 중화문화를 제대로 계승한 유일한 국가라는 의식은 조선 고유의 독자문화를 만들기에 충분한 이념적 바탕이었다. 소위 진경문화(眞景文化)로 통칭되는 조선 후기의 고유문화는 이렇게 출발했다. 조선은 유일한 중화국가로서 소중화라는 논리 하에 전개된 조선 고유의 문화운동은 사실적으로 표현하는 진경산수화와 글씨에서 동국진체(東國眞體)라는 '국서풍(國書風)' 그리고 진경시(眞景詩)를 중심으로 전개되었다.

정조시대는 진경문화의 전성기였다. 그것은 정조의 문화관에 기인하는 바 그는 우리 고유문화야 말로 참문화라는 견지에서 진경시대를 열었다.

정조는 기본적으로 문화 생산자인 인물을 중시 여기었기에 그는 우선 다양한 방법으로 다재능한 인재들이 각 영역에서 활동할 수 있는 공간을 확보해 주는 방식을 취했다. 그가 집권 초기 전력을 기울여 추진한 규장각이 인재 양성의 교두보였다. 정조는 퇴색해버린 홍문관을 대신하여 규장각을 문형의 상징적 존재로 삼고, 홍문관, 승정원, 춘추관, 종부시 등의 기능을 점진적으로 부여하면서 정권의 핵심적 기구로 키워나갔다. '우문지치(右文之治)'와 '작성지화(作成之化)'를 규장각의 2대 명분으로 내세우고 본격적인 문화정치를 추진하고 인재를 양성하고자 한 것이다.

'작성지화'의 명분 아래 기성의 인재를 모아들일 뿐만 아니라, 연소한 문신들을 선택, 교육하여 국가의 동량으로 키우고, 나아가 자신의 친위세력으로 확보하고자 하였다 또한 '우문지치'의 명분 아래 세손 때부터 추진한 사고전서의 수입에 노력하는 동시에 서적의 간행에도 힘을 기울여 새로운 활자를 개발하기도 하였다. 그가 만든 활자가 임진자(王辰字), 정유자(丁酉字), 한구자(韓構字), 생생자(生生字), 정리자(整理字), 춘추관자(春秋館字) 등이다. 정조는 이를 활용해 활발한 출판문화사업을 전개하였다.

그는 또한 왕조 초기에 제정, 정비된 문물제도의 보완, 정리를 위하여 영조 때부터 시작된 정비작업을 계승, 완결하였다. 속오례의(續五禮儀), 증보동국문헌비고(增補東國文獻備考), 국조보감(國朝寶鑑), 대전통편(人典通編), 문인보불(文苑黼黻), 동문휘고(同文彙考), 규장전운(奎章全韻), 오륜행실(五倫行實), 일성록(日省錄)의 편수, 무예도보통지(武藝圖譜通志)의 편찬 등은 그 정조 24년의 집권기에 편찬된 서적이 자그마치 150여 종 4천 권의 방대한 분량이었다. 그뿐 아니라 정조는 자신의 저작물인 홍재전서(弘齋全書)도 184권 100책으로 정리, 간행하였다.

정조의 문화정책에서 시대를 초월한 창조성이 돋보인 부분이 바로 중인 혹은 서얼문화의 장려였다. 그는 학문적으로도 육경 중심의 남인학파와 친밀하였을 뿐 아니라 예론에 있어서도 '왕자례부동사서(王者禮不同

士庶)'를 주장하여 왕권우위의 보수적 사고를 지니고 있는 남인학파 내지 남인정파와 밀착될 소지를 다분히 안고 있었다. 그러나 '천하동례(天下同禮)'를 주창하면서 신권을 주장하였던 노론 중에서도 진보주의적인 젊은 자제들은 북학사상을 형성시키고 있었으므로 그의 학자적 소양은 이에도 관심을 기울이게 하였다.

그리하여 규장각에 검서관 제도를 신설하고 북학파의 종장(宗匠)인 박지원(朴趾源)의 제자들, 즉 이덕무(李德懋), 유득공(柳得恭), 박제가(朴齊家) 등을 등용함으로써 그 사상의 수용을 기도하였다. 그런데 이 검서관들은 신분이 서얼로서 영조 때부터 탕평책의 이념에 편승하여 '서얼통청운동'이라는 신분상승운동을 펴고 있었으므로 이들의 임용은 서얼통청이라는 사회적 요청에 부응하는 조처이기도 하였다.

정조는 이와 같이 남인에 뿌리를 둔 실학파와 노론에 기반을 둔 북학파 등 제학파의 장점을 수용하고 그 학풍을 특색 있게 장려하여 문운을 진작시켜나가는 동시에, 한편으로는 문화의 저변확산을 꾀하여 중인이하 계층의 위항문학(委巷文學)도 적극 지원하였다.

여기서 인왕산을 중심으로 경아전(京衙典)이 주축이 된 중인 이하 계층의 위항인(委巷人)들이 귀족문학으로 성립되어온 한문학의 시단에 대거 참여하여 '옥계시사(玉溪詩社)'라는 그들 독자의 시사를 결성하고, 그들만의 공동시집인 풍요속선(風謠續選)을 발간하는 등 중인문화의 원동력이 되고 뒷날 '필운대풍월(弼雲臺風月)'의 효시를 보게도 되었다.

그리고 당시 정치문제로 되고 있던 서학에 대하여 정학의 진흥만이 서학의 만연을 막는 길이라는 원칙 아래 유연하게 대처한 점도 높이 평가할 것이었다. 이 때문에 정학인 성리학과 이에 대응되는 서학, 북학 등 다양한 학문적 발전이 가능해졌고 그것이 정조시대를 진경문화의 시대로 평가는 이유가 될 수 있다.

정조 시대는 이처럼 양반, 중인, 서얼, 평민층 모두가 문화에 대한 관심을 집약시킨 문예부흥기였다. 그러한 문예부흥을 가능케 했던 근본적인 원동력은 중국에 대한 사대주의 사상이 사라지고 민족주의가 고개를 들어 독자적인 문화를 이룩해 나가는 과정에서 형성된 자긍심이었다. 이는 조선문화의 독자성과 함께 정조의 학자적 소양에 의한 문화정책의 추진과 선진문화인 건륭문화의 수입과 융화되면서 조선 후기는 문화적 황금시대를 이룰 수 있었던 것이다.

4) 정조의 통치목표

삼대정치의 재현

정조가 추구한 통치의 이상은 삼대의 정치를 재현하는 것이었다.[81] 삼대의 정치는 유교정치의 이상이며, 조선조 역대 군주들의 이상이기도 하였다. 그리고 그 저변에는 주공에 의해 확립된 신분사회질서를 전제로 하고 있었다.[82] 세손 시절 정조의 다음의 언급은 젊은 예비군주의 패기를 잘 보여주고 있다.

> 삼대 이후로는 삼대의 학문이 전해지지 않았습니다. 그리하여 비록 한문제, 당태종, 송효종 같은 이들은 약간의 현명하다는 칭찬을 들었고 소강의 정치를 이루기도 하였으나, 모두 격물 · 치지 · 성의 · 정심의 학문에 근본하지 못하였으므로, 그들의 인의에 가까운 행적들을 추구해보면 모두가 맹자의 이른바 '오패는 빌린 사람이다'[83] 라는 것일 뿐입니다. 그런데 밖으로부터 빌린 것은 처음에는 비록 강하나, 끝내는 그 본색을 드러내서 능히 엄폐할 수 없게 되는 것입니다. (중략) 그러니 합해서 논하자면, 이상 세 임금의 병통이 가식이란 한 단어를 벗어나지 않습니다.[84]

즉 세손 시절의 정조에게는 한문제, 당태종, 송효종과 같은 역대의 성공적인 제왕들의 소강지치의 치적조차도 인의의 이름을 가식한 것이라

하여 비판하고 있었던 것이다. 따라서 정조는 "왕도라는 것은 마음으로 얻어서 인을 행하는 것이고, 패도라는 것은 인을 거짓으로 꾸미는 것일 뿐이니, 그 마음의 공사와 성위의 차이가 마치 빙탄처럼 상반되는데, 어찌 그것을 서로 섞어서 쓸 수 있겠습니까"85)라고 하면서 패도의 배척과 왕도의 추구를 맹세하고 있었다.

또한 정조에게 있어 삼대의 정치를 통치의 모범으로 삼고자 한 것은 권력구조나 정치체계를 단순히 답습하려는 것이 아니었다. 그것은 풍속을 바르게 하여 궁극에는 무위지치의 경지를 재현하는 것이 그의 목표였던 것이다. 그리고 여기에는 군주와 신하, 관료와 백성 사이에 예를 기초로 한 명분론적 상하관계를 정립하여 지배질서를 확고히 하려는 의지가 내포되어 있었다. 따라서 정조의 통치목표의 기본방향은 제도의 폐치 대신에 예악에 의한 풍속의 교정과 위계질서의 정립에서부터 설정하고 있었던 것이다. 즉 그는 삼대정치의 재현을 통해 당대의 정치적 갈등과 신분문제를 비롯한 제반 사회갈등을 예로서 해소하고 명분의 확립을 통해 상하관계를 재정립하는 효과를 거두고자했던 것이다.

이와 같은 명분론적 상하관계의 질서를 수립하기 위해서는 기본적으로 최고통치자와 지배계급의 수신이 전제되어야 했다. 정조는 "「대학(大學)」의 평천하(平天下), 「중용(中庸)」의 천지를 도와 만물을 기른다는 것, 요임금의 지극한 공훈, 순임금의 거듭 빛남, 우임금의 성교가 사방에 이르렀던 것은 어느 것인들 성인의 커다란 사업이 아니겠는가.

그런데 그 요점을 말하면 자신을 닦는 것에 지나지 않는다. 자신을 닦는 방법을 알면 남을 다스리는 방도를 알게 되고 남을 다스리는 방도를 알게 되면 천하 국가를 다스릴 방도를 알게 된다"라고 하여 국가의 경영자는 치인에 앞서 반드시 수신의 방법을 알아야 한다고 강조했다. 조선조의 지배사상인 성리학은 수기의 학에서 경세의 학에 이르는 지배자의 개인완성의 논리로 이해되는 학문이었으므로 치인에 앞서 수신은 군주와 관료에게 보편적으로 요구되는 바였다. 따라서 내면적 수신은 행정적 능력보다도 우선시 되었던 것이다.

또한 정조는 "임금 된 자라면 다만 삼대시절 같이 못하는 것을 부끄럽게 여겨 동물, 식물 할 것 없이 비·바람·서리·이슬을 맞고 사는 것들이면 그 모두가 저들이 좋아하는 위치에서 편안하게 살 수 있게 해주고, 그리하여 아름다운 미래를 상징하는, 가령 기린·봉·거북·용과 같이 복을 불러오는 여러 사물들을 내가 마음대로 구사할 수 있을 정도가 되어야지만 비로소 천지가 제자리를 잡고 만물을 번창하게 한 공로자라고 할 수 있을 것이다"라고 하여 삼대정치의 추구와 그 재현을 백성과 만물에 대한 군주의 책임이자 의무라고까지 인식하고 있었던 것이다.

정조는 "정치를 함에 있어서 삼대의 이상적인 정치를 마음으로 삼지 않는 것은 대체로 스스로를 포기한 것이다. 더구나 임금이 요순에 미치지 못함을 부끄럽게 여기는 것은 또한 신하의 떳떳한 도리인 것이다. 요순시대와 삼대가 어찌 다시 있을 수 있느냐고 말하지 말라. 이는 진실로 이른바 '우리 임금은 할 수 없다고 하는 자를 적이라 한다'는 말에 해당된다"라고 하여 삼대의 이상적인 정치를 추구하고자 하는 자신의 의지를 피력하고 신하들의 적극적인 보필을 당부하고 있다.[86]

하지만 현실세계에 있어서 삼대정치의 재현은 현실적으로 불가능에 가까웠고 이는 정조에게 커다란 정신적 좌절감을 가져왔다. 다음의 술회는 그 실현에 대한 정조의 내적 고뇌를 보여주고 있다.

내가 처음에 기대했던 바는 반드시 요순(堯舜)과 같은 경지에 도달하는 것이었는데, 근래로 오면서 예전에 공부했던 것을 모두 잊어버린 데다 이러한 뜻도 점차 해이해지고 있으니, 시행과 사업을 가만히 따져보면 실로 처음 기대했던 것에 미치지 못한다는 탄식이 많다. 조정의 기상이 마구 무너져도 보합할 가망이 없고, 선비들의 추향(趨向)이 경박한데도 바로잡았다는 칭찬이 들리지 않고, 민생이 곤란하고 초췌한데도 생업의 터전을 마련해 줄 방도가 없으니, 당우 시대의 화락하고 자적하는 습속은 그만두고라도, 한당시절과 같은 소강의 다스림도 쉽게 할 수가 없다. 생각이 여기에 미치면 처음 먹었던 마음을 떠올리며 서글퍼하지 않은 적이 없다.[87]

정조는 통치의 목표를 삼대지치(三代至治)의 재현에 두었다. 그리고 이를 현실사회에서 성취하기 위해서는 무엇보다 군주인 자신이 학문연마에 매진하여야 했다. 또한 이러한 인식의 연장선상에서 통치계급의 수범 및 풍속의 교정을 이루어 나갔다고 할 수 있다. 정조의 이러한 덕목은 이이의 「성학집요(聖學輯要)」에서 기반하고 있다.

율곡의 통치방법론

「성학집요」에서 보이는 율곡의 통치방법론은 기본적으로 공자의 인정, 혹은 맹자의 왕도사상으로 표현되는 유가의 전통적인 민본과 위민의 정치관을 계승하는 것이다. 그리고 그 내용은 수기를 통해 안민을 위한 개혁을 실천하는 일이며, 그러기 위해서는 지배계층의 도덕성 확립이 전제되었다. 그러므로 지배계층의 대표자인 군주는 누구보다도 중요한 역할을 수행한다.

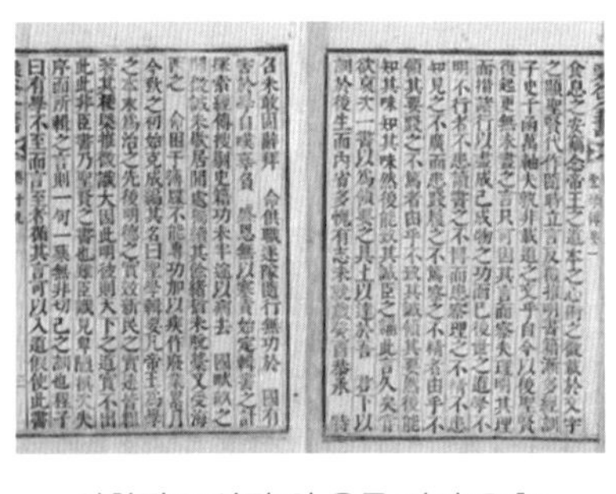

성학집요(상단)와 율곡 이이(우측)

여기에서 중요한 것은 군주라고 하여도 특별히 군주에게만 적용되는 수기의 논리가 따로 있었던 것이 아니라 서인에까지 적용되는 논리의 동일한 적용대상이었을 뿐이라는 점이었다. 따라서 군주라고 하여도 기질의 우수성을 반드시 담보하는 것이 아니므로 군주가 진정으로 힘써야 할 것이 학문을 통한 기질의 변화라고까지 주장하였던 것이다. 그리고 군주를 사대부의 일원으로 위치 지어 사대부 논리의 실현자로 설정하고 그 안에서 사대부의 논리를 따라야 하는 존재로 만들었던 것이다. 여기에서의 군신관계는 군주에 의해 일방적으로 선택 당하는 신하가 아니라 군주로서는 세상을 다스리는데 반드시 함께 필요한 존재인 동반자적 관계이자 상보적인 관계로 설정되는 것이었다.[88]

한편 현실정치론에 있어서 이이의 경우에는 정치주체의 수신과 더불어 치인을 아울러 강조하는 객관적이며 상황주의적인 견지에서 치국택민(治國擇民)의 실천적 경향을 갖는다고 할 수 있다. 즉 이이는 "학문을 성실히 하면, 기질의 편벽된 것을 바로잡아 반드시 본연지성을 회복할 수 있다"라는 기질변화론을 강조하고 있다. 이이는 이를 사회적 차원으로 전환시켜 사회경장론을 제기하였다. 즉 개인적 차원에 있어서 인간심성의 내면적 계발을 통한 도덕성의 완비뿐만 아니라, 이와 더불어 제도적·환경적 여건의 조성이 중요함을 강조하고 있는 것이었디.

율곡은 필요한 경우에는 정치운영의 현실적인 방법론으로서 왕도와 더불어 패도의 가능성도 결코 배제하지 않았다는 점을 주목할 필요가 있다. 그가 저술한 [동호문답]에서 보면, 정치주체인 군신의 역할이 역사적 조건과의 연관선상에서 평가할 필요가 있다는 전제하에 치평의 방법으로서 왕도와 패도가 있음을 분명히 제시하고 있다. 이러한 사실은 그의 사회경장론과 더불어 시의성과 역사적 현실성을 강조하는 그의 입장을 잘 반영하는 것이라고 할 수 있다.[89] 율곡의 군주관을 본 논문과 관련하여 간단히 살펴보면 <표 2-2>와 같다.

<표 2-2> 치세(治世)와 난세(亂世)의 군주상[90]

구분	치세(治世)의 군주	난세(亂世)의 군주
존재 양상	1. 군주 자신의 재지(才智)가 뛰어나서 영웅, 호걸을 잘 부린다. 2. 군주 자신의 재지는 부족하나 어진 이에게 정사를 맡긴다.	1. 군주가 자기의 총명만을 믿고 신하를 불신한다. 2. 군주가 간신의 말을 편벽되게 믿어 눈과 귀가 가려진다.
역할 수행 방법	1. 왕도(王道): 인의지도(仁義之道)를 몸소 행하여 불인인지정(不忍人之政)을 시행하고 천리(天理)의 정대함을 극진히 한다. 2. 패도(覇道): 인의의 이름을 빌려 권모술수로서 공리의 사욕을 이룬다.	1. 폭군(暴君): 많은 욕심이 마음을 흔들고 갖가지 유혹이 밖에서 침투하여 백성의 힘을 소모하며 자신만을 봉양하고, 충언을 배척하여 스스로 성스러운 척하다가 스스로 멸망에 이른다. 2. 혼군(昏君): 정치를 잘하려는 뜻은 있으나, 간사한 자를 분별하려는 밝음이 없고, 믿는 이가 어질지 못하고, 관리들은 재주가 없어서 패란이 되도록 한다. 3. 용군(庸君): 나약하여 뜻이 서지 못하고 우유부단하여 정치가 떨치지 못하며, 답습하고, 구차하게 끌려가다가 날로 쇠퇴하게 된다.

2. 정조의 위민정책

1) 인권정책: 서얼허통(庶孽許通)

정조가 추진한 개혁정책 중 높이 평가받고 있는 것이 서얼허통정책이다. 정조는 재위 2년 6월의 '경장대고(更張大告)'에서 개혁의 대의를 잘 드러내었다. "백성을 위하고" "백성들과 함께 은택을 누린다"는 위민정치론이 그것이다. 정조는 "백성은 나라의 근본이며, 하늘이 임금을 만들고 스승을 만든 이유는 백성을 위해서이며, 임금은 배이고 백성은 물"이라고 한 말에서도 그의 위민관을 확인할 수 있다. 하지만 정조는 백성들은 정치의 주체가 아니라 수혜의 대상으로 인식하였다. 그에게 있어서 정치의 주체는 국왕과 사대부로서 그 중심적 역할을 국왕에게 설정하였다. 사대부는 다만 보조적인 역할에 그치고 있다고 생각했다.91)

정조는 임금과 신하, 그리고 백성과의 관계를 "달빛·구름·산하"에 비유하면서 달빛과 산하 사이에 구름이 가리지 않아서 밝은 달빛이 "산하"를 환히 비추는 것을 좋은 정치로 생각하였다.92) 말하자면 "한 집안 사람"이자 "다 같은 동포"인 신민들이 오복을 누리며 살 수 있도록 아버지이자 스승인 국왕 자신이 적극적으로 역할해야 한다는 것이다.93) 서얼허통이나 노비제 폐지 등의 개혁 시도는 바로 이 같은 맥락에서 이해할 수 있으며, 각종 개혁 정책 역시 마찬가지이다.

서얼허통정책

정조시대 '서얼허통정책'은 바로 이 같은 "백성은 나의 동포"요 "한집 식구"로 보는 정조의 백성관에서 비롯되었으며, 유능한 인재를 고루 등용한다는 임용 방침에 따라 취해진 것으로 보인다. 영조시대부터 중요한 정치적 쟁점이 된 서얼허통의 문제는 관직의 수가 양반 수에 크게 못 미친다는 사실과, 사대부 집안 내 적·서자간의 다툼과 혼란으로 수용되지 못했다.

정조는 재위 1년 3월에 "필부가 원통함을 품어도 하늘의 화기를 손상시키기에 충분한 것인데 하물며 허다한 서류(庶流)들의 원통함을 이대로 방치시킬 수 있겠는가"라고 지적하였다. 그리고 서류 중에서 "뛰어난 재

주를 지닌 선비"와 "나라에 쓰임이 될 만한 사람"을 임용하라는 '서류허
통절목(庶流許通節目)'을 공표하였다.94)

　서얼허통정책을 반발하는 사족들이 반이나 될 정로 많은 상황에서 정
조는 서얼허통을 계속적으로 독려하였다. 그리고 지속적으로 서얼허통
정책을 추진하여 "선천내금위(宣薦內禁衛)를 중인과 서얼들로 뽑도록 하
고",95) 이덕무(李德懋)·박제가(朴齊家)·유득공(柳得恭) 등 서얼 출신들을
규장각 검서관으로 등용하는 등 적서에 구애됨이 없이 유능한 인재를
적극 등용하였다.

만민평등의 세상을 위하여

　정조는 즉위 후 노비제도에 대한 개혁조처를 단행하였다. 정조는 앞
서 서얼허통정책에서 설명하였듯이 "백성은 나의 동포"요 "한집 식구"
로 보는 정조의 백성관을 지니고 있었다.96) 이러한 백성관과 애민정신
은 단지 양인에게만 그치는 것이 아니라 사회에서 가장 천대받는 노비
에게까지 그 영역을 확대하였다.

　정조의 즉위 직후 노비제에 대한 첫 번째 초치는 노비추쇄관의 혁파
로 나타났다. 정조는 즉위 5월에 조선초기부터 지속되어 오던 내노비(內
奴婢) 추쇄를 위해 내수사에서 추쇄관을 파견하는 것을 중지하게 하였고,
다음 해 2월에는 비변사에서 이를 실행하기 위한 팔도내노비추쇄혁파
절목(八道內奴婢推刷革罷節目)을 마련하게 지시하였다.97)

　실제 내노비 추쇄관 혁파는 다양한 공노비에서 내수사 노비만을 대상
으로 한 것이었기에 노비제 혁파라는 큰 목표에 비추어 보면 하나의 미
미한 사안에 불과하다고 할 수 있다. 그러나 이는 정조가 노비문제 해결
에 대한 성의를 일차적으로 표방하고 있다는 상징적인 의미가 있다고
하겠다.98)

정조시대에는 정조의 의중을 간파한 개혁 세력들이 공노비에 대한 철
폐를 주장하기 시작하였다. 이들의 주장은 대체로 노비나 양인이나 백
성이기는 마찬가지이고 포는 양인의 포를 받아쓰는 것과 마찬가지이니
노비라는 명목을 없애고 '봉족(奉足)' 등과 같은 명칭을 부여하고, 신역도
당대에 한하자는 내용이었다.

이에 정조는 즉위 8년에 각 도마다 노비제도 개혁안에 대해 제도 정비
에 대책을 논의하라 지시하고 대안에 대한 본격적인 토론에 들어갔다.
이것이 바로 제1차 노비제 개혁논의였다. 이 당시 논의된 내용은 주로
세 가지로 노비제도의 일정 보완을 하자는 주장이 있었으나 경기감사
심원지와 경상감사 이병모는 노비의 신분을 1대에 한정하고 나머지는
혁파하자는 주장을 제기하였다. 이는 서구사회에도 논의조차 진행되지
않았던 파격적인 내용이자 사회 신분구조 전체를 바꿀 수 있는 파격적
인 내용이었다.

그러나 당시 권력기구였던 비변사가 노비제도 폐지는 너무나도 변화
가 큰 개혁이라며 반대하는 소극적 자세를 취하였고, 아직 권력을 장악
하지 못한 정조 역시 이 의견을 따를 수밖에 없었다.[99]

그러나 정조 14년 남인 출신인 어사 최현중이 국가 소속의 노비 명목
을 없애고 대신 양인들로 보충하자는 노비 개혁 의견을 제시하였다. 이
에 좌의정 채제공과 우의정 김종수는 모두 개혁의 필요성은 인정하나
약간의 문제점이 있기에 반대의 입장을 표명하였다. 이에 정조는 두 정
승에게 자신의 개혁 입장을 설명하고 자신을 도와주기를 부탁했다.[100]

노비문제의 심각성을 여실히 느껴오던 정조는 이 시기가 개혁의 적절
한 시기라고 판단하여 노비제도 개혁방안에 대한 지시를 강구하였다.
이것이 제2차 노비제 개혁 논의이다.[101] 물론 이 시기에도 각 붕당간의
이해와 정조와의 이해관계에서 노비제 개혁논의에 대한 공방이 이어졌
다. 노비제도 자체를 혁파하고자 하는 정조의 의지만으로 해결될 수 있

는 내용이 아니었다.

오랫동안 노비제의 개혁 논의가 잠복하여 있다가 정조 말년인 22년에 노비제 개혁 논의가 본격적으로 이루어졌다. 1차로 공노비 중 가장 많은 인원을 차지하는 사노비[102] 혁파 주장에 대해 정조는 장문의 답변을 통해 사노비를 혁파하고 보인이 이름으로 대신 받아들인 예가 있다면 그대로 하라고 지시하며, 다른 노비들에 대한 방안도 강구하라고 지시하였다.[103] 보인은 봉족이라고도 하며 조선 초기 국역(國役) 편성의 기본 조직으로 정정(正丁: 16세 이상 60세 이하의 장인 남자)을 돕게 하던 제도. 즉 정정 1인에게 도움을 주는 사람을 주어 그들로 하여금 재력을 내게 하여 정정이 국역을 입역(立役)하는 데 그 역을 직접 담당하지 않은 나머지 정(丁)으로 봉족을 삼아 입역을 위한 비용을 마련케 하였다. 따라서 국역을 지는 정정은 봉족의 도움을 얻어야만 부과된 역을 담당할 수 있었다.

이어서 3차 노비제 개혁 논의가 진행되었으며 자신의 입장을 대변하는 공방이 계속되었다. 그러나 시대적 흐름 속에 제3차 개혁 논의에서는 내시·상의원 노비를 혁파하여 양정(良丁)으로 보충하는 것을 원칙으로 결정하였다. 정조는

수원화성의 한가로운 모습

이에 한 걸음 나아가 노비제도 전반에 걸친 개혁을 추구하고자 하였으나 갑작스러운 죽음으로 완전한 노비제도 혁파를 단행하지 못하였다.[104]

정조의 노비제도 혁파 구상은 200여 년 전 인간 평등의 사상을 구체적으로 실현하고자 한 것으로 현대 정치 및 행정에서 많은 교훈을 받아야 할 내용이다.

2) 경제정책: 신해통공

정조는 규장각을 중심으로 성왕론과 경장론의 확산을 추진하면서 본격적인 경제분야의 경장을 추진하였다. 그것이 바로 '신해통공(辛亥通共)'이다. 금난전권(禁難廛權)을 혁파하는 혁신적인 내용인 재위 16년의 신해통공은 바로 이처럼 "일을 일답게 해보려는"국왕 정조의 개혁의지와 시장질서의 변경을 통해 새로운 정치질서를 형성하려는 채제공의 의도가 결합되어 취해진 조치였다.105)

경제적 특권의 철폐

금난전권은 조선 후기 육의전(六矣廛)이나 시전상인(市廛商人)이 난전(亂廛)을 금지시킬 수 있었던 권리. 일종의 도고권(都賈權)이다. 국역(國役)을 부담하는 육의전을 비롯한 시전이 서울 도성 안과 성저십리(城底十里: 도성 아래 10리까지) 이내의 지역에서 난전의 활동을 규제하고, 특정 상품에 대한 전매 특권을 지킬 수 있도록 조정으로부터 부여받았던 상업상의 특권을 말한다. 금난전권의 근본적인 문제는 왜곡된 시장질서의 형성은 물론 음성적인 정치자금의 원천이었다. 정조의 신해통공은 이런 문제의 근본족인 해결책이었다.

물론 생산자와 소비자를 서로 통하게 '통공' 하여 백성들을 부유하게 만들려는 통공조치가 정조시대에 처음 나타난 것은 아니었다. 이미 18세기 전반부터 통공조치는 나타나기 시작했으며 정조시대에 들어서도 병오년(1786)과 신해년(1791), 그리고 갑인년(1794)에 세 차례에 걸쳐 시행되었다.

이전의 통공조치가 부상들의 반발과 권세가들의 비호아래 실질적인 효과를 거두지 못한 데 비해, 신해년의 통공조치는 국왕의 강력한 의지와 측근 신하들의 지지를 기반으로 개혁의 효과를 거둘 수 있었다. 뿐만 아니라 신해통공은 잇따른 후속 조치를 통하여 새로운 시장 질서를 구축해놓았다는 점에서 이전의 통공조치들과 구분된다. 정조실록에 기록된 구체적 내용은 다음과 같다.

1. 도성에 사는 백성의 고통으로 말한다면 도거리 장사(都買＝都庫)가 가장 심합니다. 우리나라의 난전을 금하는 법은 오로지 육의전으로 하여금 위의 나라의 수요에 부응하게 하되 그들로 하여금 이익을 독차지하게 하자는 것입니다. 그런데 요즘 빈둥거리며 노는 무뢰배들이 삼삼오오 떼를 지어 스스로 가게 이름을 붙여놓고 사람들의 일용품에 관계되는 것들을 제각기 멋대로 주관합니다. 크게는 말이나 배에 실은 물건부터 작게는 머리에 이고 손에 든 물건까지 길목에서 사람을 기다렸다가 싼값으로 억지로 사는데, 물건 주인이 말을 듣지 않으면 곧 난전이라 부르면서 결박하여 형조와 한성부에 잡아넣습니다. 이 때문에 물건을 가진 사람들이 간혹 본전도 되지 않는 값에 어쩔 수 없이 눈물을 흘리며 팔게 됩니다. 이후 무뢰배들은 제각기 가게를 벌여놓고 배나 되는 값을 받는데, 평민들이 사지 않으면 그만이지만 부득이 살 수밖에 없는 사람은 그 가게를 버리고서는 다른 곳에서 물건을 살 수가 없습니다. 이 대문에 그 값이 나날이 올라 물건값이 비싸기가 신이 젊었을 때에 비해 3배 또는 5배가 됩니다. 근일에 이르러서는 심지어 채소나 옹기가지도 가게 이름이 있어서 사사로이 서울 물건을 팔고 살 수가 없으므로 백성들이 음식을 만들 때 소금이 없거나 곤궁한 선비가 조상의 제사를 지내지 못하는 일까지 자주 있습니다.

2. 이와 같은 모든 도거리 장사를 금지한다면 그러한 폐단이 중지될 것이지만 입을 다물고 있는 것은 단지 원성이 자신에게 돌아올까 겁내는 것에 지나지 않습니다. 옛사람들이 말하기를 "한 지방이 통곡하는 것이 한 집안만 통곡하는 것과 어찌 같으랴" 하였습니다. 간교한 무리들이 삼삼오오 떼지어 남몰래 저주하는 말을 피하고자 도성의 수많은 사람들의 곤궁한 형편을 구제하지 않는다면, 나라를 위해 원망을 책임지는 뜻이 어디에 있겠습니까.

3. 마땅히 평시서(平市署)로 하여금 20, 30년 사이에 새로 벌인 영세한 가

게 이름을 조사해내어 모조리 혁파하도록 하고, 형조와 한성부에 분부하여
육의전 이외에 난전이라 하여 잡아오는 자들에게는 벌을 베풀지 말도록 할
뿐만이 아니라 반좌법(反坐法)을 적용하게 하시면, 장사하는 사람들은 서로
매매하는 이익이 있을 것이고 백성들도 곤궁한 걱정이 없을 것입니다. 그 원
망은 신이 스스로 감당하겠습니다.[106]

경제개혁을 통한 투명정치 유도

신해통공의 내면적인 이유는 정조의 왕권강화를 추구하고자 하는 의
도 역시 존재한다. 시전 상인으로 대변되는 특권 상인들이 당시의 세도
가인 노론 세력과 정경유착을 통해 정치자금의 공급원이 되고 있었으므
로, 남인 재상 채제공은 이를 타파하는데 앞장서서 육의전을 제외한 나
머지 시전상인의 금난전권을 철폐, 개인적 상업 행위를 보장해주었
다.[107] 비단·무명·명주·종이·모시·어물을 팔던 육주비전(六注比廛)
은 16세기말 서울의 상권을 장악했고 조선후기에는 수공업자들을 지배
하면서 대자본을 형성하였다.

그러나 상업 활동의 전반적인 활성화에 힘입어 난전 활성화 정책인
신해통공이 발효되자 상인들은 육의전의 상품이 아닌 것을 자유롭게 판
매할 수 있어 시전 이외에 새로운 상권이 형성되었다. 동대문 시장의 전
신인 배오개(梨峴)시상과 남대분 밖 서울역 부근의 칠패(七牌)시장, 종로
부근의 종루 등 3대 상가가 생겨났다. 이들은 일반 국민들을 대상으로
국산품과 수입품을 다양하게 취급했고, 서울은 국제적인 상업 도시로
성장하여 번영을 구가했다.

이러한 난전 활성화 정책은 국가 기획으로 운영되던 기타 사업의 민
영화 정책과도 같은 맥락에서 이해된다. 다시 말해 기간산업은 국가의
기획과 관리에 두되 세부 산업은 시대의 변화에 조응하여 자율화와 개
방화를 허용함으로써 백성들의 경제력 향상을 추구하였다.

3) 법률정책: 흠휼전칙

정조시대 형률완화정책으로 추진한 흠휼전칙(欽恤典則)은 정조의 위민정책 중에서 형벌의 남용을 방비하여 악형에 의한 백성들의 육체적 고통과 정신적 고통을 줄여주고자 했던 매우 획기적인 정책이었다. 실제 조선이 건국된 이후 양반에 대한 신체형은 형식적으로만 존재하였다. 그럼에도 불구하고 일반 백성들과 천인들에 대한 신체형은 매우 가혹하여 작은 고을의 관아에서 사소한 사건으로 형을 받는다 하더라도 신체적 고통은 매우 심하였다.

인권존중의 서막

이에 정조는 즉위 직후인 1777년 6월에 「형구정정륜음(刑具整正編音)」을 내리고 형구의 규격을 정하고 형구사용 범위를 명시한 「흠휼전칙(欽恤典則)」을 편찬할 것을 지시하였다.108) 1778년(정조 2) 형구(刑具)의 규격 및 품제를 정해 준행하도록 조처한 율서를 반포하였다.

이에 홍국영 등이 대명률과 경국대전·속대전(續大典)을 비교, 참작해 각 형구의 규격과 형의 경중에 따른 품제를 정하였다. 1778년 정월 간행하여 새로이 만든 유척(鍮尺)과 함께 경외에 반포하였다.109) 유척은 암행어사가 마패와 더불어 상징물로 가지고 다니던 자로, 세상의 올바른 것을 자로 잰다는 의미를 가지고 있다.

정조는 흠휼전칙을 반포하면서 아래와 같은 의지를 대내외에 천명하였다.

> "송나라 예조는 옥리에게 명하여 5일에 한번씩 감옥을 점검해 보았다. 그리하여 감옥을 청소하고 형구를 세척하게 하는가 하면 가난한 자에게는 먹

을 것을 지급하고 병든 자에게는 약을 지급하며 작은 죄를 지은 자는 즉시 소결해서 보내도록 하였으니, 송나라가 수백 년 동안 면면히 기업을 이어간 것은 여기에서 그 기틀이 잡힌 것이라 아니라고 할 수 없다. 아. 너희 유사의 직책을 맡은 신하들은 마땅히 두려워하라. 승지를 *法府* 와 *法曹*로 보내어 태(笞)·장·枷·유(杻, 쇠수갑)가 규정과 같지 않은지 살펴보게 하라.”110)

이와 같은 정조의 의지를 통해 조선후기 형률은 획기적으로 변하였다. 흠휼전칙의 본집에서 형구지식(刑具之式)과 곤제지식(棍制之式)은 종합적인 총론에 해당되는 부분으로, 각 형구의 규격과 형을 집행하는 주체를 등급별로 규정하고 있다. 아울러 조종(祖宗)의 성헌(成憲)인 경국대전·속대전의 관계 규정과 함께 당시 실정법으로서 함께 준용되어오던 대명률의 관계 조항도 함께 수록하고 있다. 이는 이 책의 편찬이 새로운 법규의 제정을 지향하기보다는 옛 법을 참작해 준행하고자 했던 편자의 의지를 나타낸 것이라 할 수 있다.111)

이 흠휼전칙을 통한 형벌제도의 완화는 18세기 후반 형사사법제 개혁의 한 성과로 이해 할 수 있으며, 현대사회의 법 제도 정비와 연관 지어서 이해할 수 있다. 나아가 정조의 흠휼전칙은 조선 인권제도의 획기적 개선을 이끌었다고 평가할 수 있다. 18세기 문화국가 조선은 이렇게 근대성의 출발이기도 했다.

4) 복지정책: 자휼전칙

조선후기의 민중들은 상, 하의 관리들로부터 가해지는 폐단과 더불어 자연 재해까지 심화되어 고통스러운 삶을 유지하였다. 정조시대 역시 우박, 해일, 홍수, 기근, 전염병 등 끊임없이 민중의 삶을 위협하였다.

조선시대 아동복지정책이 법령으로 나타나고 있다. 아동복지에 관한 사항이 나온 법령으로는 경국대전 혜휼조(惠恤條)와 1696년(숙종 21)의 수양임시사목(修養臨時事目), 그리고 1783년(정조 7)에 제정, 반포된 자휼전칙(字恤典則)이다.

그러나 조선 초기 버려진 아동 구휼은 중앙정부와 지방정부간의 원활한 의견교류가 이루어지지 않아 주로 한성부를 중심으로만 이루어졌다. 따라서 숙종 때의 임시수양사목에 의한 아동 구휼은 지역의 확대와 더불어 관료들이 아닌 지역의 유지가 구휼할 것을 지시하였다.

국가주도의 복지정책 추구

정조는 즉위하면서 이전의 유기아나 행걸아의 구휼법령들에 비해 국가의 책임영역확대를 큰 특징으로 하고 있다. 즉, 이전 법령들의 일관된 내용인 민간수양원칙이 여기에 이르러서는 더 이상 원칙으로 남아있게 할 수 없었다. 반대로 부분적이기는 하나 유기아나 행걸아의 구제에 있어서 국가의 보호책임으로 강조하고 있다는 것을 알 수 있다.[112]

자휼전칙(字恤典則)은 조정에서 흉년을 당하여 10세 이하의 어린이들이 걸식하거나 버림받아 굶주림으로 이들이 부모나 친척 등 의지할 곳을 찾을 때까지 구호하고 또 자녀나 심부름꾼이 없는 사람들로 하여금 수양하게 하였다. 정조는 윤음과 함께 조례를 정하여 국한문으로 인쇄하여 서울을 비롯한 전국에 반포하여 영구히 시행하도록 하였다.

이 규정은 총 9개조로 이루어졌으며 구호대상자인 행걸아는 부모나 친척 또는 상전이 없어 의탁할 수 없는 4세부터 10세까지의 어린이이며, 유기아는 3세 이하의 유아이다. 행걸아는 진휼청(賑恤廳)에서 구호하여 옷을 주고 병을 고쳐주어야 하며, 날마다 1인당 정하여진 분량의 쌀과 간장, 미역을 지급하였다. 유기아는 유모를 정하여 젖을 먹이고 유모나 거두어 기른 사람에게도 정하여진 분량의 쌀과 간장, 미역을 지급하며, 어린 아이를 기르고자 원하는 자는 진휼청의 입안을 받아 자녀로 삼

을 수 있게 하였다.[113]

이 자휼전칙의 반포와 시행은 정조의 애민정신을 상징화하는 정책으로 그 어떤 구휼정책보다 의미가 있다고 하겠다. 특히 아동을 국가에서 책임지어야 한다는 정신이 내포되어 있어 현재의 유기아 정책보다 오히려 앞서는 정책이라 할 수 있다. 정조는 이 정책 뿐 아니라 경제적 어려움으로 결혼하지 못하는 30세 이상의 남녀를 지방 수령의 책임 하에 결혼시키게 하는 법률까지 제정하는 등 소외계층에 대한 전면적인 개혁정책을 단행하였다. 이와 같은 정조의 위민정책들은 오늘날의 복지정책의 방향에도 많은 시사점을 줄 수 있다고 사료된다.

정조의 군주권 확립과 통합정책

1. 화성축성을 통한 군주리더십의 확립

1) 화성축성의 배경과 경과

세계문화유산 수원화성

1997년 세계문화유산에 등재될 정도로 역사적인 위상을 갖고 있는 화성 건설은 우연한 계기로 이루어진 것이 아니었다. 화성건설은 정조 즉위 후부터 지속되어 온 개혁의 완성을 위하여 축성한 것이다. 정조는 다양한 개혁 정책을 추구하였으나 정치권 내부 제 집단 간의 권력관계로 인하여 본인이 추구하는 개혁정치를 완성할 수 없었다.

따라서 개혁추진을 위해 정조가 할 수 있는 마지막 일은 정치력으로 개혁반대론을 제압하는 일이었다. 이러한 상황에서 개혁의 마지막 대안으로 이루어진 것이 화성축성과 수원육성이었다.[1]

1762년(영조 38) 사도세자의 죽음 이후 정치적 위기를 맞은 정조는 왕위에 오른 이후까지도 반대 세력의 위협 속에 불안한 나날을 보내야 했다. 형식적으로는 사도세자의 형인 진종(眞宗, 孝章世子)의 후사로 국왕이 되었지만, 사도세자의 아들이므로 '죄인'의 사식이라는 멍에는 늘 따라다녔다. 특히 즉위 후 '역적지자 불위군왕(逆賊之子 不爲君王)'이라는 8자 흉언(八字兇言)이 돌아 정조에게 매우 큰 정치적 타격을 주기도 하였다. 따라서 정조는 왕조의 중흥은 자신의 왕권이 확립된 이후에 가능하다고 판단했고, 왕권의 확립을 위해서는 사도세자의 복권이 필수적이라고 판단했다.[2]

정조가 즉위하자마자 창덕궁 인근에 경모궁(景慕宮)을 설치하고 사도세자의 신위를 모신 것은 바로 그런 이유 때문이었다. 매달 경모궁을 방문하면서 사전 정지작업을 해왔던 정조가 1789년 천하명당지라는 화산(花山) 아래에 현륭원을 조성한 것은 사도세자의 복권 작업이 새로운 단계로 들어섰음을 의미했다. 이후 수원 읍치의 이전, 화성유수부로의 승격, 장용영외영의 설치, 화성성곽의 건설, 혜경궁의 회갑 잔치 등 연차적으로 이어지는 일련의 조치들은 바로 정조가 바로 자신의 정통성과 업적을 과시하기 위해 치밀하게 기획된 것이었다.3)

정조는 화성건설과정에서 화성은 '사도세자의 원침을 호위하고 행궁(行宮)을 보호하기 위해' 건설되었다고 신료들에게 강조했다. 다시 말해 화성의 건설은 바로 사도세자의 복권을 통해 자신의 정통성을 굳건히 하고, 훗날 자신의 왕위 양위 후 거처할 수원, 개혁정치를 실현할 군왕인 본인을 지키고자 하는 뜻을 보여준 것이다.

갑자년(1804) 구상

갑자년 구상으로 불리는 1804년 정조의 왕위 양위에 대한 문제는 현재까지 구체적 논의로서 이루어지지 않고 다만 혜경궁 홍씨의 '한중록(閑中錄)'에 일부 기술된 내용으로 갑자년 구상을 추정할 따름이었다.

즉, 정조는 어머니인 혜경궁 홍씨가 칠순이 되고 왕세자가 15세가 되는 갑자년인 1804년에 왕위를 아들 순조에게 넘겨주고 자신은 현륭원과 가까운 화성행궁에서 어머니를 모시고 살겠다는 계획을 가졌다. 정조가 왕위를 물려주고 수원으로 은퇴하고자 한 것은 다름 아닌 사도세자의 왕으로의 추존 때문이었다.

정조는 사도세자를 복권하는 최선의 선택은 자신이 왕위를 물려주고 수원으로 내려가는 길이라고 판단하였다. 정조는 이러한 뜻을 수차례에 걸쳐 혜경궁과 신하들에게 강조하였다.

"삼가 생각하건데 혜경궁(惠慶宮)에서 지어 내려 보낸 책에는 다음과 같은 정조의 말씀이 있습니다. 元子가 나서 甲子年이 되면 15살이 되어 임금의 자리를 전 할 수 있을 것이니 임금 자리를 전한 후에 나는 어머니를 모시고 華城으로 옮긴 다면 景慕宮에서 시행하지 못한 일도 펴일 방도가 있을 것이다. 나는 영조의 지시를 직접 받았으므로 감히 따르지 않을 수 없다. 끝없이 원통하기는 하지만 그것도 하나의 의리이다. 오늘 여러 신하들이 나의 의리를 따라서 감히 의논하지 못하는 것도 의리이며 다른 날 여러 신하들이 새 임금의 의리를 따라 받들어 가는 것도 역시 의리이다. 그리고 현륭원의 誌文을 친히 지었는데 거기에 씌여 있기를 '맏아들을 기다려서 중대한 일을 맡겨 크게 보답하는 소망과 축원을 이루게 될 것이다.'라고 하였습니다."4)

정조는 영조의 허물을 드러내지 않으면서 사도세자를 왕으로 추존할 수 있는 길은 자신의 양위뿐이라고 판단하였다. 또한 1789년 사도세자의 현륭원을 수원으로 옮기는 순간부터 순조를 낳아 자신의 의지를 실천하고자 하였다. 정조의 화성 건설을 통한 양위 의지는 현륭원 천봉(遷奉) 이전부터였다고 할 수 있다.

정조는 양위 후 화성으로 노후에 거처를 옮기고 사도세자를 복권 한 것으로서 자신의 역할을 다하고자 했던 것이 아니었다. 사도세자의 복권은 자신의 정통성을 마지막으로 확인시켜주는 일이었기에 더 이상 명분상의 제약이 사라지게 되는 것이다. 정조가 화성행궁에 조정에서 제작한 중요 문헌들을 화성행궁으로 보낸 것은 말년에 단순하게 독서로 소일하고자 하는 것이 아니라 원대한 정국구상을 이루기 위한 하나의 포석이었다.

이로써 자신이 추구하는 개혁을 완벽하게 추진할 모든 준비가 갖추어지는 것이라 할 수 있다. 정조의 화성 건설의 마지막 속내는 바로 이것이었다.

박명원의 상소로 시작된 대역사

정조는 25세인 1776년에 국왕으로 즉위하였고, 1789년(재위 13)에 왕권의 안정을 어느 정도 이루자 숙신(戚臣)인 박명원(朴明源)의 상소를 계기로 당시 양주 배봉산에 있던 사도세자의 영우원을 옮기기로 하였다. 실제 정조는 영우원의 형국이 옅고 좁다고 여겨 즉위 초부터 이장할 뜻을 가졌으나, 너무 신중한 나머지 이를 실천에 옮기지 못하였다. 이를 오랫동안 지켜보았던 박명원은 정조의 의중을 파악하고 영우원을 이장하자는 상소를 올렸다.5)

이에 정조는 영우원의 풍수지리상 문제점을 논하고 이미 오래전부터 영우원을 천봉할 의지가 있었음을 신료들에게 천명함과 동시에 영우원의 문제점을 지적하며 천봉하기 위해 전국 여러 지역을 제사하였다. 그 중 정조는 유일하게 수원 읍내의 능원지를 칭찬하였다. 당시 수원 읍내에 국능(國陵)으로 치표(置標)하였던 곳은 세 곳이나 있었다. 그 중에서도 정조는 수원부 관아(官衙) 뒤의 봉표처(封標處)를 선호하였다.

7월 12일에 정조는 수원 지역민들에게 생업에 계속 종사하며, 이사를 함에 있어 그에 따른 구휼을 할 것임을 알려주게 하였다.6) 이는 수원으로 천원함이 비단 자신과 자신의 가족만을 위하는 것이 아니며 수원 백성들의 안정을 먼저 생각한다는 것을 보여주기 위함이었다.

8월 9일 신원(新園)의 원호를 의논을 통하여 '현릉(顯隆)'이라 정했는데,7) 이는 '현부(顯父)에 융성하게 보답한다'는 의미였다. 현륭원의 공역은 10월 16일에야 완공되었는데, 이장할 때 소요된 총 경비는 184,600여兩, 쌀 6,326석, 목면 279同, 布가 14동이었다.8) 현륭원 천봉이 계획될 때 정조는 영릉(寧陵, 효종) 이후 사용하지 못하도록 규례화 되었던 난천석(欄干石)을 제외하고, 모든 석물은 광릉(光陵, 세조)의 예에 따를 것을 하교한 바 있었다.9)

수원 신읍을 팔달산록으로 정하니 창덕궁에 수원 신읍의 거리는 70리였다. 이때를 전후해서 정조는 신읍치로 이전에 따른 부내에 새로운 관아와 민호(民戶)를 건설하고, 도시기반시설을 영건(營建)하기에 앞서 민생문제를 원활히 추진하기 위하여 다음 몇 가지의 행정적인 읍민대책을 강구하도록 하교하였다.[10]

첫째, 구읍민들의 이주비용으로 균역청(均役廳)의 돈 10만 냥을 수원부에 내려 주어 백성을 옮기고 곡식을 옮기는 비용에 보태 쓰도록 할 것.

둘째, 수원부에 맞닿은 광주부의 일용·송동 양면을 수원부에 이속시킬 것.

셋째, 수원부에 구금되어 있는 모든 죄수들은 죄의 경중을 가리지 않고 모두 특사로 석방시키는 한편, 수원읍민으로서 유배 중에 있는 자도 죄의 경중을 묻지 않고 모두 특사 귀환하도록 하는 특례를 각 유배지의 수령·방백에게 하명하고, 이러한 뜻을 민간에 널리 알리도록 할 것.

넷째, 원소 부근의 면리와 신읍치로 이주하는 민인들에게 10년 동안 무과세의 특전과 500결을 급복하고 신환곡을 탕감해 주었으며, 또한 수원부의 각 면리 민인들에게는 복호(復戶) 1년을 급여하고 구환곡 중 가장 오래된 환곡 3년조를 탕감케 해줄 것.

복호는 조선시대 세금을 면제하여 주는 제도이다. 본래 복호라 함은 잡역만을 면제하도록 되어 있으나 수령들이 그 뜻을 모르고 전세(田稅)·공부(貢賦)까지 면제하는 사례가 많았고, 여러 궁가(宮家)의 복호 남용이 많았다. 이에 1629년(인조 7)에는 왕명으로 이를 엄히 할 것을 신명(申命)하였다. 대동법(大同法) 실시 이후에는 전결(田結)에 따른 호세로 잡역 이외에도 대동미 공출을 면제해 주었는데, 급복(給復)이라 하여 전세 외에 대동미와 잡세를 면제받을 특수한 군호(軍戶)에 대해 그것을 산출한 토지가 없는 자에게 생산할 토지를 지급하기도 하였다. 정조의 이 같은 결정은 수원읍을 팔달산으로 옮기기 이전부터 정조는 새로 이전되는 새 읍 터를 오래 전부터 염두에 두고 있었던 것 같다. 현륭원의 천원과 읍치의 이전, 그리고 신도시의 건설은 유형원의 선견지명과 경륜에 크게 영향을 받았다고 할 수 있다.[11]

반계 유형원의 수원 신읍치 건설의 의중을 반영한 정조는 원소의 산역이 시작되던 1789년 7월 하순부터 구 읍치의 관아와 민가, 묘소의 철거작업이 시작되어 10월 4일 양주 배봉산의 영우원을 떠난 영구가 10월 7일 신원인 화산에 무사히 도착, 현륭원에 안장됨에 따라 신읍치의 건설 계획도 한층 가속화될 수 있었다.

수원부는 수원부사 조심태의 견해대로 삼남으로 통하는 요로이다.[12] 구 수원은 도성을 수호하는 도호부의 하나로 바다를 통해 침입하는 적을 막기 위해 사방이 산으로 둘러쌓인 효과적인 지세를 선택한 것이다. 사람의 원활한 소통보다는 도성을 지키는 군사도시답게 산으로 둘러쌓인 패쇄적인 형세를 취하고 있던 것이다.[13]

여기에 비해 새로 옮겨 온 팔달산 아래는 삼면이 넓게 개방돼 있고 지형도 평탄하여 서울에서 남쪽으로 가는 큰 길을 내기에 알맞았다. 도시 이전을 준비하면서 현장에 다녀온 이곳이 삼남의 대로로 사람들의 생활과 제반 물리가 크게 승하다는 점을 이점으로 들었다.[14]

화성건설의 시작

화성건설은 이미 1790년(정조 14)부터 준비되었다. 정조 14년 6월 10일 부사직(副司直) 강유(姜游)는 수원에 성을 쌓고 참호를 설치하여 유사시에 대비하기를 건의하였다. 하지만 강유의 축성 건의는 조정에서 논의된 이후 구체적인 결실을 보지 못하였다.

이후 축성과 성제에 대한 논의는 국왕을 비롯한 조정의 대 · 소 신료

들 사이에서 한층 공론으로 구체화되었다. 즉, 1792년(정조 16) 겨울 홍
문관 수찬 정약용이 왕명을 받들어 수원성의 규제를 지어 올리니,15) 이
것이 바로 축성에 관한 보다 구체적인 초기의 계획안이었다. 1792년 겨
울, 정조는 다산을 따로 불러 새로 조성한 수원부에 설치할 축성계획안
을 작성해 보라는 명을 내리고 다산의 계획안은 이듬해 봄에 모두 7편의
글을 작성하여 왕에게 바쳤으며, 곧 성설(城說), 옹성도설(甕城圖說), 현면
도설(懸眠圖說), 포루도설(砲樓圖說), 누조도설(漏槽圖說), 기중도설(起重圖說),
총설(總說) 등이 설계된다. 이중 성설에서 다산은 화성의 전체규모를
3,600步로 잡았으며 각 도설에서 화성의 기본적인 형태와 규모, 각종방
어시설 그리고 축성공사와 조경에 관련된 공사 방법 등을 제시하였다.
이 계획안에서 다산은 여러 학자들의 의견을 수렴하여 기본적인 설계를
하였음을 밝히고 있다. 다산이 정조에게 올린 「성설(城說)」이 이후에도
수정과 보완의 절차를 거친 것인지는 분명하지 않으나, 대체로 그 큰 줄
거리는 정조 16년 겨울에 입안된 것이 거의 확실하며, 이 계획안은 뒤에
『화성성역의궤(華城城役儀軌)』권 1, 「어제성화주략(御製城華籌略)」의
기본 뼈대를 이루었을 것으로 보인다.16)

　정조는 성역과 신도시 건설을 주관총찰(主管摠察)할 총리대신에는 초
대 유수를 지낸 영중추부사(領中樞府事) 채제공을, 그리고 수원부사를 거
쳐 훈련내상으로 재임 중에 있던 조심태를 제3대 수원유수 겸 감동당상
(監董堂上)에 임명, 성역을 전담케 하였다. 이 날 새로 임명된 감동당상 조
심태의 장계에 대하여, '공사를 감독하는 최선의 방법은 물동계획을 기
동성 있게 처리할 것'과 '치밀한 계획을 세워 소신있게 추진할 것'을 당
부하고 있다.17)

　그리고 정조는 연석에 동석한 채제공 등 조신들에게 우리나라와 중국
의 성제를 본뜨고, 또한 스스로 '널리 고증하고 자세히 연구하여 후인들
로 하여금 오늘의 조정에 인재가 많았음을 알게 하도록 힘 쓸 것'을 강조

하는 등[18] 화성 성역이야말로 당대인들이 온갖 경륜을 투영하여 이룩해야 할 최대의 사명이며, 역사적 사업임을 상기시켰다.

1789년 수원 신읍치 이전부터 구상되고 진행되던 화성성역은 마침내 1794년(정조 18) 1월 15일 정조의 하명에 의해 본격적으로 시작되었다.[19]그리고 자신의 화성건설의 숨은 뜻을 온 신료와 백성들에게 나타내었다.

"이 사업은 수원부가 기호의 요충지라고 해서 하는 것이 아니며, 5,000병마의 무리가 있다고 해서 하는 것만도 아니다. 한편으로는 선침(仙寢)을 위한 것이며, 또 한편으로는 행궁을 위한 것이다. 마땅히 민심을 즐겁게 하고 민력을 덜어주는 것에 힘써야 할 것이며, 조금이라도 백성들을 괴롭히는데 가까운 일이 있다면 비록 공사가 하루를 못 가서 이루어진다 할지라도 나의 본의는 아니다."[20]

신도시의 건설

화성성역은 단순히 도시 주변에 성벽을 쌓는 것에 그치지 않았다. 축성이 시작되면서 동시에 행궁을 대대적으로 중축했으며, 또 도심부를 관통하는 하천의 준설과 가로의 정비도 함께 진행되었다. 성 밖에는 저수지가 조성되었으며 서울로 연결되는 신작로가 열렸다. 이러한 기반시설 공사와 함께 역촌(驛村)을 이전하고 시장을 건설하여 화성 신도시가 교통과 상품의 거점이 되는 노력이 기울여졌다. 이런 종합적인 작업이 화성 성역이라는 이름으로 진행됐으며, 이 작업을 통해 화성은 비로소 하나의 대도시로 탈바꿈할 수 있었다.[21]

이 거대한 화성성역에서 정조가 가장 중요하게 여긴 것은 단연 화성행궁의 건설이었다. 화성행궁은 조선시대 최대의 행궁 규모로 건설되었다. 1789년 신읍치 이전 후 1790년 9월에 340칸의 행궁이 완성되었다.[22] 하지만 1794년 화성 축성이 시작되면서 행궁 중축 공사가 함께 시작되어 1796년 화성성역 낙성되었을 때 576칸의 장대한 규모로 확대되었다. 이렇게 화성행궁(華城行宮)을 확장한 것은 정조가 1795년(정조 19)에 모친인 혜경궁 홍씨의 회갑을 위한 것뿐만 아니라 자신이 훗날 왕위를 물려주고 수원에 내려와 상왕으로 살기 위한 공간을 마련하기 위함이기도 하다.23)

2) 화성축성 계획 강화를 위한 정책 추진

(1) 군주직할군대의 창설을 통한 군주권 강화:
장용영외영 설치

정조는 사도세자가 뒤주에 갇혀 죽은 임오화변을 몸으로 겪으면서 동궁 생활을 하였고, 국왕으로 즉위하는 과정에서도 순탄하지 못하였다. 나아가 국왕 즉위 이후 경희궁 존현각으로 자객들이 침입하여 국왕 자신을 시해하려고 하는 사건을 몸서 겪기도 하였다. 더불어 중앙오군영을 중심으로 하는 무반 세력들이 노론과 연계하여 자신을 압박하는 것을 재위 기간 내내 지켜보아야 했다. 따라서 정조는 왕권을 강화해서 자신이 추구하는 개혁정치를 완수하기 위해 사전에 군권을 장악해야 할 필요성을 느끼게 되었다.

더불어 정조는 임진왜란과 병자호란을 겪으면서 무너진 군영체제를 재확립하고 군비를 확충해야 할 필요성을 가지게 되었다. 또한 국가 재정의 50% 이상이 국방비로 들어가는 재정 구조를 타파하여 경제안정과 사회체제의 안정을 동시에 추진하여야 했다. 이를 위해 정조는 1778년(정조 2)에 민산 · 인재 · 융정 · 재용을 실현하겠다는 '장경대고(更張大誥)'를 반포하며 개혁정치를 선언하였다. 이는 백성의 재산을 늘리고, 인재를 양성하고 군사제도를 개혁하여 국가 전체를 부강하게 하겠다는 것이다.

이와 함께 정조는 선대왕의 능원을 행차한다는 명분 아래 스스로 융복을 착용하고 행차하며 군왕의 위엄을 과시하였다. 나아가 백성들 앞에서 행차 대열의 군사들을 나누어 대규모 군사훈련을 시키면서 중앙오군영의 군사들에게 군사적 긴장과 국왕의 명령에 대한 충성심을 보이게 하였다.

그럼에도 당대 군정의 폐단은 백성들에게 가장 큰 고통으로 다가왔고, 이를 해결해야 함이 군왕의 책무 중에서 선결되어야 할 것임을 백성들은 느끼고 있었다. 조선 초기 병농일치를 기본으로 하는 사회에서 생각하지 못했던 군역의 폐단이 가중되어 사회적 폐단으로 야기되고, 이러한 문제로 인하여 유리걸식하는 백성들이 늘어만 가는 심각한 문제가 인조반정 이후 지속적으로 나타나고 있었다.

따라서 정조는 군정의 폐단과 군비의 확충 더불어 왕권강화를 위한 친위군영의 창설을 사안별로 추진하는 것이 아니라 일괄적인 방식으로 추진하는 방법을 모색하였다. 그것이 바로 오위체제를 지향하는 중앙오군영의 축소와 장용영 창설이었다.

즉, 정조의 왕권강화를 위한 장치로서 빼놓을 수 없는 핵심기관이 1785년(정조 9) 정조의 경호부대로 시작된 장용위(壯勇衛)를 모태로 하여 1793년(정조 17)에 규모를 대폭 확대하여 설치한 장용영이다. 그는 문반의 핵심 관료군을 규장각에 모아 두뇌집단으로 삼고, 권력 유지의 근간이라 할 수 있는 군대를 장용영으로 개편하여 친위부대를 만들었던 것이다.

조선후기 5군영이 각 붕당과 긴밀하게 연계하여 정치군대로 변질되고, 군영이 정치자금의 다크호스 역할까지 하던 상황에서 군제개혁은 필언적인 것이었다. 또한, 양란 후 2세기에 걸쳐 평화기가 계속되고 문치주의가 극성기에 이르러 조선후기 사회가 전반적으로 문약해지는 데 대한 경각심을 고취시킬 필요성이 제기되고 있던 것도 장용영을 강화하는 계기로 작용하였던 것이다.[24]

즉, 정조는 가병의 폐단을 당시 군정의 가장 큰 문제점이라고 말하였다. 이는 기존의 오군영(五軍營) 체제가 "내력상으로 볼 때 특정 정파의 이해관계와 얽혀"있다는 점과 군령체계가 무질서하고 군조직이 흐트러졌음을 지적하였다. 이와 같은 군영제도 개혁은 여타의 개혁을 위해서라

도 반드시 필요한 일이었다.[25)

합법적인 폭력조직인 군을 장악하지 않은 국왕이 개혁을 추진하는 것은 효과적이지 못 할 뿐 아니라, 국왕 스스로 위험한 처지로 들어가는 것을 의미하기 때문이다. 개혁정책에 의해 기득권을 상실하게 되는 대부분의 사람들은 권력의 상층부를 차지하고 있으며, 정치적 대의와 국왕의 설득만으로는 이들이 그 동안 누려온 특권을 결코 포기하려 하지 않았다. 따라서 이들 기득권층의 저항과 반발을 무마하기 위해서라도 국왕은 개혁의 대의를 부단히 설파하는 동시에 일사분란하게 움직이는 친위부대를 만들지 않으면 안 되었다.[26)

정조는 즉위 2년 국정운영방침에서 군대를 다스리는 것은 반드시 법도를 정해두는 데서 시작된다고 하여 군제개편의 의지를 밝힌 바가 있다. 정조의 군제 개편의 핵심은 당시 오군영 중심체제를 조금씩 줄여 국왕이 만든 장용영으로 전환·집중시키면서, 군령체계를 일원화하는 방향으로 진행되었다. 그것은 구체적으로 i 오위체제의 복구와 병조판서의 위상 강화, ii 오군영 체제의 축소 및 군영대장 권한 제한, iii 장용영 설치와 화성축조 등으로 나타났다.[27)

앞서 말한 대로 정조는 첫째 조선 초기 왕권중심적인 오위체계의 복구를 추진했다. 군대의 통솔자가 오영의 대장이라면 오군영의 통솔자는 병조판서로서, 군령체계가 병조판서를 중심으로 일원화되는 것은 국왕이 친림하여 "스스로 거느린다"는 의미를 갖게 되는 것이다. 따라서 정조는 국왕을 대신하는 병조판서를 중심으로 명령체계를 일원화하는 개혁을 단행했다.

둘째, 정조는 무반 인사에 대해 군영대장의 추천권을 혁파하고, 영조에 이어서 병조판서를 중심으로 인사권 체계를 통일시켰다. 셋째, 친위부대 장용영을 설치하였다. 장용영의 설치와 운영은 정조의 규장각 설치, 초계문신제 시행과 함께 개혁정책의 핵심적 위치를 차지하는 것으

로서, 장용영을 통하여 정치적 반대세력의 저항을 무마하는 한편, 규장
각 등을 이용하여 국왕지지 세력을 규합하고 각종 개혁안을 이끌어내려
하였다.28)

　　장용영은 1785년(정조 9) 정조의 경호부대로 시작된 장용위를 모태로
하여 1793년(정조 17)에 규모를 대폭 확대하여 설치하였다. 앞서 말한
대로 조선후기 5군영이 각 붕당과 긴밀하게 연계하여 정치군대로 변질
되고 군영이 정치자금의 공급원 역할까지 하던 상황에서 군제개혁은 필
연적인 것이었다. 또한 양란 후 2세기에 걸쳐 평화기가 계속되고 문치주
의가 극성기에 이르러 조선후기 사회가 전반적으로 문약해지는 데 대한
경각심을 고취시킬 필요성이 제기되고 있었던 것도 장용영을 강화하는
계기로 작용했던 것이다.29)

　　장용영은 내영(內營)과 외영(外營)으로 구분된다. 내영은 서울의 본영으
로, 지휘관은 장용사 또는 장용영 대장으로 불렀다. 규모는 이전의 기마
병과 보군을 합친 마보군(馬步軍) 3초(哨)에서 5사(司) 25초(哨)로 확대되고
도제조아문이 되었다. 외영은 화성에 5천명의 병마를 주둔시켰다. 다음
단계로 주변의 용인, 안산, 진위, 시흥, 과천 등 다섯 읍의 군대 1만 3천
여 명을 외영에 소속시켜 지역 공동 방위군인 협수군(協守軍) 부대를 조직
했다. 또한 정조는 장용영외영의 확대를 추구하면서 수원 인근의 무사
들에게 무과의 능용을 권장하고 합격자에게는 노비를 양인으로, 양인을
무반으로 승격시키는 신분상의 특례도 제공하였다. 이로써 정조는 규장
각과 장용영이라는 문무 핵심 친위기구를 조직하여 왕권을 강화하고 개
혁에 더욱 박차를 가하였다.

　　정조는 장용영외영을 화성에 주둔케 하였으며 이들은 곧 수도외곽방
어의 임무까지도 동시에 담당함과 아울러 정조의 왕권을 뒷받침하는 가
장 강력한 군사력이기 때문이다. 결국 정조의 새로운 군제개혁인 수도
외곽 방어군영 통합과 장용영 창설은 군비의 낭비를 막아 민생 경제에

도움이 되는 것과 동시에 민본을 지향하는 새로운 이상국가 건설을 위한 정조의 개혁정책의 기반이 되었다. 나아가 국방력을 강화하여 임진왜란과 병자호란의 치욕을 극복하고 청의 세력으로 벗어나 자주적인 조선을 만들고자 하는 최종목표를 지향하고 있었다.

(2) 경제발전의 거점도시 육성:
대도회 구상과 경제진흥정책

정조는 수원 신읍치를 조성한 이후 능침을 호위할 번화한 대도회 건설을 명목으로 본격적인 모민 방안을 강구하고 기타 지역민들에게 수원으로의 이주를 권고하였다. 이울러 시전 설치의 방향성도 구상하였다. 정조는 채제공[30]에게 수원의 모민책과 경제 활성화 정책을 맡겼다. 이에 정조와 채제공은 10만 호의 건설을 목표로 상업 활성화와 농업 활성화를 진행시켰다.

성 내외에 시장을 건설하고 서울, 개성, 평양 일대의 상인을 유치하고, 성곽 주위에 저수지와 둔전을 개간함으로써 수원은 일시에 조선에서 가장 큰 대도회로 성장할 수 있었다.[31]

이러한 조선후기 정조시대의 경제 활성화 정책은 현재에까지 이르러 수원은 농업도시와 상업도시로서 같이 성장하였으며, 100만도시의 대도회로 성장하게 된 것이라 할 수 있다.

(3) ‘효’가치 제고를 통한 정치적 정통성 확보:
정치행위로서의 화성행차

정조대왕이 백성을 통치하는 기본 이론은 효치(孝治)였다. 그것은 그가 즉위 이후 벌인 정치적 사안들이 뛰어난 권모술수나 과단성을 과시하기 위한 사업이 아니라는 점이다. 그의 통치행위의 상당 부분이 비명에 죽은 아버지 사도세자에 대한 지극한 효성과 연관되어 있다. 나아가 그 효성은 다른 차원으로 승화된다. 정조는 사도세자의 능행길에서 많은 백성들을 만났다. 그것은 자연스럽게 백성들에게 자애로운 아버지[君主]라는 인상을 심어 주었다. 다시 말하면 정조는 백성들과 거리를 좁히는 데 전력을 다하였고, 사망 직전까지도 백성들의 일반 민원사항을 직접 보고 판결할 정도였다.32) 이런 통치행위는 백성의 부모로서 군주의 위상을 확보하는 '효치'의 실천이다.

그 시절 정조가 의도하는 효의 의미는 분명 부모와 자식 관계의 가족 윤리의 차원을 넘어서 있다. 그것은 인간 삶에서 개인적·사회적으로 형성되는 모든 행위의 근원에 자리하면서, '인간됨'을 지향하는 교화의 핵심이었다. 즉 효는 도덕을 실천하는 근원적인 힘이고, 우주적 생명력이며, 인간의 삶을 지속하는 기본 바탕이다. 따라서 자기 생명력의 근거를 확인하여 행위 규범을 정할 수 있고, 자기 위치를 인식하여 질서 의식을 획득할 수 있으며, 자기의 사명을 실천하여 세계 발전에 기여할 수 있는 것이다. 이러한 본질을 지닌 효는 인간의 성장 과정 전체에서 적용되고 실천되어야 하는 당위적 사명이다. 가정에서는 부모를 잘 섬기고, 사회에서는 국가와 사회에 헌신하며, 자기 삶에 대해 최선을 다하는 일이다.33)

정조는 화성건설과정에서 장차 왕위를 물려주고 노후에 거처할 안식처 및 탕평과 국가개혁을 완성할 지역으로 육성되었고, 이를 위해 화성행궁과 성곽을 장대하게 건설하고 휴식과 유학시설까지 갖추었다. 정조는 특히 화성에 엄청난 책을 내려 보냄으로써 단순하게 독서를 통한 여가를 보내는 것이 아니라 정국구상을 위한 기초 자료로 활용하고자 함이었다.34)

18세기 이후 서울을 중심에 두고 4도(都)로 둘러싸인 수도권은 인구와 경제력이 꾸준히 성장하는 지역이었다. 4도는 4유수부를 말하는 것으

로, 남으로 수원, 북으로 개성, 서쪽으로 강화 동쪽으로 광주를 이름이
다. 수도권은 한성부와 4도 유수영 등 국가의 상급행정기관이 집중되고,
수도 방위를 목적으로 하는 군영과 진영들이 다수 분포하는 지역이었으
며, 한강의 수운(水運)이 통하고 전국으로 이어지는 X자형 간선도로망이
모여드는 교통 중심지였다.

정조는 능행이라는 형식을 통하여 수도권 지역을 직접 방문하여 사민
들의 사기를 북돋우고 갈등과 분쟁을 해결하였으며, 수시로 군사훈련을
실시하거나 전략적 요충지를 보강하는 등 수도권의 안정적인 성장을 위
하여 노력했다. 특히 능행을 통한 정조의 직접 대민접촉은 백성들의 민
원을 듣고 즉석에서 혹은 차후에라도 반드시 해결해 주는 행사였다. 이
를 통해 정조는 백성들의 정책참여를 유도하고 또 그들에게 백성과 군
주의 벽을 허물어서 조선백성으로서의 자긍심과 정체성을 갖게 해 주었
다. 즉, 능행에는 반드시 대민 사기 진작의 의도가 있었다는 것이다. 이
는 초보적 모습이지만 민주주의의 대원칙인 주민참여의 정책결정과 집
행의 형태라고 할 수 있다.

또한 정조는 1795년 혜경궁 홍씨의 회갑연을 수원에서 개최함으로서
수원의 위상을 한층 향상시켰고, 군왕과 백성이 하나라는 의식을 심어
주었다. 즉, 효를 표면에 내세움으로써 자연스럽게 모든 신료와 백성들
에게 충을 강조하는 효과를 나타냈다. 군사훈련을 통하여 국왕의 강력
한 힘을 보여줌으로써 견제세력을 자신의 의도로 끌어들이고자 하는 모
습도 보여주었다.[35]

삼남 지역에서 서울에 이르는 교통의 요지인 화성은 수도권 남쪽 중
심 지역으로 정조의 개혁정치를 목적으로 한 정치·경제·군사도시로
성장했다. 이러한 수원은 국왕 정조의 배후도시로서 정조가 즉위 직후
부터 실현하고자 한 탕평과 개혁의 상징이었다.

3) 화성축성의 의의와 통합정책36)

유형원의 안목

정조 13년(1789) 7월부터 단행된 수원 신도시 건설이나 정조 18년(1794)에서 정조 20년(1796)에 걸쳐 화성성곽이 축조되기까지에는 조선 후기에 대두된 선진적인 실학사상이나 실학자들의 경륜이 큰 역할을 하였다.37) 먼저 이읍과 수원 신도시 건설이 17세기 실학의 선구자 유형원의 『반계수록』 보유 「군현제」 조에 제시된 선견지명과 경륜에서 크게 자극되었듯이, 축성의 필요성과 운영 또한 이 저술의 선진적인 혜안에 공명한 결과였다.

일찍이 120여 년 전에 유형원은 수원 신읍치 일대의 지형적 조건, 이 읍과 축성의 필요성에 대하여 기록해 놓았다. 이 기록에 의하면 팔달산 아래에 펼쳐진 신읍기는 용복면 구읍치에 비하여 지형상 그 규모가 크고 넓어서, 이곳에 축성하여 읍치로 삼는다면 실로 대도회지로 발전할 수 있고, 읍 내외에 가호 1만 호를 수용할 수 있는 적지 중의 적지라는 것이다.

당시 유형원의 유고 『반계수록』은 이미 영조 46년(1770) 4월 경상도 감영에서 출간된 바 있었고, 이 책의 「군현제」도 정조 7년에 역시 같은 곳에서 인간되어 사대부들 사이에서 널리 읽혀졌다. 이러한 사실을 감안할 때, 호학숭문의 군주 정조를 비롯한 조야에서 반계의 견해가 크게 주목된 것은 매우 자연

유형원이 반계수록을 저술한 장소로 전북 부안에 있다.

스러운 현상이었다. 이익을 비롯한 18세기 근기학파 실학자들이 거의

반계의 저작에 의하여 자극과 계발을 받고, 경세치용·실용지학의 학풍을 지향하려 한 것도 바로 이러한 사회적 분위기나 학문적 경향과 결코 무관할 수 없는 것이었다.

반계는 이 책의「군현제」첫머리에서 읍치를 설치하기 위해서는 "산천의 형세, 전야와 인민, 관방과 성시, 도로의 요해 등을 일일이 참작해서 마땅한 곳에 정해야 한다"고 설파, 당시 국가나 민인을 막론하고 조야에서 널리 관행되고 있던 풍수지리설을 전혀 고려하지 않았다. 오로지 실용적이고 과학적인 관찰에서 지형의 적당함과 부적합함을 판단해야 한다는 읍치의 설치요건을 내세운 것이다. 그것은 고려이래 일반화된 풍수지리설 이외에도 지난날 주부군현제의 운영이 그 고을의 대소나 관방 등의 지리적인 중요성에 비추어 확정했다기보다는 국가에 대한 지방민의 공죄 여부 등 행정외적 요인이 더 크게 작용, 부군현제의 승강이 거듭되는 등 주민에 대한 공동체벌적인 불합리한 측면을 가진 데 대해서도 간접적으로 비판적인 관점을 드러낸 것이었다.

아무튼 유형원은 이미 120여 년 전에 수원 신읍치 일대에 읍성을 축조하여 읍치를 옮겨 설치한다면, 성 내외에 1만 호를 수용할 수 있는 대번진·대도회로서 위용을 갖출 수 있을 것이라고, 이읍과 축성의 필요성을 제안한 것이다.

이처럼 이읍을 통한 신도시 건설과 화성 성역이 계획되기까지에는 17세기 실학의 선구자 유형원의 경국지대계의 탁견에 자극받고, 위로는 국왕으로부터 남인계의 경세가 채제공, 소장기예의 실학자 정약용, 그리고 수원부사 조심태의 열성 등이 결성 결집되어, 화성 축성 계획안이 입안된 것이다. 정조 자신도 왕 17년 12월에 유형원의 뛰어난 경륜에 감명을 받고 크게 감탄할 정도였다. 따라서 축성계획의 수립을 전후해서는『반계수록』권 22, 병제후록 또한 위로는 국왕에서 당로자·재야 실학자들에 이르기까지 큰 주목의 대상이 되었다.

유형원은 병제후록에서 축성에 관한 여러 가지 제안을 하면서, "서울과 지방의 각 병영에는 번을 서는 군사가 많은데 평시에는 특별히 긴요한 방비가 없으니, 이 군병으로 하여금 축성을 하거나 그 요포로 부역케 할 것"을 주장한 바 있었다. 여기에서 축성 재원으로 그 정번전 10년분을 전용할 것을 제안한 반계의 탁견 또한 정조와 조신들 간에 크게 주목받아 뒤에 화성 성역을 실행하는 데 결정적인 참고자료가 되었다.

그리하여 유형원은 정조로부터 "반계야말로 오늘의 국사와 현실에 유용한 경국제세의 대학자"라는 격찬을 들었다. 그리고 정조 17년 12월 10일, 이미 120년 전에 선읍치의 이전과 축성의 경륜을 선구적으로 토로하여 이 역사적인 대사를 일으키는 데 공헌한 처사 유형원에게 이조판서 및 성균관 제주를 추증하고, 이조로 하여금 그 후손을 우대하도록 조처하였다.

실학사상의 집대성과 정약용

한편 화성 성역은 그 계획 단계 때부터 위로는 정조를 비롯하여 채제공·조심태 등의 중신과 정약용·우하영(禹夏永) 등 실학자들에게 있어서도 연구해야 할 초미의 과제로 등장하고 있었다. 특히 화성 출신의 실학자 우하영은 『관수만록(觀水漫錄)』을 통해 임진·병자 양란 당시 독성산성과 광교산전투에서 승첩을 거둔 수원지방의 국방상 요충, 곧 군사도시로서의 입지와 역할을 고려하여 화성의 내·외성 축성론을 주장하고 있는 것이 흥미롭다. 그의 외성 축성론은 비록 실현되지는 않았으나 그의 시대에 있어서 거의 독보적이라고 할 만큼 독특한 입론을 담고 있었다. 그는 수원유수부가 서울의 부도·배도로서의 국방상 기능과 함께 임란 당시 내성만을 갖추었던 진주성·남원성이 공격·방어성으로서의 재기능을 발휘하지 못했던 취약점을 고려, 그 실효성과 보완책을 마련하려는 역사적인 반성의 의미에서 발상된 것이었다.

아무튼 정조는 이읍 후 신도시 건설이 안정기에 접어들자 당시 홍문관수천으로 있던 정약용에게 읍성 축성을 위한 설계안을 내도록 명하였다. 이에 다산이 왕명을 받들어 읍성 축조 규제를 지어 올리니, 이것이 바로 축성에 관한 그 기본계획안이었다. 그 내용은 다산의 문집『여유당전서(與猶堂全書)』시문집, 설(說) 속에 수록된「성설(城說)」과 같은 것이었을 것이다. 다산은「성설」과「자찬묘지명(自撰墓誌銘)」에서 당시의 정황을 구체적으로 기록해 놓았다.

한편 화성 축성에 있어서 특기할 점은 17세기 이래 실학자와 선진적인 경세가들이 주장한 벽돌을 과감히 제조·활용한 사실이다. 성축에 있어서 벽돌에 대한 인식은 17세기『반계수록』에서 처음 나타났거니와, 이익을 거쳐 18세기 중엽 중국 연경을 다녀온 박지원·박제가 등 북학파 실학자들에 의해서 그 선진성과 실용성이 깊이 인식되고 있었다. 박지원은『열하일기(熱河日記)』도강록을 비롯하여 여러 곳에서 벽돌의 효용성을 설명했고, 그 제자 박제가는『북학의(北學議)』내편 벽조에서 누대·성곽·담장을 비롯하여 교량·분묘·구거·제언 등에 이르기까지 벽돌의 편리함과 유용성을 설명하면서 그 제조와 보급이 시급함을 주장한 바 있었다.

유형원 이후 이익을 거쳐 박지원·박제가 등 실학자들의 성의 재료로서 벽돌에 대한 인식은 정약용에게 그대로 수용되었고, 그보다 21년 연상인 동시대 수원부 출신의 실학자 우하영의『천일록(千一錄)』과『관수만록(觀水漫錄)』에 의해서 더욱 강력히 주장되고 있는 것이다. 북학파의 맹장 박제가는 일찍이 정조의 지원를 얻어 규장각의 4검서관의 한 사람으로 발탁되었고, 정조 2년(1778) 사은사 채제공의 수행원으로 청나라에 다녀온 이후『북학의』내·외편을 저술한 바 있었다. 그리고 정조 22년(1798) 정조에게 이 책의 진소본을 제출했으며, 그 이전에 정조가 벽

돌을 성재로 과감히 결정하는 데도 직·간접의 큰 영향을 미쳤을 것이
다. 또한 정조의 측근으로 총애를 받던 정약용의 「성설」에서 벽돌을 성
재로 인식하여 서술함으로써 마침내 화성 성역에 구체적으로 실용화되
기에 이른 것이다.

또한 화성 성역에 있어서 특기할 점은, 축성 작업의 능률을 올리기 위
하여 새로운 운반도구인 유형거와 거중기를 새로 제작, 활용한 점이다.
『화성성역의궤(華城城役儀軌)』에 의하면 짐을 실어 나르는 운반도구 유
형거 11량이 창안·제작되었음을 기록하고 있는데, 이는 정약용의 건의
에 의해서 이루어진 것이었다. 이 수레는 짐을 싣고도 경사지를 쉽게 올
라갈 수 있어서 석재·전돌·목재 등을 운반하는 데 편리하고, 바퀴가
튼튼한 것이 특징이었다. 따라서 보통의 수레 100대로 324일 걸려서 운
반할 짐을 이 유형거로는 70대를 사용하여 154일에 나를 수 있었으므로
공기 단축은 물론 인력과 재용 절약에도 큰 보탬이 되었다.

그리고 화성 성역 당시 운반도구로서 특기할 점은 거중기(擧重機)를 제
작 활용한 사실이다. 거중기는 이전에 민간에서 사용하던 녹로의 원리
를 한층 발전시킨 것으로 성역 이전에 정조가 내려준 『기기도설』을 참
고하여 역시 정약용이 왕명을 받들어 설계한 것이었다. 이 거중기는 무
거운 물건을 들어 올리는 데 쓰는 기구로 여러 개의 활차(滑車: 들어올리
는 물체를 상하 각각 8개의 이동활차에 걸리고 다시 8개의 고정활차에
연결시켜, 그것들을 좌우 양쪽의 큰 활차에 걸어서 녹로의 틀에 감기게
되어 있음)를 이용하여 무거운 물체를 작은 힘으로 들어 올릴 수 있도록
고안된 장치였다. 정약용의 「기중도설(起重圖說)」에 의하면,

활차가 무거운 물건을 움직이는 데 편리한 점이 두 가지가 있으니, 하나는
힘을 더는 것이요, 둘째는 무거운 물건을 떨어뜨리지 않는 것이다. 물건을 드
는 데 100근 짜리 물건은 100근의 힘이 필요하나, 활차 1구를 쓰면 50근, 2구

를 쓰면 무게의 4분의 1에 해당하는 25근의 힘만으로도 들 수 있다. 활차의
수가 늘어나면 같은 이치로 힘이 배가 된다. 지그 상하 8륜이면 힘은 25배를
얻을 수 있다.

라고 하였다. 여기에다 녹로라고 하는 밧줄을 감는 장치를 덧붙인다
면 40근의 힘으로 2만 5천근의 무게도 능히 들 수 있다고 하였다.

이와 같이 거중기는 무거운 건축자재를 들어 올리는 데 작업 능률을
4,5배 향상시킬 수 있는 구조역학적인 원리를 이용한 매우 과학적인 기
자재였다. 이 거중기의 활용으로 『화성성역의궤』 권수 도설에 의하면,
"큰 돌 1개의 무게가 1만 2천근(7.2톤)인데, 불과 30명밖에 안 되는 장정
으로도 아차 하는 사이에 쉽게 힘이 쓰여 한 사람이 400근의 무게를 들
어 올린 셈"이라고 기록하였다. 이는 앞의 정약용의 「기중도설」의 "40
근의 힘으로 능히 2만 5천근의 무게를 움직일 수 있다"는 설명과 거의
부합되고 있다.

다산 정약용. 정조의 명에 의해 화
성을 설계하고 거중기와 녹로 등을
제작해 화성축성에 절대적인 공을
세웠다.

이밖에도 화성 성역에는 많은 수레와
기자재가 새로 제작, 실용화되었다. 성
재인 장대석이나 원주목 등을 운반하기
위하여 대차라고 불리는 우차 8량이 사
용되었고, 이보다 규모는 작으나 중석이
나 누주 등의 운반을 위하여 소가 이끄
는 별평차 17량과 평차 76량이 사용되었
다. 또한 이보다 더욱 작은 발차 2량과
손으로 끄는 동차 192량, 그리고 구판 ·
썰매라고 불리는 운반 용구가 성역에 활
용되어, 종래의 소 · 말을 이용했던 것보
다 작업능률을 보다 크게 높일 수 있었

다. 그리하여 화성 성역의 공기를 애초 10년간 잡았던 것을 이보다 훨씬 기일을 앞당겨 불과 2년 7개월 만에 완공을 볼 수 있었던 것이다. 성역이 끝난 후 정조는 특히 거중기의 역할을 높이 평하면서, "다행히 거중기를 사용하여 4만 냥의 비용을 절약했다"고 술회했으며, 완축된 화성을 돌아보고 이 성이야말로 우리나라에서는 처음으로 성제를 제대로 갖춘 것이라고 스스로 찬양할 정도였다.

끝으로 경제사적인 측면에서 화성 축성과 실학 관련의 그 역사적 의의를 요약하면 다음과 같다. 즉, 화성 성곽은 석축과 전축을 적절히 조화시켜 고구려 이래로 조선후기에 이르기까지 전통적인 성곽 건축기술을 한층 근대적인 양식으로 계승·발전시킨 것이다. 각 시설물은 유사시와 평상시의 실용성을 고려하여 어느 경우나 그 기능을 복합적으로 발휘할 수 있도록 설계되어 있는 것 역시 또 하나의 특징이다. 그리하여 그 견실한 기초와 축성법, 벽돌의 활용, 다양한 기능을 가진 시설물은 과학적인 축성기술과 아름다운 조형미를 아울러 갖춘 조선시대 최고의 성곽건축물로서 큰 의의를 갖는다.

무엇보다, 화성 축성에는 국왕 이하 관료·지식인·예술가·백성 등 모든 계층이 참여했고, 또 이 시설물은 중흥의 극점에 달했던 정조대의 문화적 역량이 총동원되어 이룩해 놓은 역사적인 건조물로서의 의미를 지닌다. 특히 실용지학을 숭상하던 국왕과 진보적인 실학사상가와 관료들의 이상이 합치되어, 근대의 여명을 밝히려는 그 실험적 성격과 고전적 의미가 잘 어우러진 성곽 건축물이라는 점에서 그 의의가 크다.

2. 정조의 갈등타파정책과 통합정책

1) 인사정책: 탕평론

정조는 즉위 초에 '계지술사(繼志述事)'·'숭유중도(崇儒重道)'라는 정치표어를 내걸고 왕권 강화와 왕조의 부흥을 위한 여러 가지 대응책을 마련하기에 이른다. 그는 스스로 '우문일념(右文一念)'으로 표현한 바와 같이 문치에 주력하여 여러 가지 문화정책을 추진하는 데 그 정책을 효과적으로 수행하기 위해 규장각을 설치하여 핵심기관으로 삼는다.38)

그가 문화정책을 표방하게 된 동기는 우선 그의 학자적 소양에 연유하였다고 생각되지만, 더 근본적인 요인은 역대로 '우문'을 기본정책으로 삼아온 조선왕조의 기본정책에 입각한 것이다. 선왕의 뜻을 계승하여 정사를 펴 나가겠다는 '계지술사'의 명분에 맞으며 한편으로는 자신이 처한 정치적 상황에 유연하게 대처하는 돌파구의 마련이 규장각이라는 제도적 장치로 나타난 것이었다.

문체반정을 활용한 용인술

우선 정조는 규장각의 여러 사업을 추진해 가면서 선왕인 숙종·영조에 걸쳐 제기되어 온 문풍 내지 문체 문제를 표면화시켜 반정의 기치를 선명하게 드러내었다. 이러한 조처는 무엇보다도 우선하여 문풍이야말로 정치현실을 극명하게 반영하여 준다는 동양 전래의 고전적인 발상에서 출발한 것이다.

이미 즉위 초에 "문체의 성쇠홍체는 정치와 통한다"고 하고, "문체와 세도의 오륭(汚隆)은 일치하므로 그 글로써 그 세태를 알 수 있다"고 하는

가 하면, "옛사람은 문장의 성쇠로써 치교의 오륭을 점쳤는데, 근래 문체가 날로 위미(萎靡)하니 걱정이 아닐 수 없다"고 한 말은 모두 그러한 생각을 표현한 것이었다. 이러한 생각은 정조의 사상에 있어 기본구조를 이루고, 이후에 규장각을 통해 추진된 모든 문화정책에는 이러한 사고가 바탕에 깔린 것이었다. 1792년에 단행된 문체반정정책은 그러한 지향성과 탕평정책의 일환으로 추진된 것이다.

문체반정은 타락해 가는 문체를 순정한 문체로 바르게 되돌려 놓겠다는 것으로 노론 벽파 계열인 박지원 일파의 신체문을 겨냥하고 있지만, 당론과 밀접한 관련을 맺으며 전개되었다. 그 시발은 정조가 북학파 계열의 문체가 명말 청초부터 유행하기 시작한 패관소설의 영향으로 순수성을 잃고 있다는 비판을 가하고 그들에게 반성문을 요구하는 것으로부터였다. 그 와중에 소론으로 부교리(副校理, 조선시대 홍문관에 두었던 종5품직. 정원은 2명이다) 이동직이 남인인 이가환의 문체도 문제가 있다고 지적하고 나오자 정조는 자신의 진의를 드러내는 발언을 함으로써 문체반정의 근본적인 목적이 사색을 타파하는 탕평에 있다는 사실이 분명해지고, 정조가 문풍의 진작과 탕평이라는 두 마리의 토끼를 잡기 위해 문체반정을 추진하게 된 경위가 밝혀졌다.

노론 전권체제가 굳어지고 있던 정치상황 속에서 영조를 계승하여 왕위에 오른 정조는 즉위 초부터 붕당간의 상호견제체제를 유지하면서 의리와 명분을 새롭게 하는 탕평책을 추진하였다. 당론을 끝까지 지키려는 노론 벽파를 회유하여 자신의 정치노선을 지지하는 시파중심의 정계구도로 재편하려는 정조의 의도가 노론 벽파의 완강한 저항에 부딪치자 문체반정책을 들고 나온 것이다. 문체 내지 문풍이라는 당의를 입혀 어려운 정치문제를 풀어가려는 정조의 고난도 정치술수였다. 그 결과 노론계의 많은 인물들을 시파로 전향시켜 정조의 지지기반이 확대되었다.

구체적으로 정조는 당쟁의 근원이 되었던 이조전랑(李朝銓郎)과 한림(翰林)의 특권을 약화시키는 대신 국왕이 통제할 수 있는 이조 · 병조의 판서와 참판의 권한을 강화했다. 이조전랑은 조선시대 문무관의 인사행정을 담당하던 이조와 병조의 정5품관인 정랑(正郎)과 정6품관인 좌랑(佐郎)직의 통칭으로 무관보다는 문관의 인사권이 더 중시되었으므로 이조정랑이 특히 중시되었다. 또한 한림은 조선시대 예문관의 정9품 관직으로 조선 태조 1년(1392)에 고려관제를 따라 예문춘추관을 설치하면서, 정9품인 직관(直館)으로 개칭하였다가 1401년(태종 1) 7월에 춘추관 · 예문관을 분리하면서 다시 검열로 고치고 예문관에 속하게 하였다. 봉교 2인, 대교 2인과 함께 팔한림(八翰林)으로 불리었으며 춘추관의 기사관을 겸하였다. 그들은 문과 출신들 가운데서 다시 ≪통감≫ · ≪좌전≫ 기타 여러 역사서의 구술시험을 거쳐 선발되었으며, 항상 왕의 측근에서 사실(史實)을 기록하고 왕명을 대필하는 등 권좌에 가까이 있었다. 승지와 더불어 근시(近侍)로 지칭되었으며, 비록 하급관직이었으나 조선시대의 대표적인 청요직으로 선망을 받았다. 정조는 또한 임금과 백성사이에서 농간을 부리는 중간세력의 발호를 최소화하기 위해 대부분의 국정을 직접 관장하여 일일이 확인하는 친정과 근면의 정치를 계속하였다.[39]

정조는 붕당의 입장에 따라 임용되는 폐단을 지적하고 서얼을 비롯해 "침체되어 있는 사람을 소통" 시키겠다고 말했다. 특히 이조전랑과 한림 등 청요직이 "판서와 재상으로 진출하는 자리"로 이용되고 있으며, 편파적 등용의 폐단을 낳고 있다고 보았다.

청요직 혁파라는 정조의 개혁 인사정책은 이처럼 고른 임용이라는 목적과 함께 대신권을 강화하여 관료제의 기강을 확립하려는 의도 하에 추진되었다. 현대 정치에서도 인사가 만사라는 표현이 있듯이 소수의 독점계층이 주요 권력 기구를 장악하지 못하게 하는 정치운영을 추구하고 있다. 이러한 추구가 과거 붕당정치시기 정조시대에서도 여실히 보여주고 있으며, 그것을 극복하고자 하는 정조의 의지 역시 우리 시대의 귀감이 될 수 있다.

규장각을 통한 진정한 의리탕평론

정조의 탕평 인사는 규장각의 설치와 그를 통한 인재 양성에서 더욱 구체화되고 이를 제도적으로 정착시키려는 노력으로 이어졌다.[40] 규장각의 설치가 그것인데 규장각은 세조 때에 이미 양성지에 의해 '어제존각지소(御製尊閣之所)'로 그 설치가 제창되었으나 시행되지 못하였다가 숙종 때에 이르러 비로소 종부시의 속각(屬閣)으로 소각(小閣)을 따로 세워 '규장각'이라 쓴 숙종의 친필 편액을 받아 걸고 역대 왕들의 어제·어서를 봉안하는 장소로 삼았었다. 이후 유명무실한 존재였던 규장각을 정조에 이르러 '계지술사'의 명분아래 그의 세력 기반 내지 문화정책의 추진기관으로 재구성한 것이다. 규장각은 그 기능이나 성격이 정치 정세에 따라, 혹은 상황변동에 의해 조금씩 변질되며, 그 조직이나 제도도 몇 번에 걸쳐 정비된다. 홍문관에서 관장하던 경연의 임무를 이관받아 정조가 주체가 되는 학문토론의 장을 마련하는가 하면, 비서실의 기능과 문한(文翰; 왕의 글인 교서·유서를 짓는 임무)의 기능, 사관과 시관의 역할에다, 정책 입안은 물론 정책 개발을 위한 참고도서를 수집·소장하고 서적을 간행하기까지 하였다. 그러나 가장 중요한 것은 규장각 관리인 각신을 청직으로 격상시켜 친위세력을 형성한 것이다.

규장각은 이러한 기능 외에 젊은 관료들을 재교육시키는 공무원교육원의 역할로 정조의 친위세력 형성에 중요한 몫을 하였다. 이른바 초계문신이라 하여 37세 이하의 연소한 문신을 선발하여 규장각에 모아 일정기간 동안 교육시키는 문신 재교육의 기능도 함께 갖고 있었다. 이는 규장각 내각의 실천목표인 "위로는 선왕의 뜻을 받들고 아래로는 인재

를 양성한다"에서 인재양성의 구체적 장치인바, 조선전기의 사가독서
제와 독서당 제도를 계승한 것이다.

초계문신 제도는 1781년(정조 5)에 시작되어 1800년 정조의 졸년까
지 20년 동안 열 번 선발하였는데, 연인원은 138명에 이르고, 규장각에
서 위탁교육을 하였지만 이들을 선발한 주체는 의정부의 삼정승이다.
이들은 정조의 문화정책 수행에 중요한 역할을 수행하였고, 그 후 공경
대부의 대부분이 초계문신 출신이었다는 점으로 미루어볼 때 인재 양성
의 목적은 성취되었고, 정조의 친위세력으로서도 일정한 몫을 하였다고
평가된다.[41]

2) 언로정책: 민의수렴

정조는 24년의 재위 기간에 경기도 일원에 있는 왕릉을 참배하는 능
행을 계속하였다. 정조의 능행 횟수는 총 66회에 이르는데, 능행의 목적
은 첫째, 국왕의 권위를 대외적으로 과시하고 둘째, 자신이 선왕들에 효
도하듯이 신료와 백성들들이 국왕에 충성을 다할 것을 요구하는 정치적
목적을 가졌으며 셋째, 무엇보다도 백성들의 소리를 직접 듣는 이른바
여론청취 그리고 마지막으로 백성들의 민원을 직접 해결해 주고자 하는
성군으로서의 목적을 가졌다고 할 수 있다.

직접민주주의의 실현

정조는 능행을 하면서 현지에서 문무과 시험을 거행함으로써 방문지
지방 유생들의 사기를 진작시켰으며, 수행 군사들의 훈련을 실시하거나
전략적 요충지를 보강하기도 하였다. 이처럼 정조의 능행은 군주가 직
접 현장에서 현장의 소리와 필요사항들을 직접 챙기는 직접정치의 일환

이었다. 이는 조선 역사에서는 드물게 발견되는 민주주의적 정치행위였다고 볼 수 있다.

정책결정에 주민들의 요구를 직접 청취하고 반영하고 있었다는 점에서 정조의 이 행위는 명백한 참여 민주주의의 한 형태였다고 할 수 있다. 특히 주민참여를 "정책의 제안이나 형성에 관여하는 행위"42)라고 정의해 보면 정조는 능행을 통해 주민들의 정치 참여를 적극 요구하고 나아가 유도했다고 할 수 있다. 조선 봉건조 사회에서 정조와 같은 근대적 의미의 주민참여를 이루어 낸 경우는 거의 없었다. 이는 정조가 가지고 있는 민본, 위민이라는 대 국민의식이 있었기에 가능했다고 볼 수 있다.

정조의 이러한 행동은 백성들로부터 대대적인 환영을 받았다. 정조의 능행길은 언제나 수많은 구경꾼들과 민원인들로 붐볐으며 군주에게 떡을 바치는 등 음식물과 특산품을 바치는 사람들이 많았다. 정조는 이들을 위한 정치를 펼칠 것을 다짐했다고 한다. 그것은 애민정치를 하라는 영조의 유언이기도 했다. 특히 민원이 제기되면 정조는 반드시 경기 관찰사와 고을 수령을 다그쳐 시정할 수 있도록 조치를 다하였다. 그러나 위민과 애민에 기초한 정조의 능행을 통한 정치는 제한적일 수뿐이 없었다. 만나는 사람들의 숫자와 관찰사나 고을 수령 앞에서 그들의 비리를 백성이 말하기는 여간 어려운 일이 아니었다. 그래서 정조는 언로를 활성화하기 위하여 상언(上言)과 격쟁(擊錚)을 허용했다. 상언은 '아랫사람이 국왕에게 올리는 글'로서 민원인이 민원사항을 정해진 형식의 문서로 작성해 올리는 것을 말한다. 격쟁이란 억울한 일을 당한 사람이 임금이 거둥하는 길가서 징이나 꽹과리, 북 등을 쳐서 임금에게 하소연하면 담당관리가 이를 받아 적어 보고하는 형식이었다. 따라서 상언은 글을 아는 양반들과 중인들이 선호했다면 격쟁은 글을 모르는 평민들과 천민들이 주로 사용한 제도였다.

격쟁은 신문고(申聞鼓)가 폐지된 뒤 이를 대신하여 실시된 것으로 「속대전(續大典)」에서 정식으로 법제화 되었으며, 그 뒤 「대전회통(大典會通)」에서 증보되어 완성되었다.[43) 원래 신문고는 ① 형(刑)이 자기의 신상에 미칠 경우, ② 부자간 또는 형제간의 분간(分揀), ③ 적처와 첩간의 분간, ④ 양인과 천인간의 분간 등 네 가지 일에 관해칠 수 있었다. 격쟁을 할 수 있는 범위

격쟁상소를 그린 김홍도의 [취중송사] 부분

는 ① 자손이 조상을 위해, ② 처가 남편을 위해, ③ 동생이 형을 위해, ④ 종이 주인을 위해 하는 네 가지였다.

이 밖에 함부로 격쟁하는 것을 금지했으나, 이 네 가지 경우가 아니라도 민폐에 관계되는 것이면 격쟁을 해도 외람률(猥濫律)의 적용을 받지 않았다. 읍민이 수령에게 매를 맞아 죽어서 격쟁하는 자는 먼저 조사해본 뒤, 수령에게 죄가 있으면 수령을 처벌하고, 만약 무망(誣罔)에 관계가 있으면 부민고소율(部民告訴律)로써 논하였다.[44)

그리고 사소한 일인데도 해당 도의 관찰사나 수령에게 고하지 않고 외람되게 왕에게 아뢰는 자는 월소율(越訴律)로써 논하고, 사리가 중한 자는 상서사부실률(上書詐不實律)로써 논하였다. 이와 같이, 격쟁에 관해 구체적으로 규정한 이유는 당시 결송(決訟)을 담당한 관리들이 오판을 하는 경우가 많았기 때문이다. 또한 사소한 일로 격쟁하는 사례도 증가하여 이러한 폐단을 시정하기 위해 만들어진 것이었다.

그리하여 1560년(명종 15)에는 궁전에 함부로 들어와 격쟁하는 자가 많아져 이들을 엄벌에 처하기도 하였다. 그러나 정조는 이 같은 일반민의 격쟁이 관료들의 횡포를 고발하고 백성들의 삶의 질을 향상시키는데 매우 중요하다고 판단하였다. 따라서 정조는 재위 24년간 66회의 행차를 거행하였고, 이 속에서 4,000여 건의 상언과 격쟁을 받아들였다. 이

는 조선시대 군왕 중에서 매우 파격적인 일이었다.[45)

상언과 격쟁을 통해 민원을 호소하는 방식이 처음 등장한 것은 16세기였지만 이를 적극적으로 활용하고 이용된 것은 숙종과 영조대였다. 특히 정조는 이들을 이어 상언과 격쟁을 언로정책을 확대하는 방편으로 이용했다. 즉, 능행을 통한 시점을 활용해 직접 백성들과 대면하고 그들의 어려움을 수용함으로써 국왕으로서의 제한된 언로를 최대한 확대하는 방식을 취했다고 할 수 있다. 정조실록과 일성록의 기록을 보건데 정조대에 접수된 상언과 격쟁은 총 4,427건이며 이 중 상언이 3,092건, 격쟁이 1,335건이었다. 이는 주로 격쟁을 이용한 백성이나 천민보다는 상언을 이용한 양반들이 2배 이상 많았음을 발견하게 한다.

정조의 능행 중에 얻어진 상언과 격쟁은 첫째, 해당기관(형조, 진휼청, 호조, 병조 등)에서 접수된 상언이나 격쟁의 내용을 검토한 후 이를 간추려 임금에게 보고하고 둘째, 정조가 기관의 보고를 검토하여 기본적인 처리방침을 결정하였으며 셋째, 정조의 처리 방침을 해당 기관 및 지방관에게 하달하여 해결하는 절차를 밟았다.

정조는 격쟁 허용뿐 아니라 대간의 업무 기능을 강화하여 자유로운 토론을 강조하고, 또한 아전들의 의견 개진에도 충분히 관심을 갖고 있었다. 이는 계속 성장하는 중인 계층의 의사를 반영히는 의미와 동시에 백성들로부터 배척받는 중인 계층의 지위 향상에도 관여한 것이다.

3) 이단 포용정책

정조는 매우 복잡하고 미묘한 정치적 소용돌이의 한가운데 있었기 때문에 조선지성사나 정치사의 인물 가운데서 정조만큼 격동적인 삶을 살았던 이도 드물 듯 하다. 이러한 정조의 삶은 그가 급격한 정치적·사회적·사상적 변동의 와중에서 군왕이라는 최고 통치자의 지위에 있었기 때문이기도 하지만, 누구보다도 광범하고 심도 있는 지적 능력의 소유자였고 국가의 장래에 대해 진정으로 고뇌한 지식인이었기 때문이다.

정조가 살았던 18세기 후반은 다양한 정치세력이 형성되었다. 이러한 정치세력 분열의 배후에는 성리학적 명분론으로 유지되던 사회체제가 점차 해체의 위기에 직면하자, 이념적으로 이를 고수·강화함으로써 집권의 정통성을 확보하려는 세력과 이전의 다양한 사상체제를 복권시켜 변화에 직면한 조선사회에 적용해 보려는 개혁과 변화와 대립이 깔려 있다. 실학뿐만 아니라 양명학·도교·불교 등 '이단적' 사유체제에 대해 개방성을 보인 측이 공통적으로 학문과 국가운영의 지나친 경색화에 비판적 입장을 견지한 것은 이 때문이다.[46]

정조는 도교·불교를 이단으로 규정하면서도 유교와 함께 이들이 풍속을 교화하고 세상에 도움을 준 공을 인정하였다. 『맹자』에 대해 정조와 토론하던 김근순이 「고자편(告子篇)」 上 제8장 「우산장(牛山章)」에 대해 토론하면서 "자신은 불가와 양명의 시를 좋아하는데 이 시들의 뜻이 맹자가 말한 '야기(夜氣)'의 뜻을 잘 담고 있으므로 이단이라 해서 배척하고 양명이라고 해서 달갑게 여기지 않을 필요는 없지 않느냐"는 의견을 피력하고 있다. 이에 대해 정조는 그 말이 문장가를 위한 변문법만이 아니라고 옹호하여 주고 있다.

김근순의 이러한 견해는 춘저시기부터 정조의 성리학설에 양명학이 많이 내재되어 있음을 알고 있었기에 나온 것이다. 춘저시기 정조는 주자학과 노론학통에 적극적인 지지를 표방하면서도 내면으로는 노장·양명·불학 등을 통하여 자유로운 사색적 편력을 거쳤다. 정조는 특히 장자에 대하여 애착을 갖고 소요유편(逍遙遊篇)을 높이 평가하며, 장자의 문장이야말로 제자(諸子)의 문장 중에서 제일이라 평가하기도 하였다. 또한 왕양명에 대하여도 '학술은 비록 다르지만 문장은 명대의 제일인자다' 라 평하였다.

정조의 이러한 학문적 개방성은 파격적이라 할 수 있으며, 이러한 점에서 정조의 학문이 주자학으로만 경도되지 않았음을 보여준다. 정조의 사상적 개방성은 '군왕의 학문은 신하의 학문과 다르다'는 견해를 갖고 있었으므로 깊은 학문적 식견에도 불구하고 '도학의 정치화'라고 하는 사문만능주의(斯文萬能主義)를 배격하였다. 사문만능주의는 춘추대의(春秋大義)를 역설하는 내용으로 현실정치에서 노론의 사상을 강조하는 이론으로 매김 하였다. 정조 학문의 이러한 실용성·개방성은 정치의 실효성을 강조한 그의 정치관 때문이다.[47]

정조의 학문과 사상의 다양성은 정조 혼자만이 이룬 노력의 결과는 아니다. 여기에는 18세기의 사회변동에 의해서 고무된 흔적이 역력하다. 이미 18세기 초부터 실학의 기운이 넘쳤고 정조대에 가장 큰 융성을 보이고 있었던 것은 주지의 사실이다. 이 시기 실학자들 대부분이 불교와 서학을 이단으로 평가하면서도 포용하는 입장이었다. 정조 역시 같은 입장이었는데 결국 이런 모습은 정조가 실학자들의 의견을 수용했다고 보는 것이 옳다고 하겠다.[48] 그럼에도 불구하고 군왕으로서 명분론에 얽매이지 않고 다양한 사상을 포용하는 것을 우리는 정조를 통해서 배워야 한다.

정조 경장정책의
평가와 한계

1. 정조 국가경장정책의 평가

정책집행의 주된 주체를 정부의 행정기관(또는 행정관료)이라고 볼 때 정책집행은 정부의 행정기관이 그의 내외부 조직구조 속에서 각종 절차에 입각하여 각종의 필요한 자원을 동원해서 정책목표를 달성해 나가는 활동이라고 볼 수 있다. 우리는 이러한 개념적 명제로부터 정책집행에 영향을 미치는 정책집행체제의 내부요인들을 도출해 낼 수가 있다. 이는 곧 정책집행에 직접적인 영향을 미쳐 성공과 실패의 결과를 드러내게 한다. 여기에서는 정조의 국가개혁 정책을 정책목표, 자원, 내외부조직구조, 집행담당자, 집행절차 등을 중점으로 분석해 볼 필요가 있다.[1]

1) 정책목표

일반적으로 정책목표가 명확하게 정의되어야 정책집행이 용이해져서 성공을 거둘 가능성이 높아진다고 한다. 다시 말해서 무엇을 집행할 것이냐 또 어떻게 집행할 것이냐에 관해 명확하게 정의된 정책목표일수록 집행의 성공확률이 높아진다는 것이다. 이것은 우리나라뿐만 아니라 모든 국가의 모든 정책집행에 있어 정책집행이 성공을 거두기 위해 필요한 가장 기본적인 조건이다. 여기서 주의를 요하는 사실은 명확하다는 말의 의미는 그 정책목표를 수행함에 있어 서로 상반되는 오해가 일어나지 않도록 내부 일관성을 지녀야 한다는 것이지 세부적이어야 한다거나 또는 특정적이어야 한다는 것과는 구별된다는 점이다. 정책목표가 특정적이고 세부적일 경우 물론 그것이 정책집행자의 입장에서 보면 고민거리 없이 무엇을 수행해야 하는지 또는 자신이 집행하고 있는 상태가 제대로 그러한 정책목표를 수행하고 있는 것인지를 판단하는 데 도움이 되는 것이긴 하지만 그렇다고 해서 정책이 반드시 성공적으로 집행된다고는 보기 어려운 것이 현실이다. 정책목표가 지나치게 세부적이거나 특정적일 경우 그 정책에 대한 대상 집단의 찬·반적 선호를 명백히 구분 지워 주게 됨으로써 심각한 갈등의 첨예화 현상을 야기 시킬 수도 있으며 그 결과 그 정책에 반대하는 사람들에 의한 정책집행 방해활동이 적극적으로 표면화될 수도 있는 것이다. 이 경우 오히려 포괄적이고 애매모호한 정책목표가 더 바람직한 것이라고 볼 수 있는 것이다.2)

이러한 정책목표의 세부성과 특정성의 정도를 결정하는 변수, 즉 어느 정도까지 정책목표를 세부적으로 또는 포괄적으로 작성해야 할 것이냐는 사회의 이익들이 어느 정도 분화되어 있고 그들 간에 갈등이 얼마나 빨리 또 어느 정도까지 야기될 잠재력을 지니고 있느냐에 의해 결정된다고 볼 수 있다.

정책목표의 명확성을 높이기 위해서는 우선 정책결정자 자신이 관련 문제에 대하여 명확한 문제의식을 가져야 하며 그것을 해결하는 데 필요한 광범위하고 전문적인 지식을 갖추어야 한다. 또한 정책목표를 설정하는 과정에서 필연적으로 수반되는 의견의 불일치를 자연스러운 것으로 받아들이고 그것을 어느 유력한 정책결정자의 견해로만 일방적으로 정하지 말고 정책결정자들과 집행자 그리고 민간부문의 관련 이익집단들의 여러 의견을 종합하여 가능한 한 여러 사람들의 견해에 수렴시켜 나가는 노력도 게을리 하지 말아야 한다.

이런 의미에서 국가개혁이라는 명확한 목표를 가지고 있었던 정조의 정책목표는 확실했다고 볼 수 있다. 조선조가 약 350여 년을 이어 오면서 양난을 거치고 격해지는 당쟁의 모습을 부친의 사망사건을 통해 너무도 뼈저리게 경험한 정조의 국가 개혁에 대한 목표는 너무도 확고하고 명백했다고 할 수 있다. 자신의 대에서 국가 개혁을 이루지 못한다면 조선의 종묘사직이 더 이상 이어질 수 없을 것이라는 사명감도 그에게는 있었다. 그래서 정조는 숱한 정적들과 기득권 세력들의 반발을 물리치면서 개혁정책을 추진했다고 볼 수 있다.

그가 추진했던 위민과 통합의 정책들은 모두 국가 개혁을 이루어야 한다는 정조 자신의 명확한 목표가 없었다면 불가능했던 사업들이었다. 무엇보다도 정조는 자신이 추진하고자 하는 정책에 대한 확고한 신념과 그를 뒷받침 할 수 있는 관련 지식을 이미 세손시절부터 착실히 준비해 나갔다. 그리고 그는 이 정책을 추진하는 과정에서 발생할 어느 정도의 갈등에 대해서도 상당정도로 준비를 하고 있었다. 이러한 측면에서 정조의 정책목표는 너무도 명백했다고 평가된다.

2) 자원

자원 없이 정책이 집행될 수 있는 경우는 없다. 자원을 정책집행에 영향을 미치는 요인으로 고려할 때 문제가 되는 것은 자원의 질과 양, 그리고 그것에 대한 관리의 문제이다. 자원의 양은 상대적으로 많고 적음에 따라 정책집행의 성공 여부에 영향을 미치게 된다. 자원의 질은 정책집행의 우수성 문제와 직결된다. 그리고 자원에 대한 관리의 문제는 어느 집행기관을 막론하고 정책집행에 소요될 자원의 양이 절대적으로 충분하지 않으므로 그것을 어떻게 하면 능률적으로 동원하느냐와 관련하여 제기되는 문제이다.

자원의 문제에 있어서 국가개혁을 하기 위한 정조의 정책적 자원은 충분하지 못했다고 보아진다. 정책 집행을 위해 가용할 수 있는 자원을 인적 자원과 물적 자원으로 구분했을 때 그에게는 모두가 불충분 했다. 우선 왕위에 오른 직후 그에게는 정치적 지원 배경이 전무한 상태였다. 당시 그를 추종하는 세력이라고는 홍국영 등 극소수의 측근들뿐이었다. 나중에 정조가 등용한 남인 세력 역시 처음부터 정조에게 호의적이지는 못했었다. 어떤 의미에서 남인 세력의 중용은 정조의 탕평을 위한 수단으로 이용된 측면이 강했다고 볼 수 있다. 결국 정조는 규장각과 초계문신제도를 통하여 인적 자원을 스스로 규합하고 길러낼 수밖에 없었다.

물적 자원에 있어서도 정조시대는 대단히 취약한 시기였다. 특히 봉건제적 모순의 심화로 인해 조선의 물적 토대는 서서히 붕괴되어 가는 시점이기도 했다. 따라서 국가 개혁을 위한 재정적 뒷받침이나 기본 인프라는 전무한 실정이었다. 그럼에도 불구하고 정조의 개혁 정책은 상당부분에 있어서 성공적이었다고 평가된다. 이는 전적으로 정조 개인의 역량과 탁월한 리더십의 결과였음을 부인할 수 없다. 특히 그가 추진한 신해통공 조치는 개혁의 걸림돌이 되고 있는 기득권세력에 대한 일대단안이기도 했다. 금난전권을 통해 부의 편중현상이 심화되고 그것이 또 권력과 유착되는 현실에서 서민들의 경제적 피해는 더욱 악화되고 있었다. 산해통공은 이러한 조선조 물적 자원의 편중을 극복하고자 한 노력의 산물이었다. 정조는 이를 통해 국가 경제의 물적토대를 강화하고자 했다. 이러한 정조의 의지가 가장 두드러지는 것이 화성 축성과 그에 참여하는 사람들에 대한 응분의 보상 및 이주민에 대한 국가적 배려 정책을 들 수 있다.

3) 내 · 외부 조직구조

일종의 조직으로서의 정책집행기관의 구조적 특성도 정책집행의 성공여부에 영향을 미치는 중요한 요인이 된다. 정책집행조직의 내부구조라고 하는 것은 조직구성원들 간의 유형화된 관계를 말하며 외부구조라고 하는 것은 정책집행조직과 그것의 환경과의 유형화된 관계를 말한다. 내부구조의 대표적인 것으로 정책집행조직 내부에서의 상관과 부하와의 관계를 들 수 있으며 외부구조의 대표적인 것으로는 정책결정자와 정책집행자간의 관계와 정책집행자와 정책의 영향대상인 제반 사회집단 및 개인 간의 관계를 들 수 있다.

이러한 구조는 크게 권위주의적 구조, 민주적 구조, 자유방임적 구조로 나누어 볼 수 있는데 일반적으로 정상적인 상황 하에서는 민주적 구조를 지닌 집행조직이 다른 유형의 조직구조에 비해 효과성이 높다고 볼 수 있으며 신속한 집행이 요구되는 상황에서는 권위주의적 구조를 지닌 정책집행기관이 보다 높은 효과성을 도모할 수도 있다. 또한 고도의 쇄신성이 요구되는 정책집행에 있어서는 자유방임적 조직구조를 지닌 정책집행조직이 보다 높은 효과성을 나타낼 수도 있다. 대부분의 정책집행조직의 구조가 다분히 권위주의적인 우리나라의 경우에 있어서 각별한 주의를 요하는 사항은 권위주의적 정책집행구조를 획일적으로 유지할 것이 아니라 정책목표 및 해결하고자 하는 문제의 성격 등을 고려하여 거기에 적합한 조직 구조를 지닌 집행조직으로 하여금 정책집행을 담당하도록 해야 한다는 점이다.

정조의 국가개혁을 위한 정책집행은 주로 정조 개인의 의지와 역량에 기초하고 있다. 이는 봉건제 국가의 절대 왕권국가가 가지는 일반적 특성일 수도 있다. 그런 가운데에서도 정조는 국가개혁을 위한 내 외곽의 조직을 총동원하고 활용한 측면이 강했다고 할 수 있다. 규장각의 설치는 정조 스스로가 국가개혁의 총괄을 위한 하나의 연구기관이자 씽크탱크로서의 역할을 맡기기 위한 방편이었다. 이를 통해 정조는 국가개혁의 모든 프로그램을 기안하고 정책화 하고 나아가 집행하고자 시도했었다. 또 초계문신제도를 통해 규장각과의 유기적인 연계작업도 추진했다고 볼 수 있다.

그러나 조직 내부적으로 정조의 이러한 시도는 격화된 당쟁의 여파와 그로 인한 붕쟁에 의해 내부적 협조를 받기가 불가능했다. 정조의 국가개혁이 가지는 한계는 결정적으로 정책 집행 내부 조직의 문제로부터 기인한다. 이렇게 된 원인은 정조가 가지는 정치적 배경의 부족에서 기인하지만 무엇보다도 국가개혁에 반대하는 기득권 세력의 조직적이고 집요한 방해와 저항에 있다고 할 수 있다.

조직 내부의 문제에 비해 조직 외부의 영역에서는 오히려 정조의 노력이 평가와 지지를 받고 있었다. 특히 정책의 직접 수혜 대상인 백성의 경우는 대대적으로 정조 정책을 환영했을 것이다. 자휼전칙과 흠휼전칙 등을 통한 백성의 삶의 질 향상을 위한 노력 등은 당시 복지의 사각지대에 처한 백성들의 절대적 지지를 받은 정책이었다. 또한 서얼형통을 통한 신분을 넘어선 인재의 고른 기용과 문화생활의 하향 평등화 등은 18세기 말 진경시대의 개막이었다고 할 수 있다.

이를 봤을 때 정조의 국가개혁정책은 불가피하게 내부적 기득세력에는 적대적 전선을 형성하게 했으나 외부적 구조를 이루고 있는 백성들에는 대대적인 환영을 받았던 구조를 이루고 있었을 알 수 있다. 이러한 이중적 구조는 결국 정조정책의 높은 이상성이 제도화 하지 못하는 한 지속성을 가질 수 없다는 한계를 보이는 것이었고 정조 사후 처절한 실패에 처해지는 주요한 원인이 되었다.

4) 집행담당자

정책집행의 주체로서의 집행담당자, 즉 행정관료에 관한 주된 관심의 대상은 그들이 지니고 있는 심리적 태도의 문제다. 정책집행자가 정책의 목표와 내용 등에 대해 어떠한 태도를 취하느냐에 따라 정책집행의 성공 여부가 결정될 수 있다. 또한 정책집행에 임하는 정책집행자의 태도가 적극적이냐 소극적이냐 또는 법규 중심적이냐 관리지향적 또는 문제해결 중심적이냐 등등에 따라서도 정책집행의 성공 여부가 좌우되기도 한다.

정책담당자로서의 정조는 무엇보다도 확고한 국가 개혁의 신념과 의지를 가지고 있었다. 이미 정조는 세손시절부터 국가개혁의 준비를 시작했다고 할 수 있다. 그가 조선 역대의 어느 왕보다도 뛰어난 학문적 능력을 보이고 있는 것은 조선이라는 사회가 유덕자로서의 군주가 절대적 권한을 가지고 국가경영에 임한다는 대 원칙에 따르면 가장 철저한 준비를 한 군주였던 것이다. 실제로 그의 경학은 군주를 사사하는 경연장에서 오히려 신하들이 지적을 받거나 또는 가르침을 받는 등의 행적에서도 알 수 있다.

정조는 이러한 개인적 지적배경을 그대로 정책집행에 적용하지는 않았다. 오히려 그는 끊임없는 민정시찰과 능행을 통한 백성의 직접 대면 그리고 수차에 걸친 암행어사 파견 등으로 국가정책의 직접적 대상인 백성들과의 호흡을 맞추는 작업을 병행했다. 확실히 정조는 책상 기획자로서의 정책담당자이기를 거부한 실제적 정책 담당자의 모습을 가진 군주였다.

또한 정조는 문제 해결 중심적 입장에서의 정책을 추진해 나갔다. 전술한 신해통공은 개혁의 주체는 물론 개혁의 대상까지도 함께 참여한 가운데 활발한 찬반 논쟁 속에서 채택된 대표적 정책이었다. 이해관계가 첨예하게 대립되는 사안에 대한 정조는 과감하게 공론의 장을 펼치고 그 속에서 당사자들의 성숙한 대화와 토론을 이끌어 낸 것이다. 이는 정조의 국가 개혁정책이 결과에 집착하는 것 이상으로 정책결정과정의 중요성을 담지하고 있었다는 것을 의미한다.

정조의 이러한 민주적 의식은 당시 봉건 군주제 국가인 조선에서는 획기적인 의식전환이었다. 과정을 중시하는 정조의 인식은 곧 기존 성리학적 공리공론에 식상하고 실제적 학문의 영역을 확대하고자 했던 실학자들의 인식과 공유되었다. 결국 정조시대 수많은 실학자들이 등장하고 또 그들이 우리 정치의 전면에 등장해 일정한 역할을 가능하게 한 주

요한 요인은 정조의 이러한 문제 해결 중심적 접근방식의 정책추진이
주요한 요인이 되었음을 알 수 있다.

5) 집행절차

집행절차의 성격이 어떠하냐에 의해서도 정책집행의 성패가 좌우될
수 있다. 정책이 그때그때 임기응변식으로 집행되느냐 또는 제도화된
절차에 입각하여 합리적으로 집행되느냐 아니면 지나치게 획일화되어
상황변화에 대한 고려 없이 집행되느냐에 따라 정책집행은 성공하기도
하고 실패하기도 한다. 대부분의 경우 집행을 담당하는 행정기관들은
과거의 수많은 정책집행의 경험을 통해 어떤 특정상황 하에서 어떤 특
정정책을 어떻게 집행할 때 가장 합리적으로 집행될 수 있다고 하는 것
을 알게 되는데 이러한 경험을 체계 있게 저장해 두었다가 차후에 그와

동일하거나 유사한 상황과 정책을
접하게 되면 집행방식에 대한 더 이
상의 고민 없이 과거의 경험을 그대
로 적용하게 된다.

그러나 국가 개혁정책의 집행 과
정에서의 정조는 과거의 경험을 축
적할 여유가 별로 없었다. 오히려
당면한 조선 봉건제적 체제의 위기
를 분석하고 대처할 방략을 만들기
에 급급한 형편이었다. 실제로 영조
가 시행한 탕평책은 당쟁에 심화로
위기에 처해진 국가를 구하고자 한
의도를 가지고 있음에도 자신의 집

능행차도

권을 도와준 노론에 치우친 정책적 한계를 보여주었다. 즉, 탕평책을 정
조가 이어 받았다 하더라도 그것이 제도화 된 국가의 정책이라고 볼 수
없었다는 것이다. 결국은 정조는 나름대로의 탕평정책을 다시 수립해야
했고 최종적으로는 화성축성을 통해 자신만의 이상국가 건설을 전념하
게 된 것으로 평가된다.

　　정조가 최종적으로 화성 축성을 결심하게 된 것은 자신이 구상하고
있는 국가 개혁의 프로그램들이 지지세력 없는 상황에서 추진되기가
불가능하다는 것을 확인하고서부터 였다. 즉, 정조는 신권론적 입장에
선 기존 신하 그룹들의 저항에 대해 많은 시행착오를 거치면서 정책집
행의 어려움에 직면하게 되는 것이다. 유교적 이상론인 성왕론적 입장
을 확고히 하고 있던 정조의 정책집행은 이미 체계화된 유교적 관료질
서와 많은 마찰을 빚을 수밖에 없었던 것이다. 결국 정조의 국가개혁정
책들은 정책집행과정에서 어려움과 한계를 동시에 노출시켰다고 할 수
있다.

<표 5-1> 정조의 국가개혁 정책의 실천과 내용

	위민정책	통합정책
정책목표	명확한 국가개혁 인식과 준비	명확한 국가개혁 인식과 준비
자원	서얼허통, 신해통공, 자휼전칙, 흠휼전칙 등실현	탕평책, 언로 확대, 이단 허용
내 외부 조직구조	실학자들의 개혁정책 수용, 규장각설치, 초계문신제도	실학자들의 개혁정책과 기존 관료들의 통합 모색노력과 실패, 정조 사후 개혁후퇴의 원인
집행담당자	정조 자신의 역량에 크게 의존	화성축성을 통한 통합구상
집행절차	민정시찰, 암행어사 파견, 능행 등을 통한 직접통치와 정책집행	화성 축성을 통한 통합시도와 기존 관료들과의 불화

2. 정조 경장정책의 한계

정조는 흔히 조선시대 세종과 더불어 국가의 기본 틀을 변화시킨 경장의 주인공으로 평가된다. 그러나 세종이 건국 초기 왕조체제가 안정기를 누릴 때 여러 제도의 변화와 개혁을 시도해 업적을 이룩했다면 정조는 조선후기 왕조체제가 흔들릴 때 이를 수습하고 나아가 새로운 국가 틀을 형성해야 하는 시대적 과제를 안고 출범해야 했다.

유산극복과 새로운 시대의 창출 어려움

특히 정조는 집권 초기부터 영조가 남긴 숱한 과제에 직면해 시급히 극복해야 할 정치적 유산이 있었으니 집권 노론세력 속에서 소수세력으로서 국왕의 입지를 극복해야 했고, 영조의 탕평책을 계승 발전시켜야 하며 나아가 무너진 관료제의 기강을 바로 세우는 일 등 산적한 업무가 그것이었다. "머리털까지 병들어 언제 죽을지 모르는" "위태로운" "중병환자"로 비유된 당시의 정치상황을 극복해야 했다. 그의 표현에 의하면 "마치 큰 병이 든 사람이 진원이 허약하여 혈맥이 막혀버리고 혹이 불거지게 된 것과 같은 꼴"이자 "증세에 대처할 약제를 알지 못하여 손댈 방법을 모르고"있는 상황이었다.

이러한 조선의 고질병을 극복하기 위해 정조는 국가의 근본적인 경장을 세손시절부터 준비했다. 그가 집권하자마자 가장 먼저 추진한 것이 규장각의 설치였다. 규장각의 설치는 모든 경장의 기본은 훌륭한 인재의 등용과 활용이라는 정조의 통치철학에 기인한 정책이었다고 할 수 있다. 즉, 정조에게는 그의 통치철학을 이해하고 함께 국정을 운영해야 할 신료가 극소수였기에 스스로 원하는 신하를 육성 배출해야 하는 이

중의 과제를 해결해야 했던 것이다. 그러나 정조의 규장각 각신이 배출되고 경장의 주역이 되기까지에는 오랜 시간이 소요되어야 했고 국가운영에 그들의 능력이 검증된 것도 아니었다.

결국 정조는 처음부터 소수의 제한된 신료들을 중심으로 국정운영을 해나가야 한다는 한계를 처음부터 가지고 있었던 것이며 나아가 부족한 부분은 제도적 측면에서의 혁신을 통해 메워야 했다. 정조는 규장각의 설치와 함께 초계문신제도를 실시하였다. 이것은 정조의 즉위와 함께 시행되었고 정조의 경장에 가장 중심적인 역할을 했다고 볼 수 있다. 한편 정조는 조선의 가장 중심적인 정치제도였던 공론정치를 약화시켰다. 즉, 공론정치의 근간이던 대간의 권한을 제한하고 금령을 설치함으로써 조선 사대부의 근간을 흔든 것이다.

그리고 정조는 지방 수령의 권한과 암행어사의 권한과 책무를 강화하고 아전의 역할을 제한함으로서 노론의 정치적 기반이라고 할 수 있는 지방 호족들의 영향력을 약화시켜 나갔다. 이를 통해 정조는 고질적인 탐관오리의 부패를 일소하고 자신의 정치적 이상이었던 "성왕－신, 민"을 이루려는 성왕론의 실현을 꾀하려고 하였다. 이를 위하여 정조는 첫째, 국왕에 의한 향촌통제력을 높이고 민의상달의 정치를 구현하여 중간세력의 농간을 최소화하여 하였다. 둘째, 관료체계를 정립히고 신흥 향촌세력을 형성해 국왕의 권력기반을 강화하려고 하였다. 그러나 정조의 이 같은 향촌 통제책과 중간 장애물 제거 노력은 비현실적이었기에 또 다른 문제를 야기했다.

정조는 지방의 개혁과 관련하여 아전이라는 중간관리를 너무 과소평가하였다. 지방의 아전들은 이미 큰 권한을 가지고 있었다. 또한 정조의 탕평책에 따라 잦은 인사이동이 있었고 이런 잦은 인사이동과 수령의 자질부족이라는 문제는 아전에게 점점 더 큰 권한을 주게 되었다. 또한 수령은 수령대로 자신의 욕심을 채우고 더 나은 관직을 위해 백성을 수탈하였다. 결국 정조는 당시 지방의 정확한 상황을 판단하지 못했고 자신의 정치적 신념 중 하나인 탕평책을 고집함으로써 상황을 악화시켰다.

이처럼 시간이 지나면서 정조의 경장은 많은 한계를 노출시켰다. 외부적으로는 오랜 시간에 걸쳐 이룩된 조선의 강고한 기득세력에 둘러싸여 있는 환경이었고 내부적으로는 정조 본인의 성격적 문제에서 기인하는 한계들이었다.

외부적 한계

우선 외부적 요인인 경장 추진의 환경적 요인을 살펴보면 이는 기본적으로 국가 변화에 소수파의 입장에서 출발한 개혁군주의 태생적 한계이기도 했지만 정조대를 오는 동안 조선사회의 굳어진 왕권을 능가하는 신권세력들의 기득체제의 저항이 그만큼 강고했다는 의미이기도 하다. 이미 조선은 왕권 강화론자들이라고 할 수 있는 남인계열은 오랜 당쟁의 결과 패퇴한 세력이었고 우암 송시열 이래로 노론 중심의 정치체제는 더욱 강화되는 중이었다. 정조의 왕권 강화 정책에 호응할 수 있는 남인계열의 신료들은 극소수에 불과했던 것이다. 그런 가운데 정조는 규장각과 초계문신제도를 통해 스스로 육성한 신하들을 중용하고 싶었지만 아직은 아니었다. 그만큼 노론 중심의 조선사회는 강고했다는 것은 정조 경장의 중요한 외부적 한계요인이라고 할 수 있다.

내부적 한계

정조 경장의 내부적 한계는 정조 스스로 가지고 있는 스타일의 한계에서 찾을 수 있다. 정조는 성품상 모든 일을 혼자의 힘으로 만들고, 처리 해결해야만 직성이 풀리는 스타일이었다. 국정운영에 있어서도 정조

는 대단한 상상력과 보편적 상식을 뛰어 넘는 창조적 발상자였다. 문제
는 그가 상상하는 이상적 사회는 혼자의 힘으로 만들어낼 수 없다는 점
이었다. 무엇보다도 정조의 경장에 저항하는 노론계열의 존재가 가장
큰 문제였기에 그들을 어우르고 때로는 타협해 경장의 동반자로 만들려
는 노력을 별로 하지 않았다는 것이다. 이는 노론세력과 정조는 부친의
죽음과 연관된 구원의 관계라는 문제를 안고 있지만 한편 국왕으로서의
역할자에 충실해야 한다는 당위에서는 지나친 비현실주의자였다고 비
판할 수 있다.

더욱이 정조는 국정운영에 있어서 국왕의 전지전능에 입각한 입장에
서 있었다. 그래서 조선 전통의 국왕은 현명한 사람을 임용하고 유능한
사람에게 맡기는 용현과 위임의 정치를 거부했다. 그는 언제나 모든 일
을 스스로 처리해야 했다. 그래서 정조는 늘 모든 일을 혼자서 처리하느
라 "앉아서 아침이 오기를 기다리고 해가 기울어도 밥먹을 겨를도 없을"
정도로 바빴던 주공과 문왕의 예를 들면서까지 국왕의 직접통치를 고집
했다. 그는 "날이면 날마다 신료들을 인접하면서 밤까지 이어진 적이 허
다하고, 심지어 해가 기울 때까지 일을 하다 끼니를 거르는 때도 있을"
정도로 "정신의 피로함을 돌아보지 않고 몸소 친히 서무를 부지런히" 하
면서 "옛 성현의 마음가짐"을 배울 것을 다짐하곤 했다.

이러한 정조의 국정운영 스타일은 "친정과 무일의 정치"로 표현된
다.3) 스스로 모든 일을 다 하고 일일이 간섭함으로써 국왕의 책무를 다
한 것으로 확신한 정조는 자신이 키운 신료들에게도 마찬가지로 대했
다. 결국 신료들은 늘 정조에게 "자잘한 데까지 지나치게 간섭한다", "옛
날 성왕은 단정히 손을 마주잡고 옷깃을 드리우고, 가만히 앉아 있어서
아무 것도 하지 않는 것 같았는데 현재의 군주는 총찰(聰察)이 너무 상세
하다", "임금의 몸은 위에서 한갓 수고하시지만 다스리는 효과가 아래에
서 기다려지지 않는데 이는 국왕이 정신을 여러 가지 일에 너무 낭비하

고 총찰이 자잘한 일에 까지 지나치게 쏟기 때문이다”는 등의 불만을 가지게 되었다.

이러한 정조의 통치 스타일은 결국 신하들의 책임회피와 소명의식 결여로 결과되고 말았다. 이것은 정조가 가지고 있는 성품으로 인해 스스로 그렇게 진력했던 경장을 미완으로 머물게 하는 결정적인 요인이 되고 만다. 전술한대로 국가경장이라는 거대한 프로젝트를 앞에 두고 더욱이 수없이 많은 난제들이 그의 길을 가로막고 있는데 혼자의 힘으로 그것들을 모두 극복하기는 불가능이었다. 정조는 어떤 형식으로든 자신의 업무를 신료들을 믿고 나누어야 했다.

그러나 정조는 수시로 언관을 비롯한 신하들의 “기를 꺾고”, “왕의 눈치만 살피는 아첨하는 무리”를 양산하고 있다는 사대부들과 초계문신 출신 인사들의 거듭된 고언을 들어야 했다. 정조는 언제나 군사, 혹은 성왕을 자처하면서 신료들의 무지함과 이해 부족을 탓했다. 신하들은 늘 지신들을 공경해 주지 않는 국왕에 불만을 가질 수뿐이 없었고 스스로 신료라는 정체성을 찾기가 힘들 정도였다고 한다. 결국 심하게 말하면 정조의 경장은 점차 혼자 하는 경장이 되고 말았다.

오회연교의 꿈

정조 말년(1800)의 오회연교(五晦筵敎)는 이러한 정조의 아쉬움과 계속되어야만 하는 경정에 대한 정조의 불안감이 점철되어 표출된 사건이었다고 보여진다. 이는 개혁에 대한 정조의 큰 열정과 탁월한 학문적 배경, 그리고 친위세력 양성의 성공이라는 긍정적인 배경을 두고도 끝내 기득권 세력의 저항을 넘지 못하고 미완의 개혁가로 남게 한 이유가 되고 마는 것이다.

1800년 5월 30일 그믐(晦)에 내린 교시라 해서 오회연교로 불리는 이

날의 조치는 대단히 파격적인 내용으로 그동안의 의리론에 입각한 탕평
책으로 정파별로 안배하던 인사정책의 포기선언이었다. 오회연교에는
솔교(率敎, 가르치고 따른다)와 교속(矯俗, 나쁜 습속을 바로잡는다)이라
는 그의 통치철학을 이해할 수 있는 두 단어가 들어있다. 스스로 군주와
선생의 위치에 있어야 한다고 믿었던 정조는 모든 신하와 백성의 어버
이이며 나쁜 습속은 제거한다는 원칙론자였다. 당시 정국에서 가장 나
쁜 습속은 당파에 얽매어 내용의 유무익을 떠나 무조건 상대파를 공격
하는 것이었다. 오회연교를 통해 정조는 더 이상 이러한 나쁜 습속을 용
납하지 않겠으며 이제부터의 의리는 올바른 길을 제시한 자신을 따르는
것이고 앞으로는 자신의 정치철학을 구현할 인물들과 정치를 하겠다고
선포했다.

이미 그는 소수파인 소론을 대거 등용하는 인사를 발표했었다. 특히
인사권을 쥐고 있는 이조는 판서와 참의를 모두 소론파로 임명했다. 몰
론 영조 때 궤멸되다시피 했던 소론의 복귀가 정조의 의도는 아니었다.
자신과 함께 개혁을 주도할 남인을 등용하겠다는 사전 포석이었다. 그
래서 정조는 오회연교에서 8년 주기의 재상임명을 언급하며 그 정당성
을 역설했다. 남인 채제공, 노론 김종수, 소론 윤시동이 모두 8년 주기로
재상자리에 있었다. 이제는 남인차례였다. 정조는 이미 남인의 대표격
인 이가환을 한성판윤으로 대기시켜 놓고 있었다. 또한 동부승지를 사
양하고 낙향한 정약용에게도 사람을 보내 6월 그믐 경연에서 만나자고
연락을 취했고 천주학도 이승훈도 죄를 1등급 감해 경미하게 만들어 놓
았다. 모두 정조가 키운 남인의 차세대 주자들이었다. 결국 오회연교는
이들과 함께 갑자년(1804) 구상을 준비하고자 했던 정조의 복안이었다.

갑자년 구상은 정조가 세자의 나이 15세에 왕위를 넘기고 자신은 신축
한 화성에 상왕으로 앉아 부친의 추증은 물론 한양천도까지를 포함한 본
격적인 개혁정치를 하겠다는 생각이다. 한양에서의 개혁정치는 막강한

노론 등 기득권 세력으로 불가능했다. 이를 잘 알기에 정조는 화성건설을 하면서 수원을 자급적 상업신도시로 준비시켰고 장용영 외영의 본부도 이곳에 두어 누구도 범접할 수 없는 막강한 군사력까지 확보해 두었다.

그러나 오회연교는 대신들로부터 비난과 외면 그리고 항의를 들어야 했다. 자신이 키운 초계문신 출신의 이서구까지 노론의 신임의리와 사림정치 준수를 요구했다. 아직 조정은 정조의 구상을 따를 준비가 되어 있지 못했다.

결국 극도의 정신적 스트레스와 경장 피로감에 처해진 정조는 스스로 무력감에 처해지지 않을 수 없었다. 자신의 뜻대로 따라와 주지 않는 신료들과 정치상황에 대한 실망감과 무력감 등은 정조의 건강을 크게 해치고 결국 정조 스스로 외척의 힘에 다시 의지하는 결단을 내려야 했다.

심신이 크게 상한 정조는 1800년 6월 14일 편전인 영춘원으로 장차의 외척인 김조순을 불러 들였다. 김조순은 대대로 서울에 살던 안동 김씨 명문가의 후손으로 정조가 신임하던 몇 안되는 노론의 핵심이었고 그의 딸은 이미 몇 달 전 왕세자빈으로 간택되어 있었다. 정조는 그날 밤 김조순에게 1804년 왕세자가 15세가 되는 해를 맞아 왕위를 이양하고 자신은 화성으로 내려갈 것이니 순조를 도와 이후 정국에서 주도적 역할을 해 달라는 소위 갑자년 구상을 설명했다.4)

이는 그동안 재위 24년간 정조 스스로 그렇게 지키고자 했던 우현좌척(右賢左戚)이라는 경장의 기본원칙, 즉 외척을 배제하고 사림을 우대하여 등용한다는 방안의 실패를 인정하고 스스로 외척의 정국운영에 적극 개입할 것을 요청한 것이다. 지속적인 탕평책과 왕권 강화에도 불구하고 정조의 국가경장에는 설득과 합의를 통한 정치, 현실과 이상의 차이 인정, 정치집단간의 균형이 필요하다는 점을 자각시키고 있다. 현실과 이상의 차이를 인정하고 그에 따라서 자신의 정책이 틀리다면 그것을 포기할 줄 아는 것, 그리고 독단의 정치가 아니라 다른 정치적 이상을 가진 집단과의 합의를 통한 정치, 그리고 그러한 집단들이 균형을 이루는 것이 경장 못지않게 중요하다는 정조의 경험은 그 시효가 무한함을 확인시키고 있다.

화성의 연무대앞 석양

나가는 글

위기 속에 등장한 정조시대

정조는 사도세자의 죽음을 극복하고 어렵사리 왕이 되었다. 정조는 사도세자의 명예 회복을 통한 왕권의 안정을 추구하는 일련의 정치개혁을 시도하였다. 정조는 국왕 스스로가 '성왕'을 자처하고 '군사'임을 천명했다. 그는 자신의 탁월한 학문적 능력을 바탕으로 서경을 재해석하여, 성왕은 폭넓은 재량권을 가진 능동적인 개혁정치가였음을 강조했다. 삼대를 이룩한 요, 순의 경우도 소극적이고 수동적인 존재가 아니라, 정치의 한가운데에서 나라의 중심을 세우고 신민의 장점과 개성을 살려 그들에게 오복을 베풀어주는 적극적인 정치가였다는 것이다. 정조가 즉위 초부터 지속적으로 과거의 폐를 극복하고 나아가 조선의 새로운 패러다임을 디자인 해 나갈 수 있었던 것도 이러한 정조의 자신감에 기인한다고 할 수 있다.

새로운 사회를 위해 정조는 노론 세력이 장악한 경제 분야, 군사 분야 등 사회 전반에 걸친 개혁을 통하여 민생을 안정시키는데 온 노력을 경주하였다. 조선후기 붕당정치의 발달과정에서 많은 정치적 사건이 발생하였다. 특히 숙종 재위기간 왕권강화를 위한 집권층의 교체를 통해 많은 인명이 목숨을 잃었다. 우리 붕당정치사에서 가장 대표적인 정치폐단의 시대였고, 이를 극복하기 위해 영조는 탕평책을 숭심 이데올로기로 제시하였다. 그러나 영조의 탕평정책은 노론세력을 중심에 놓고 나머지 세력들에게 약간의 정치참여 기회를 제공해 준 수준이었다. 이 상황에서 사도세자의 죽음인 임오화변이 발생하였고, 정조는 세손임에도 불구하고 끊임없이 죽음의 위기를 맞이하였다.

성왕론의 통치철학자 정조

정조는 성왕론을 중심으로 한 왕권 중심의 학설을 강조하며 신하들을 압박하였다. 즉위 후 문풍진작을 위하여 규장각을 설치하고, 초계문신 제도를 도입하였다. 또한 학문이 뛰어난 소외계층인 서얼을 규장각 검서관으로 등용시키면서 친위 세력을 조직하였다. 이들 신진학자들은 노론 소론 남인 등 붕당을 초월하여 정조의 정책을 추진, 보위하는 세력으로 재위기간 내내 충실히 자신들의 역할을 다하였다.

규장각의 설치를 통해 문풍을 활성화하고, 아울러 장용영의 설치를 통하여 정조의 친위군사력을 확대하였다. 조선후기 계속되던 오군영의 폐단을 혁파함과 아울러 설치된 장용영에서는 조선 무예의 정립과 국방력의 강화를 추구하였다.

정조는 전란 및 어려운 경제현실로 버려진 아이들을 구제하는 자휼전칙을 반포함과 아울러 백성들을 고통스런 형벌에서 구제하고자 하였다. 이러한 위민정신에서 나온 제도가 바로 흠휼전칙이다. 형구의 완화와 형벌제도의 약화를 통해 일반 백성들의 고통을 감소시켰다.

기존 노론 세력들과 연계되어 있던 경강상인 및 시전상인들의 부도덕한 난전을 혁파하여 일반 백성 모두가 상업행위를 할 수 있는 개혁 경제정책인 신해통공을 반포하였다. 이를 통해 상업은 활성화되어 조선은 좀 더 빠른 사회로의 변화를 추구하게 되었다.

이러한 정조의 정책들은 정조가 당대 실학자들의 의견을 충분히 수렴하여 발생된 결과로 볼 수 있다. 정조는 자신이 추구하고자 했던 개혁정치의 마지막 완성을 위하여 화성건설을 추진하였다. 화성건설은 정조 효사상 정치의 결정판으로 그는 부친이 사도세자에 대한 추존과 능행 그리고 어머니인 혜경궁 홍씨의 진찬례 등이 복합적으로 어우러진 축성이었다. 그리고 능행과 화성축성을 통해 그는 백성들에게 자신의 효정치를 몸소 실현해 보였다. 즉, 정조 효사상은 효라는 개인적 기능을 국가사회의 영역으로 확대 적용했고 그를 통해 백성을 교화하고자 했던 정조의 주요한 정치이었다. 정조에게 있어서 효는 곧 공맹의 인사상을 개인의 효사상으로 승화시킨 것이라고 볼 수 있다.

화성축성을 통한 군주권 강화와 통합의 정치

한편 신도시 화성을 건설하여 농업, 상업을 활성화하여 10만 호의 대도회를 건설하고, 장용영외영의 5천 병마를 두어 자신을 호위하여 정조 자신의 개혁 정치의 배후도시로 만들고자 하였다. 그리고 정조를 이를 통해 국론을 모으고 백성들을 통합하는 이상세계를 지향했다. 즉, 실학자들의 개혁정책을 수용하고 기존의 기득권 세력에 신물난 백성들에게 새로운 국가의 수부를 만들어 줌으로써 새세상에 대한 희망과 자긍심을 심어 줄 수 있었다. 한편 정조는 이를 통해 조선 군주권의 확립을 추구하였다.

화성축성에는 당대 모든 신진 학자들과 경륜의 관료들이 참여하였으며, 실학적 기반을 통해 다양한 도구를 개발하여 빠른 시간에 도시를 건설하였다. 이 과정에서 정조가 가장 공을 들인 부분은 사회적 통합이었다. 기존의 권력층인 노론 중심의 중앙정치의 폐해를 극복하고 진정한 의리론에 입각한 탕평의 정치를 실현하기 위한 새로운 무대로서의 화성 신축이 필요했던 것이었다. 또한 새로운 무대는 사람들의 인적교류뿐 아니라 물류의 흐름도 동시에 이루어지는 정지경제의 중심 무대가 될 수 있는 신도시로 만들어져야 했다. 이를 위해 정조는 백성들의 자발적인 참여를 이끌어 내는 노력에 진력을 다하였다. 그렇기에 수원화성은 모든 참여자가 강제노역과 같은 전근대적 동원령에 의해서가 아니라 백성들의 자발적인 참여를 이끌어 내는 기제들을 마련했었다.

모든 참여자는 노임을 받았고 특기한 기술에 대한 별도의 수당 역시 충분히 지급 되었다. 나아가 정조는 가장 믿을 수 있는 신하들인 채제공과 조심태를 상주시키어 공사를 총 지휘하게 하는 역할을 맡겼다. 그뿐 아니라 정조는 여름이면 더위를 피해 준다는 궁중의약임 척사단을 내렸고, 겨울이면 털모자를 지급해 주어 백성을 사랑하는 군주의 마음을 보여 주었다. 공사중 혹서와 재해로 인해 공사가 중단될 위기도 있었다. 현 상태에서 공사를 중단하는 것은 절대 불가라는 대신들의 건의와 심지어 채제공까지 공사중단은 안된다고 주장했지만 백성을 개별적 인격의 주체로 인식했던 정조는 결단을 내려 공사중단을 명했다. 수원화성의 빠른 완성보다도 백성들의 안위를 더 우선시 했던 군주의 모습이었다. 6개월 정도 중단되었던 공사는 재개되자마자 더 빠르게 진행되었다. 오히려 하나가 된 백성들이 공사기일을 더욱 촉진시킨 것이다. 채 3년도 걸리지 않아 수원화성은 완성되었고 중요한 것은 화성 축성을 통해 정조가 이상했던 통합의 정치가 실현되었다는 것이다.

수원화성의 위용(장안문)

영원한 이상국가의 디자인을 꿈꾸며

사회통합을 위환 정조의 노력은 수원화성을 건설하는 동안에도 계속되었다. 화성건설이 사회통합의 외형적 완성이라면 내부적 사회통합은 백성들의 신분제적 갈등 극복에서 찾아야 했다. 정조는 이미 서얼허통을 통하여 서얼들의 관직진출 허용은 물론 차별철폐를 시도했었다. 그러나 조선 신분제의 가장 심각한 영역은 노비제도에 있었다. 중세적 절대주의 국가에서 노비제도는 모든 생산물을 담당하는 절대적 생산수단이었다. 그런 신분제의 철폐를 위해 정조는 오랜 굴레 노비를 해방하고자 하는 평등의식을 현실에서 구현하고자 하였으며, 이를 통해 조선이 세계의 중심 국가라는 인식 하에 일류국가를 건설하고자 하였다.

18세기 말 정조는 국가개혁 정책들을 통하여 백성 존중하는 위민의 마음과 모든 정파와 신분을 넘어선 통합정신을 바탕으로 문화국가를 추구했던 위대한 군주였다. 정조가 지향했던 위민과 통합의 정신이 여전히 유효한 이유는 아직 우리에게는 정조의 꿈이 완성되지 못한 때문인지도 모른다. 우리가 아직도 민족적 과제인 분단극복과 민족통합에 원형적 이론에 대한 모색을 한다면 정조로부터 시사받을 점은 충분하다고 사료된다. 정조가 지향했던 국가개혁정책들이 시대를 초월해 오늘 세계화 시대에 적합한 21세기의 이상적 민주통합국가 그리고 문화가 다시 부흥하는 나라로 완성된다면 18세기 정조의 꿈이 21세기에서 이루어질 수 있는 계기가 될 수 있을 것이다.

<들어가는 글>

1) 본 연구에서의 정책은 정책결정과 정책집행을 설명하는 전반적인 제 자료들의 해석을 의미한다는 Lasswell의 규정에 기초한다. H. D. Lasswell, "The Policy Orientation", in Daniel Lerner and H. D. Lasswell(eds.), The Policy Sciences(Stanford: Stanford Uni. Press, 1951), p.14: 김규정,『신고 행정학원론』, 법문사, 1986, 147쪽 재인용.

2) 아담 샤프, 김택현 역,『역사와 진실』, 청사, 1982, 215~216쪽.

3) 지금 이 말을 한 순간에도 그 말은 이미 발생한 것으로 되어 버렸다.

4) 아담 샤프, 앞의 책, 222쪽 참조.

5) C. L. Becker, "What are historical facts?", the Western Political Qarterly, no.3, 1955, New York, pp.124~125.

6) 아담 샤프, 앞의 책, 285~286쪽.

7) 정조에 대한 연구는 대단히 광범위하다. 그중 단행본으로 집약되어 출간된 것을 보면 김문식,『정조의 경학과 주자학』(2000), 문헌과 해석사; 김성윤,『조선후기 탕평정치연구』(1998), 지식산업사; 박광용,『영조와 정조의 나라』(1998), 푸른역사; 박현모,『정치가 정조』(2001), 푸른역사; 유봉학,『정조대왕의 꿈』(2001), 신구문화사; 정옥자,『정조시대 사상과 문화』(1999), 돌베개; 정옥자,『정조의 수상록 일득록 연구』(2000), 일지사; 정옥자 외,『정조시대의 사상과 문화』(1999), 돌베개 등이 있다.

8) 정조의 이름은 산(祘), 자는 형운(亨運), 호는 홍재(弘齋, 홍재의 뜻은 '일인(군주)에게서 미루어 넓혀간다'는 홍우일인재(弘于一人齋)의 준말로 정조의 왕권 강화에 대한 의지를 나타내고 있다. [홍재전서(弘齋全書)], 제53권, 명), 또는 만천명월주인옹(萬川明月主人翁)이다. 영조 28년(1752) 9월 20일에 영조의 둘째아들인 사도세자의 장남으로 태어났다. 어머니는 「한중록(閑中錄)」의 저자로 잘 알려진 혜경궁 홍씨로 영의정 홍봉한의 딸이다. 11세 때인 임오년(1762) 2월에 청원부원군 김시묵의 딸과 혼례를 치렀고, 대리청정을 하다가, 25세인

1776년 3월 할아버지인 영조가 사망하자 백부인 효장세자의 통을 이어 즉위하고, 재위 24년만인 1800년 6월에 49세로 서거하였다.

9) 1762년 영조가 세자인 사도세자를 뒤주에 가두어 죽인 사건으로 당시 정조는 11세였다.

10) 오군영은 훈련도감(訓鍊都監)·어영청(御營廳)·총융청(摠戎廳)·금위영(禁衛營)·수어청(守禦廳)을 이른다.

11) 1783년(정조 7년) 때 기민구제(饑民救濟)의 목적으로 공포된 전칙(典則)으로 기아(飢餓)와 걸식(乞食)으로 굶어죽는 어린이들이 많았으므로, 정조는 특별히 윤음(綸音)을 내려 사목(事目)을 정하고 혜휼(惠恤)의 길을 열어 그 시행방법을 규정하게 하였다.

12) 정조 때 죄인의 심리(審理)를 신중하게 하라는 준칙을 정한 법률서. 1책. 목판본. 내제(內題)는 <어정흠휼전칙(御定欽恤典則)>. 죄인을 처벌할 때 사건을 신중하게 다루어 억울한 형벌을 받는 일이 없도록 하기 위한 정조의 뜻에 의해 편찬되었다.

13) 정조의 화성 건설은 이런 의미에서 건물이나 토지가 주인이 아닌 인간 소통의 장으로서의 현대적 의미의 도시개념과도 합치된다고 할 수 있다. 이 문제와 관련해서는 현대적 차원의 도시창조와 주체로서의 시민과의 관계를 다룬 최호준, 『시민의 도시』(디자인 네트, 2000) 참조 바람.

14) 최홍규, "현륭원 천봉과 신도시 화성건설", 『정조의 화성건설』, 일지사, 2001.

15) 그들은 플라톤, 아리스토텔레스 이래의 모든 전통적 정치이론들을 아무런 희망 없는 형이상학적(공론적)인 것, 과학적으로 비정교하고, 타당성이 적고, 근거가 없으며, 혼란스러운 것 등으로 매도하고 있다. 그들은 정치학이 '시대적으로 오래되고, 신학지향적이며, 전통적인' 사고체계를 포기하고 대신 '근대적, 과학적, 경험적, 이론적, 반형이상학적인' 사고체계(Eugene Meehan, The Theory and Method of Political Analysis(Homewood, IL : Dorsey, 1965), p.237 재인용)를 채택해야 한다고 주장한다. 백승현, "현대정치학에 있어서 철학적 정치학의 위상: 에릭 보글린의 '새로운 정치학'적 관점에서", 『한국정치학회보』제24집 특별호, 1990, 9쪽.

16) 위의 논문.

17) 역사 규범적, 인식 경험적 그리고 철학적 방법론에 관한 구체적 내용은 위의
논문 참조바람.

18)『陽村集』권 17.

19)『聖學輯要』권 7, 爲政.

20) *Ibid.*

<조선왕조와 경장>

1) 강광식, 앞의 책, 72~73쪽.

2) 문재윤, "조선조 정조의 통치리더십", 경북대 정치학박사 논문, 2001, 63~75쪽
을 주로 참조.

3) 배병삼, "조선시대 정치적 리더십론 : 수기치인과 무위이치(無爲而治)론을 중
심으로", 한국정치학회보 31집 4호, 55쪽.

4) 최연식, "여말선초의 권력구상 : 왕권론, 신권론, 군신공치론을 중심으로",『한
국정치학회보』32집 3호, 38~39쪽.

5) 강광식,『신유학사상과 조선조 유교정치문화』, 집문당, 2000, 52~53쪽.

6) 문재윤, 위의 글 재인용.

7) 부남철, "조선 전기 군주권 유지를 위한 이념정책",『한국정치학회회보』25집
1권, 1991, 15쪽.

8) 최연식, 앞의 논문, 44~49쪽.

9) 부남철, 앞의 논문, 12~15쪽.

10) 이기순,『인조 · 효종대 정치사연구』, 국학자료원, 1998, 55~56쪽.

11) 최연식, 앞의 논문, 43쪽.

12) 최연식, 앞의 논문, 44쪽.

13) 『조선경국대전(朝鮮經國大典)』, 헌전.

14) 강광식, 앞의 책, 25~26쪽.

15) 정만조, "17세기 정치사의 이해방향", 『한국의 철학』 22, 경북대 퇴계연구소, 1994, 8~9쪽.

16) 위의 논문, 9~10쪽.

17) 박병련, "朝鮮朝 政策過程의 特性과 含意" 참조.

18) 한충희, "조선초기 의정부연구" 상·하, 『한국사연구』 31, 1980.

19) 신석호 외, 『한국사』 10-양반관료국가의 사회구조-, 국사편찬위원회, 1977, 36쪽.

20) 이황(李滉), 『퇴계집(退溪集)』, 소(疏), <戊辰六條疏>.

21) 조식(曺植), 『남명집(南冥集)』, 소(疏), <戊辰封事>.

22) 한우기·이성무 외, 『역주 경국대전』-주석편-, 한국정신문화연구원, 1986, 86쪽.

23) 김운태 외, 『한국정치행정의 체계』: 정정길, "정책결정과 정책뮤제 채태", 박영사, 1982, 253쪽.

24) 정도전(鄭道傳), 『삼봉집(三峰集)』, 「經濟文鑑」 下, <諫官>, 上而公卿大夫 下而至於庶商賈百工之賤 莫不得以諫.

25) 『성종실록(成宗實錄)』 16년 3월 25일(丙午). 사도순찰사 홍응이 전라도, 경상도 백성의 신소(申訴)를 채택하여 서계(書啓)한 사례가 있다.

26) 임금이 어람(御覽)하고 난 뒤, '계(啓)'자가 양각된 도장을 인주나 먹으로 찍어서 임금이 인식하고 판단했다는 것을 표시했음.

27) 이수건, "조선후기 영남유소에 대하여", 『두계 이병도박사 구순기념한국사논

총』을 참조할 것.

28) 『성종실록(成宗實錄)』 10년 8월 21일(甲辰), 10년 10월 27일(기유) 등 여러 곳
    에서 사례를 확인할 수 있다.

29) 『연산군일기(燕山君日記)』, 3년 1월 25일(丁卯).

30) 『증보문헌비고(增補文獻備考)』 권 220, 職官考 7, <經筵廳>, 世祖乙亥 申叔舟
    曰 經筵 人主與儒臣 講道義論政治者也.

31) 『경국대전(經國大典)』, 吏典, 京官職, (經筵). 掌講讀論思之任.

32) 이하는 안해균, 『정책학 원론』(다산출판사, 1984)을 주로 참조함.

33) Mark V. Nadel, "The Hidden Dimension of Public Policy: Private Governments
    and the Policy-Making Process", Journal of Politics, Vol, 37 (February 1975), p. 1.
    Thomas R. Dye는 정책을 언어유희(playing word games)라고 한다. Thomas R.
    Dye, Understanding Public Policy, 4th ed. (Englewood Cliffs, N. J.: Prentice-Hall,
    1981), pp.1~3.

34) William N. Dunn, Public Policy Analysis: An Introduction(Englewood Cliffs,
    N.J.: Prentice-Hall, 1981), pp.7~8.

35) Webster's Third New International Dictionary(Chicago : Encyclopedia Britanica,
    Inc., 1976), Vol. II, p.1754. R. Presthus는 정책의 개념을 이러한 사전적 의미
    로서 파악하고 있다. Robert Presthus, Public Administration, 6th ed.(New York
    : The Ronald Press Company, 1975), p.15.

36) 『신한 새국어사전』(서울 : 신한출판사, 1974), 1208쪽.

37) 독일어의 'Politik'나 러시아아의 'politika'가 정책과 정치 모두를 지칭하는 말이
    되는 어원적 이유도 바로 여기에 있다. W. Dunn, op. cit., p.8.

38) Harold D. Lasswell, "The Policy Orientation," in Daniel Lerner(ed.), The Policy
    Sciences(Stanford : Stanford University Press, 1951), pp.11~13.

39) Harold D. Lasswell and Abraham Kaplan, Power and Society(New Haven: Yale

University Press, 1970), p.71.

40) David Easton, The Political System(New York: Alfred A. Knopf, Inc., 1953), p.129.

41) David Easton, A Systems Analysis of Political Life(New York: John Wiley & Sons, 1965), p.32.

42) Ibid., p.358. 공공정책을 일반정책의 특수한 경우로 보고 있는 A. Ranney는 공공정책이 D. Easton이 말하는 이러한 권위에 의해 채택되고 집행된다는 데 공공정책의 특성이 있다고 함으로써 정책개념규정에 있어 D. Easton 과 맥락을 같이하고 있다. Austin Ranney, "The Study of Policy Content: A Framework For Choice," in A. Ranney (ed.), Political Science and Public Policy(Chicago : Markham Publishing Co., 1968), p.7.

43) D. Easton, op. cit., pp.351~352.

44) T. Dye, op. cit., p.2.

45) Ibid., p.79.

46) Amitai Etzioni, The Active Society : A Theory of Societal and Political Processes (New York: The Free Press, 1968), p.252.

47) Yehezkel Dror, Policymaking Reexamined(Scranton, Penn.: Chandler Publishing Company, 1968), p.12.

48) Joyce M. Mitchell and William C. Mitchell, Political Analysis and Public Policy(Chicago: Rand McNally, 1969), p.41.

49) Policy Studies Organization, Policy Studies Journal, Vol, 1(Autumn 1972), p.2.

50) 허범, "정책의 본질," 유훈 외 5인 공저, 『정책학개론』, 서울 : 법문사, 1976, 33쪽.

51) 공·사 구별에 관한 논의에 대해서는 안해균, 『현대행정학 : 행정의 기본개념과 원리』(서울 : 다산출판사, 1983), 57~59쪽; M. Nadel, op cit., pp.64~71; Felix Oppenheim, Political Concept: A Reconstruction(Oxford: Basil Blackwell

Publisher, Ltd.,1981), pp.123~149 등을 참조.

52) 이러한 경우에 해당하는 실례로서 1984년 1월 6일 현대그룹이 발표한 “1984
년 1월 8일부터 출고가를 0.5%~5% 인하하겠다”는 기업정책을 지적할 수 있
다. 당시 신문지상에 발표된 그대로 “정부의 물가안정(정)책에 호응하는 뜻에
서……단행키로 했다”(한국일보, 1984년 1월 7일자, 4면)는 구절에만 주안점을
두고, 또 정책을 정부활동에만 국한시켜 정의한다면 현대그룹의 그러한 조치
는 정부가 취한 물가안정정책의 결과로 해석할 수도 있겠다. 그러나 1983년 1
년 동안에 7조원(같은 해 정부세출규모 10조 4천억 원의 약 70%에 해당)의 매
출액을 기록하였고 1984년에는 9조원(1984년 정부세출규모는 예산종결로 인
해 1983년과 큰 변동이 없는 10조 4천 1백67억원, 따라서 약 90%에 해당)의 매
출액을 계획하고 있는 현대그룹의 그러한 조치는 물가안정이라는 공익실현에
그 어떤 정부의 정책보다 직접적인 영향을 미칠 수 있는 것이라는 점을 고려할
때 그 자체가 이미 공익실현을 한 가지 목표로 하고 있고─ 그 이외의 공식적
으로 표면화되지 않은 목표가 무엇인지는 알 수 없으나─여타 사회체제에 중
대한 영향을 끼치고 있다는 점에서 그것을 공공정책적인 것으로 보아도 무리
가 없다 하겠다.

53) M. Nadel의 경우는 민간부문의 이러한 특성에 착안하여 자원전환정책(resource
transfer policy), 규제정책(regulatory policy), 제헌적 정책(constituent policy) 등을
내용으로 하는 「비정부적 공공정책」(nongovernmental public policy)에 관한 논
의를 전개하고 있다. M. Nadel, op. cit., pp.77~85.

54) 안해균, 앞의 책, 450~460쪽 참조.

55) 이에 관해서는 Carl E. Van Horn, Policy Implementation in the Federal System(Le
-xington: Heath, 1979), p.161과 R. Nakamura and F. Smallwood, op. cit., pp.38~39.

<조선후기 정치적 위기상황과 정조의 정치인식>

1) 한국역사연구회 편, 『한국사강의』 제2판 색인 증보판, (한울아카데미, 1989),
203~208쪽 참조.

2) 민중사상연구소 편, 『한국근대민중사』, 참한, 1988, 16~20쪽 참조.

3) 黃玹, 『梅泉野錄』, 국사편찬위원회, 1996.

4) 왕족에게 주는 절수(折受)나 사여(賜與)에 의해 궁방전이 창설된 것은 1600년 (선조 33년)부터라고 할 수 있다. 임진란 이후 왕자, 공주 등이 결혼하자 이미 직전제가 붕괴되어 이들의 생계를 유지시켜줄 방도가 없는 상태에서 토지를 직접주는 변통책을 취하게 된 것이다. 안병태, 『한국근대경제와 일본제국주 의』, 백산서당, 1982, 49쪽.

5) 아문이 황무지를 절수받은 뒤, 여기에서 농민경영이 개간의 성과를 이룩하면 그로부터 결세 혹은 그 이하의 수취를 행했던 땅을 말한다. 기본적으로 전시의 부족한 군량을 보충하기 위하여 성립한 둔전이기에 면세지였다.

6) 3년간의 면세혜택을 주고 진황전(陳荒田)의 개간에 전주(田主)가 나타나면 수확의 3분의 1을 전주에게 지급하게 하고 개간 경작한지 10년이 되면 비로 소 그 전주와 전호(田戶)가 병작반수(竝作半收)하도록 하였다. 김혜승 , 『한 국 민족주의 -발생양식과 전개과정-』, 비봉출판사, 1997, 102쪽 재인용.

7) 위의 책, 101~102쪽.

8) 김운태, 『조선왕조행정사』근세편, 위의 책, 251~252쪽.

9) 전세는 매결 4斗, 삼수미는 射, 殺, 砲의 삼수병의 급료를 위한 세로 매결 2斗 2 升, 대동미는 매결 12斗, 결작은 균역세의 일종이었다.

10) 손문호, "조선조 성리학 정치사상의 역사적 성격,"『한국정치외교사학회논총』 제4집, 평민사, 1987, 98~100쪽 참조.

11) 성리학의 이상적인 이원론적 세계관은 성리철학의 근원인 이기론(理氣論)에서 부터 출발한다. 이기론으로 조선정치사상의 위계질서를 설명한 책으로는 김 만규, 『조선조의 정치사상연구』, 인하대출판부, 1982 참조 바람.

12) 그런 차원의 연구로는 김한식, 『실학의 정치사상』(일지사, 1979)을 들 수 있다.

13) 손문호, 위의 논문, 97~98쪽 참조.

14) 양반신분사회는 그 나름대로 양반문화를 창조하였다. 양반문화의 내용을 분석 하여 그중에서 오늘날에도 수정하여 계승할 수 있는 문화와 비판을 극복해야

할 문화로 판별하는 것은 차후의 연구 과제라고 할 것이다.

15) 신용하, 『한국근대사회의 구조와 변동』, 일지사, 1994, 32~38쪽 참조.

16) 자세한 것은 정석종, 『조선후기 사회변동연구』(일조각, 1983) 참조 바람.

17) 진덕규, "조선후기 정치사회의 권력구조에 관한 정치사적 인식", 『19세기 한국 전통사회의 변모와 민중의식』, 고대민족문화연구소, 1982, 20~21쪽.

18) 진덕규, "斥邪衛正論의 민족주의적 비판인식", 『한국문화연구원논총』, 1973, 25~26쪽.

19) 김혜승, 『한국 민족주의 −발생양식과 전개과정−』, 비봉출판사, 1997, 109~111쪽 참조..

20) 조광, "19세기 민란의 사회경제적 배경", 진덕규(외), 『19세기 한국전통사회의 변모와 민중의식』, 185~189쪽. 홍수의 피해는 심각하여 1729년의 경우 함경 도에서만 1000여 명이 사망하기도 하였으며, 1832년에는 293명의 인명 손실 이 있었다. 또 1845년에는 500여 명의 사망자가 발생하였다. 조선후기 수재보 다 더 큰 피해를 준 것은 한발로 17세기 중엽부터 19세기 중엽 동안 규모가 큰 기근이 모두 52회에 달한다. 1672년의 경우 아사자의 수가 18,950여 명에 이르 며, 1733년 기근 때에는 13,113명의 아사자가 발생하였다. 그리고 1763년의 기근에서도 729명의 아사자가 나타나고 있다. 이러한 피해는 전국적일 때도 있었고 일부 지방에 국한된 경우도 있었다.

21) 조광, 앞의 글, 194~195쪽.

22) 김용섭, 『한국근대 농업사 연구』 상, 일조각, 1984, 2~200쪽; 신용하, "조선후 기 실학파의 토지개혁 사상", 352~422쪽.

23) 유형원(柳馨遠), 『반계수록(磻溪隧錄)』, 삼성출판사, 1977.

24) 이것이 실학자들의 개혁노선의 한계이기도 하다.

25) 『영조실록(英祖實錄)』 51권 8장, 영조 16년 2월 갑오조. 김혜승, 앞의 책, 113쪽 재인용.

26) 예를 들면, 1779년 대제학 서명응이 균전제의 시행을 제기하고 있다. 『정조실록(正祖實錄)』 8권 56장 6, 정조 3년 11월 위의 책, 재인용.

27) 『정조실록(正祖實錄)』 32권 7장 15년 정월 정유조.

28) 김한식, "실학과 만족주체의 논리", 조명기 외 33인, 『증보판 한국사상의 심층 연구』, 우석, 1986, 321쪽 참조.

29) 금장태, 『한국실학사상 연구』, 집문당, 1987, 85쪽.

30) 이 부분에 관하여는 박충석, 『한국정치사상사』, 박충석 · 유근호 공저, 『조선 조의 정치사상』(평화출판사, 1980) 참조.

31) 유명종, 『한국유학연구』, 서울 : 이문출판사, 1988, 457쪽.

32) 정성철, 『실학파의 철학사상과 사회정치적 견해』, 한마당, 1989, 18~19쪽.

33) 안재순, 앞의 논문, 16쪽.

34) 박충석, "실학사상에서의 민본주의", 조명기 외 33인, 앞의 책, 339~342쪽 참조.

35) 금장태, 앞의 책, 85~88쪽 참조.

36) 위의 책, 92쪽; 김한식, 앞의 글, 329~335쪽 참조.

37) 박충석, 앞의 책, 68~78쪽; 정성철, 앞의 책, 116~159쪽; 유명종, 앞의 책, 467~469쪽 참조.

38) 윤사순, 『한국의 성리학과 실학』, 서울 : 열음사, 1987, 50쪽.

39) 이하는 문재윤, "정선조 정조의 통치리더십", 경북대 대학원 정치학과 박사학 위 논문, 2001, 73~74쪽 참조.

40) 곤여만국지도(坤輿萬國地圖)를 말한다.

41) 이수광(李睟光), 『지봉유설(芝峰類設)』 제2권, 지리문, 외국3.

42) 금장태, "조선후기 서학의 전래와 조선정부의 대응책", 『차산 안진오박사 회갑 기념논문집』 동양학논총, 1990, 427~428쪽.

43) 윤사순, "서학에 대한 한국 근대유학의 대응", 위의 책, 416쪽.

44) 금장태, 앞의 논문, 428쪽.

45) 박현모, 앞의 책 참조.

46) 박현모, "正祖의 聖王論과 更張政策에 관한 연구", 서울대학교 대학원 정치학과 박사학위논문, 1999.

47) 『정조실록』, 부록, 정조행장.

48) 고성훈, "正祖朝 홍복영 獄事와 山人勢力", 『東國史學』 26, 동국사학회, 1992.

49) 박현모, 앞의 논문.

50) 위의 논문.

51) 우경섭, "영 · 정조대 홍문관 기능의 변화", 『한국사론』 39, 서울대학교 국사학과, 1998.

52) 설석규, "규장각 연구 – 정조대의 정국과 관련하여", 『대구사학』 29, 대구사학회, 1986.

53) 『정조실록(正祖實錄)』 권 1, 즉위년 5월 16일.

54) 박현모, 『정치가 정조』, 푸른역사, 2001.

55) 최완수, 『우리문화의 황금기 진경시대 1 – 사상과 문화』, 돌베개, 1998.

56) 김도환, "북벌론과 홍대용의 화이론", 『한국사상사학』 15, 한국사상사학회, 2000.

57) 김인규, "북학파의 대외인식과 북학사상", 『한국사상사학』 14, 한국사상사학회, 1999.

58) 정옥자, "정조시대 연구 총론", 『정조시대 사상과 문화』, 돌베개, 1999.

59) 위의 책.

60) 『정조실록(正祖實錄)』 卷 7, 3年 1月 23日.

<정조의 통치이념과 위민정책>

1)『弘齋全書』권 163,「日得錄」文學 (南公轍, 壬子錄). "臣等仰奏曰 聖上於文字過費精力 雖等間辭敎之間 一字未或放過竊 不勝欽仰贊歎 而亦以此憂之敎曰 作文不過費一時精力耳 一日萬幾左酬右接 豈特作文之比乎 予亦非不思淸心息慮之道而勉勉孜孜不如 是不能安也."

2) 위의 글, (徐有防, 癸丑錄). "每當雪夜伊 吾淸曉卷舒之時 一念卽倦則 輒思乘月呵凍之寒士窮儒 未嘗不惺惺焉."

3) 정옥자, "정조의 학예사상,"『정조의 수상록 일득록 연구』, 앞의 책, 129쪽.

4)『弘齋全書』권176,「日得錄」訓語 (南公轍, 甲寅錄). "予御極二十年 治法政謨 未能復堯舜三代之盛 閒燕靜思 未嘗不撫初心而興歎 然其義理玄奧處 心術隱微際取捨好惡時 要看自點檢來亦幸 平日學問之不至大差 非但予天界炯然 有自守者又賴嚮時一二臣輔導之力也." 위의 책, 권 178,「日得錄」訓語 (金祖淳, 丁巳錄). "堯舜禹湯文武周孔之聖 予不敢希 堯舜禹湯文武周孔之心 予不敢失也."

5) 위의 글, 訓語 (李始源, 丁巳錄). "人主之職 在於敬天恤民 其次尊賢也."

6) 위의 책, 권 177,「日得錄」訓語 (李秉模, 丁巳錄). "德之布於民也 如天地雨露於萬物 潤之而不知功 滋之而不見跡 此帝力何有之爲 放勛則天之大德也." 인용문에서 '放勛(방훈)'은 요임금을 이르는 말이다.

7) 위의 책, 권 176,「日得錄」訓語 (徐榮輔, 壬子錄). "人須於平日 有存養之工 使此心常存 此理常明 雖簞瓢陋巷 不出環堵 而其浩然塞乎天地 擧而措之 天下之民者未嘗泯也 雖觀大戰於鉅鹿之壁 張九奏於洞庭之野 本體之虛明靜一 沖漠無朕者 固自如也 夫然後 方可以爲大君子 方可以做大事業." 인용문에서 '거록(鉅鹿)'은 전국시대에 항우가 秦나라 군대를 대파한 곳이다. '洞庭'은 중국의 호수 이름이다.

8) 위의 책, 권 178,「日得錄」訓語 (南公轍, 丁巳錄), "君子苟欲學道 當以見識爲本事行次之 有人於此力量才器雖足 以樹立事功苟無見識 而可以明知 則於人之是非善惡 事之內外本末 時有茫然 而不能鑑別 如此 則處置何由得宜 施措何由得當 故曰 學貴乎先明見識也."

9) 위의 책, 권 163,「日得錄」文學 (尹行恁, 癸丑錄). "近世士大夫 見識不高 每臨事不能見到 第一層道理 此坐不讀書耳."

10) 위의 책, 권 176,「日得錄」訓語 (南公轍, 壬子錄). "義理天下之公也 不當偏主 世
　　或有乘機 籍重挾已私 而傾奪人者 其亦不仁之甚矣."

11) 위의 책, 권 174,「日得錄」訓語 (徐有防, 甲申錄). "士大夫當以義理爲芻豢 名節
　　爲茶飯 捨此而成得甚麼人."

12) 위의 책, 권 175,「日得錄」訓語 (尹行恁, 丁未錄). "凡事皆有主客 爲學也做治也
　　用人也 罔不如此 … 學問以經術爲主 治法以義理爲主 用道以善類爲主."

13) 위의 책, 권 51,「策問」經術. "何謂經術志曰 聖人之制作曰經 賢者之著述曰傳 因
　　記訓曰詁 因章句曰註 自傳以下皆術也."

14) 위의 책, 권 163,「日得錄」文學 (徐有防, 癸丑錄). "以硏經篤學爲急先務 俾有日
　　新之實效也."

15) 위의 책, 권 34,「敎」斥邪學敎. "正學不明也 故其爲弊害 甚於邪說 浮於猛獸 爲
　　今日捄獎之道 莫過於益明正學 而且就世人 另行彰善癉惡之政 然後庶其功刑戮
　　之於矯俗末也."

16) 위의 책, 권 50,「策問」俗學. "予於近日諸臣之力斥西洋說也 惓惓以明正學 爲闢
　　異端之本 而又嘗以明末淸初之書 爲正學之榛蕪 彼俗學之匍匐不知恥者 豈但曰識
　　不逮而見太卑而已乎哉."

17) 위의 글, "堯舜禹湯文武周公孔子之道歟 矯世衛道之一大機括其在是也."

18) 위의 책, 권 162,「日得錄」文學 (李崑秀, 丁未錄). "士子必欲爲文六經諸子足矣."

19) 위의 책, 권 161,「日得錄」文學 (李秉模, 乙巳錄). "文之道當本之六經 以立其綱
　　翼以諸子以極其趣灌之 以義理發之 以英華上."

20) 위의 책, 권 163,「日得錄」文學 (南公轍, 壬子錄). "學文者當宗主六經 羽翼子史
　　包括上下博極今古 而卒之會極於朱子書然後 其辭醇正 而道術庶幾不差誤."

21) 위의 책, 권 50,「策問」俗學. "誠欲使反而求諸就實之學 寢廟於六經 堂奧於左史
　　門墻於八家."

22) 위의 책, 권 182, 群書標記, 御定,「朱子書節約二十卷」. "余自辨志以後 酷好朱子

書 繙閱不釋於手 誦念不絶於口 講究思索 不忘乎心."

23) 김문식, "정조의 주자서 편찬과 그 의의,"『정조시대의 사상과 문화』, 앞의 책,
114~115쪽 참조.

24)『弘齋全書』권 107,「經史講義」總經. "至朱子 則未發之說 有四十前後之異 蓋四
十以前 謂日用間 俱是已發 而就裏有天命之性一層 此是未發 四十以後 謂已發未
發 有兩箇時候."

25) 위의 책, 권 164,「日得錄」文學 (徐龍輔, 丙辰錄). "近世新學小生 多不從事於性
理之書 予甚惜之."

26) 위의 책, 권 51,「策問」經術. "不在於從事眞經術 而善學朱夫子乎."

27) 위의 책, 권 165,「日得錄」文學 (南公轍, 丁巳錄). "邪學之橫流 亦由於正學之不
明 明正學莫先於尊朱子."

28) 위의 책, 권 4,「春邸錄雜著」朱子大全箚疑跋. "孔子之道 大明於朱子 而朱子之書
大備於大全 故欲觀孔子之道者 必先考質於朱子 而欲窮朱子之書者 必先进肆力於
大全."

29) 위의 책, 권 29,「綸音」命使行購朱子書眞本綸音. "朱夫子卽 孔夫子後一人也 堯
舜禹湯之道 得孔夫子而明 孔曾思孟之學 得朱夫子而傳 朱夫子尊然後 孔夫子始
尊 爲天地立心 爲生民立命 爲萬世開太平 迪彝敎於窮宙 陳常典於時夏 以之異端
熄 而民志定者 卽惟日衛斯道扶政學 而究其本則 尊我朱夫子 是耳." 같은 내용이
『正祖實錄』권 52, 正祖 23년 7월 壬申(16일)에도 나온다.

30) 위의 책, 권 164,「日得錄」文學 (徐龍輔, 丁巳錄). "學問之道 無他在 於日用事物
上 講求其至當處 做將去而已."

31) 위의 책, 권 163,「日得錄」文學 (徐有防, 壬子錄). "學問非別件物 事日用事 爲莫
非此學問工夫著 衣時喫飯時 都是這箇學問 而今人語到學問 視之以玄遠難行之事
輒日學問工夫 何以下手云云 良可異也."

32) 위의 글, 文學 (南公轍, 壬子錄). "學無益於正道 不如無學 文無當於實用 不如
無文."

33) 위의 책, 권 164, 「日得錄」 文學 (徐龍輔, 丁巳錄). "學問之道無他在 於日用事物
上 講求其至當處 做將去而已 後世儒者 有或能言於說心說 而至於實地事功 昧然
不知爲何物 這便是有 體無用之學."

34) 위의 책, 권 162, 「日得錄」 文學 (尹行恁, 庚戌錄). "科文之有妨於實學 自古然矣
然予意必欲 因科文之體 寓實學之用."

35) 위의 책, 권 163, 「日得錄」 文學 (尹行恁, 癸丑錄). "所謂經學也 非別件物 事如日
用飲食 人人有之 人人行之."

36) 위의 책, 권 165, 「日得錄」 文學 (徐有榘, 丁巳錄). "三代以上 經卽史史卽經 說命
爲論學之書 而治在其中 洪範爲制治之具 而學在其中 未始有敎學之編另 行於法
令之外 降及秦漢 道問學者 指法書爲末務 志經濟者 指儒家爲迂闊 或有體而無用
或循末而舍本 於是乎經史始分 而治道之汚隆 亦決於此."

37) 『正祖實錄』, 正祖 23년 5월 5일(壬戌). "昔則敎初學之法 先以大學論孟中庸詩書
敎之 然後次及史記."

38) 朴賢謨, 『正祖의 聖王論과 更張政策에 관한 연구』(서울대 대학원 박사학위논
문, 1999), 127~128쪽 참조.

39) 『弘齋全書』 권 178, 「日得錄」 訓語 (李始源, 丁巳錄). "知行二字 如車輪鳥翼 不可
偏發 … 今之學者 只將名目度數 較絜辯論如言 明德與性同乎異乎 太德是統體乎
五行是各具乎 說得一場好話而已 古人所謂知行兩進 決不如此."

40) 위의 책, 권 131, 「故寔」 朱子大全. "四七之辨 吾未嘗開口曰是曰非者."

41) 위의 책, 권 161, 「日得錄」 文學 (徐浩修, 乙巳錄). "近世之士 五經尙不能悉數 況
十三經乎 鹵莽如此 而說心說性 自處以窮經之士 噫俗學之弊久矣."

42) 위의 책, 권 163, 「日得錄」 文學 (南公轍, 壬子錄). "學問有活法有死法 我東儒者
闡明性理者 不爲不多 而率皆有 依樣拘束之病所以 無眞正大英雄氣象."

43) 위의 책, 권 161, 「日得錄」 文學 (徐有防, 乙巳錄). 같은 책, 권 163, 「日得錄」 文
學 (南公轍, 壬子錄) 참조.

44) 위의 책, 권 131, 「故寔」 朱子大全. "實始表章朱子書者 李文純也 觀於節要 眞所

謂朱門之忠臣."

45) 위의 책, 권 161,「日得錄」文學 (李秉模, 乙巳錄). "先正文正公宋時烈文章 惟其
積之也厚 所以發之也博 浩汗滂沛 如決江河 而一生受用 專在紫陽書 故種種句語
間 自有不期合而暗合處."

46) 朴賢謨,『正祖의 聖王論과 更張政策에 관한 연구』, 앞의 글, 174쪽 참조.

47)『弘齋全書』권 162,「日得錄」文學 (尹行恁, 庚戌錄). "近聞燕中學士大夫 一切學
問 以詩律與考證 爲無上眞儒 此皆捷於成就 便於誑耀 而其才器分限 亦有所不能
過者."

48) 위의 책, 권 51,「策問」經術. "今之所謂經術者 何與此大相遠也 驚於物名 祥於器
械 泥於考證 膠於辯博 而曾莫能究 其大義之所歸 以獲作之心 故其獘也."

49) 위의 책, 권 163,「日得錄」文學 (尹行恁, 癸丑錄). "目今文體之日卑 至於莫可收
拾者 卽考訂之學 有以啓之出 自家杼軸能列之作者 樊籬則自度其不能故 於是乎
尋摘古人所著中 地理人名世代譜系之 或有差誤者 旁引曲援敷衍 爲說全 以萬卷
充編 爲究竟法 若是而能爲文章者 固幾希矣."

50) 정옥자,『정조의 수상록 일득록 연구』, 앞의 책, 144쪽.

51)『弘齋全書』권 162,「日得錄」文學 (李崑秀, 丁未錄). "我朝禮樂文物 本是中華制
度 今不必更求糟粕."

52) 김문식, 앞의 글, 156~163쪽 참조

53)『雅誦』卷首,「雅誦義例」. "文化之暢 雖係於天 道統之傳 實由於人 此我聖上 尊
朱夫子之書 以闡孔夫子之道 以接夫羲農堯舜相傳之統也."

54)『四部手圈』권 3, 卷末,「跋文」. "我聖上 承朱子未卒之志 闡周孔相傳之旨 … 庶幾
三代之盛 可復於今日 大聖人宏規睿知 有非經生學士所敢測度其萬一者也."

55)『正祖實錄』권 54, 附錄,「誌文」(吏曹參判 尹行恁).

56)『弘齋全書』권 164,「日得錄」文學 (徐龍輔, 丙辰錄). "宋文正之學 本之朱子 而所
遇之時 亦與朱子彷彿 故發言立論 深得朱子之蘊 予之所編兩賢傳心錄 非獨寓意
於曠感而已 實出於爲斯文深長盧也." 같은 책, 권179,「群書標記」, 御定, '兩賢傳

心錄'. "先生之一言一事 一如朱夫子而無差 則毁先生而誣之者 不得不並毁朱夫子
而誣之 不知其自抵於誣孔夫子之科 斯文之亂 吁其極矣."

57) 위의 책, 권 43,「左議政蔡濟恭斥邪學箚批」. "欲禁西洋書之學 先從稗官雜記禁之
欲禁稗官雜記 先從明末淸初文集禁之 大抵 正其本者 若迂緩而易爲力 救其末者
雖切至而難爲功 今予所欲禁 未必不爲正本之一助."

58) 위의 책, 권 163,「日得錄」文學 (尹行恁, 癸丑錄). "然今之士子 則初不窺 經書旨
義 只工於尋摘文字 用於科曰而止 雖欲做得長箋 亦不可得."

59) 위의 글, (徐有防, 癸丑錄). "敎曰 近來士子 輩纔辨魚魯 則輒汨汨 於科場駢儷之
體 至於經學 率皆茫昧."

60)『正祖實錄』, 正祖 23년 5월 5일(壬戌).

61) 정조는 독서에 있어 '著實體認', 즉 성실한 체득의 노력을 강조했다.『弘齋全
書』권 162,「日得錄」文學 (徐浩修, 庚戌錄). "讀書著實體認 則道理躍如 皆在
心目之間 不爲文字言語所纏繞." 이러한 관점에서 정조는 "귀로 듣고 입으로
옮기는 천박한 학문풍토(口耳)"를 비판하였다. 같은 글(尹行恁, 辛亥錄).

62) 위의 책, 권 178,「日得錄」訓語 (南公轍, 丁巳錄). "士以端坐讀書爲拙計 宰相以
學問事功爲二致 予將何以哉."

63) 위의 글, (李始源, 丁巳錄). "古之士夫 砥礪名檢 尤於財利 視之若彳免 今則上自朝
紳 下至布韋 所競在刀錐之利 言之足可羞."

64) 같은 글. "今人固不如古之人 而亦無非士大夫也 然出言或恐有稜處已 或恐有方
務在圓轉 打成一俗 以此取容 以此竊祿."

65) 위의 책, 권 175,「日得錄」訓語 (金祖淳, 己酉錄). "侈風之盛 莫如近日 雖至貧至
殘之類 居處凡百衣著飮食 皆欲成樣 彼不耕不織之人 財物從何生也 是以千方百
計 必欲穿得一個利竇 爲守令則惟思益己 作姦犯科 無所不至良可悶心也."

66) 위의 책, 권 178,「日得錄」訓語 (沈煥之, 戊午錄). "義日益壞 理日益晦 道日益遠
學日益渝 洋學之亂眞悖正 涓涓者至於滔滔 今之在朝者 殆若醉生夢死 懷爵祿而
已 無人說得眞箇辭闢之義."

67) 위의 책, 권 175,「日得錄」訓語 (金祖淳, 己酉錄). "近來士大夫間 習尙甚怪 必欲
脫却我國規模 遠學唐人 所謂書册姑無論 至於尋常器皿什物 亦皆用唐産 以此競
爲高致 如墨屛筆架 交椅卓子 鼎彝樽楹等 種種奇巧之物 布列左右 啜茶燃香 强
作疎雅態者 不可殫述 以予深坐九重 猶得聞之風 便其狼藉成㦲 不言可知."

68)『正祖實錄』正祖 15년 10월 23일(甲子).

69) 위의 책, 正祖 12년 8월 2일(辛卯).

70) 위의 책, 正祖 15년 10월 23일(甲子).

71) 이하는 노태구, "正祖大王 孝思想의 現代的 照明", 민족사상연구소,『효사상과
평화통일학』(2006)을 주로 참조함.

72) 오석원, "유교의 효사상과 현대사회",『유교사상연구』13집, 한국유교학회,
2000, 501~503쪽.

73) 김해영,『正祖의 孝思想 硏究』성균관대학교 석사학위 논문, 2005, 105~107쪽
참조.

74) 위의 책, 권 184.

75) 찬(贊)이란 남의 아름다운 행적을 기리는 문체의 한가지(praise).

76) 김해영. 앞의 책, 57쪽.

77) 긴문식,『정조의 경학과 주자학』, 문헌과 해석사, 2000, 157쪽.

78) 박현모,『정치가 정조』, 푸른 역사, 2003, 325~326쪽.

79) 이태진.『조선후기의 정치와 군영제 변천』, 한국학연구원, 1985 참고.

80) 박현모, 앞의 책, 330~331쪽.

81) 문재윤, 앞의 논문, 96~105쪽 주로 참조함.

82) 김우영, "조선조 도학정치사상의 성격", 경북대 박사학위논문, 1989, 26~30쪽.

83) 맹자 진심장에 보이는 말로써 "요순은 성(性)대로 하신 분이고, 탕무는 몸을 닦

아서 성(性)을 회복하신 분이고, 오패는 인의(仁義)의 명칭만을 빌린 사람이
다"라고 하여 그 가식성을 비판하고 있다.

84)『홍재전서(弘齋全書)』, 제3권, 춘저록, 서, "궁료에게 답하다."

85) 위의 책, 같은 쪽.

86)『홍재전서(弘齋全書)』, 제44권, 비답, 우의정 이병모가 거듭 금령을 거두도록
   연석에서 상주한 것에 대한 비답.

87)『홍재전서(弘齋全書)』, 제163권, 일득록, 문학.

88) 정재훈, 앞의 논문, 113쪽.

89) 강광식,『신유학사상과 조선조 유교정치문화』, 집문당, 2000, 29~30쪽.

90) 문재윤, 앞의 논문, 98쪽.

91) 박현모, "정조의 성왕론과 경장정책에 관한 연구", 서울대학교 정치학과 박사
   학위논문, 1999.

92)『정조실록(正祖實錄)』, 권, 7년 7월 2일.

93)『정조실록(正祖實錄)』, 권 즉위년, 9월 22일.

94)『정조실록(正祖實錄)』, 1년 3월 21일.

95)『정조실록(正祖實錄)』, 1년, 7월 22일.

96)『정조실록(正祖實錄)』, 3年 8月 3日.

97)『정조실록(正祖實錄)』, 卷 5, 2年 2月 6日.

98) 김성윤, "토지제, 노비제 개혁 논의",『조선후기 탕평정치 연구』, 지식산업사,
   1997.

99)『비변사등록(備邊司謄錄)』167册, 正祖 8年 10月 29日.

100)『정조실록(正祖實錄)』卷 30, 14年 4月 7日.

101) 『정조실록(正祖實錄)』卷 32, 15年 3月 29日.

102) 국가 소속의 관청노비로서 특히 궁중에 소속된, 종부시, 사복시, 내수사의 노비를 말한다.

103) 『비변사등록(備邊司謄錄)』187册, 正祖 22年 3月 13日.

104) 김성윤, “토지제, 노비제 개혁 논의”, 『조선후기 탕평정치 연구』, 지식산업사, 1997.

105) 박현모, “신해통공의 정치경제학”, 『한국정치학회보』35, 한국정치학회, 2001.

106) 박현모, 『정치가 정조』, 푸른역사, 2001, 253~254쪽 재인용.

107) 김동철, “채제공의 경제정책, −특히 辛亥通共發買論을 중심으로”, 『부대사학』4, 1980.

108) 『日省錄』, 정조 원년 6월 28일.

109) 심재우, “정조대 欽恤典則의 반포와 形具 정비”, 『규장각』22, 1999.

110) 『정조실록(正祖實錄)』卷 5, 2年 1月 12日.

111) 심재우, 앞의 책.

112) 곽효문, “조선조 자휼전칙의 복지행정사적 의의”, 『행정논총』39−3, 서울대학교 행정대학원, 2001.11.

113) 김선근, “정조시대 아동복지정책에 관한 연구−자휼전칙을 중심으로”, 단국대학교 행정대학원 석사학위논문, 1999.

<정조의 군주권 확립과 통합정책>

1) 김성윤, 『朝鮮後期 蕩平政治 硏究』, 지식산업사, 1997.

2) 박현모, 앞의 논문.

3) 김문식, “正祖의 華城 경영과 문헌 배포”, 『奎章閣』23, 2000, 12쪽.

4) 『고종실록(高宗實錄)』卷 39, 36年 8月 3日.

5) 『정조실록(正祖實錄)』卷 27, 13年 7月 11日 乙未.

6) 『정조실록(正祖實錄)』卷 27, 13年 7月 12日 丙申.

7) 『정조실록(正祖實錄)』卷 27, 13年 8月 9日 壬戌.

8) 『정조실록(正祖實錄)』卷 27, 13年 10月 8日 庚申.

9) 『정조실록(正祖實錄)』卷 27, 13年 8月 16日 己巳.

10) 『정조실록(正祖實錄)』卷 27, 13年 7月 15日 己亥.

11) 『정조실록(正祖實錄)』卷 38, 17年 12月 8日 丁卯.

12) 『정조실록(正祖實錄)』卷 30, 14年 5月 17日 丁酉.

13) 김동욱, 위의 책.

14) 『정조실록(正祖實錄)』卷 27, 13年 7月 15日 己亥.

15) 丁奎英 편, 『俟菴先生年譜』正文社, 1984.

16) 최홍규, "화성축조와 화성성역", 『水原市史』, 1996.

17) 『정조실록(正祖實錄)』卷 38, 17年 12月 6日 乙丑.

18) 『화성성역의궤(華城城役儀軌)』卷 1, 啓辭, 癸丑 12月 8日.

19) 『정조실록(正祖實錄)』卷 39, 18年 1月 15日 癸卯.

20) 『화성성역의궤(華城城役儀軌)』卷 2, 碑文 華城紀蹟碑.

21) 김동욱, 『실학정신으로 세운 조선의 신도시, 수원화성』, 돌베개, 2002.

22) 『수원하지초록(水原下旨抄錄)』卷 1, 己酉 9月 26日.

23) 유봉학, 『정조대왕의 꿈』, 신구문화사, 2001.

24) 정옥자, 앞의 책, 22~23쪽 참조.

25) 『정조실록(正祖實錄)』, 2年 6月 13日.

26) 박현모, 『정치가 정조』, 푸른역사, 2001.

27) 배우성, “정조년간 무반군영대장과 군영정책”, 『한국사론』24, 서울대학교 국
사학과, 1991.

28) 위의 책.

29) 최홍규, “정조시대의 화성 경영과 장용외영 문제”, 『정조의 화성건설』, 일지사,
2001.

30) 1720(숙종 46)~1799(정조 23). 조선 후기의 문신. 본관은 평강(平康). 자는 백
규(伯規), 호는 번암(樊巖)·번옹(樊翁). 1758년에 도승지로 임명되었을 때 사
도세자와 영조의 사이가 악화되어 세자 폐위(廢位)의 비망기(備忘記)가 내려지
자 죽음을 무릅쓰고 막아 이를 철회시켰는데, 이 사건으로 하여 후일 영조는
채제공을 지적하여 “진실로 나의 사심 없는 신하이고 너의 충신이다.”라고 정
조에게 말했다 한다. 1776년 3월에 영조가 죽자 국장도감(國葬都監) 제조(提調)
에 임명되었고, 이후 정조 특명으로 사노비(寺奴婢)의 폐를 교정하는 절목을
마련하여 정1품에 이르렀다. 이 사노비절목은 점차 사노비의 수효를 감소시켜
1801년(순조 1)의 사노비 혁파를 가능하게 하였다. 1788년 국왕의 친필로 우
의정에 특채되었고, 이 때 황극(皇極)을 세울 것, 당론을 없앨 것, 의리를 밝힐
것, 탐관오리를 징벌할 것, 백성의 어려움을 근심할 것, 권력기강을 바로잡을
것 등의 6조를 신언하였다. 이후 1790년 좌의정으로서 행정 수반이 되었고, 3
년간에 걸치는 독상(獨相)으로서 정사를 도맡아 하기도 하였다. 자신의 시대를
개혁이 필요한 시기로 생각했으나, 제도 개혁보다는 운영의 개선을 강조, 중간
수탈 제거, 부가세 폐단의 제거들을 추진하고 간리(奸吏)의 작폐를 없앰으로써
국가재정의 부족을 타개하는 것을 급선무로 생각하였다. 상업 활동이 국가 재
정에 필요함을 인식했으나 전통적인 농업우선 정책을 지켰다.

31) 최홍규, “현륭원 천봉과 신도시 화성건설”, 『정조의 화성건설』, 일지사, 2001.

32) 박광용, 『영조와 정조의 나라』(서울: 푸른역사, 1998) 참고.

33) 신창호, "정조의 효사상 실천방안에 대하여: 다산과 관련하여", 『민족사상연구』 제14호, 2006, 참조.

34) 김문식, "정조의 화성 경영과 문헌 배포", 『규장각』 23, 2000.

35) 김성윤, "조선후기 정조대의 수원육성과 천도시도", 『부대사학』 20, 부산대학교 사학회, 1996.

36) 최홍규, 『정조의 화성경영 연구』, 일지사, 2005, 19~25쪽 참조.

37) 위의 책, 268~271쪽 참조.

38) 이하는 정옥자, 『정조의 수상록 일득록 연구』, 일지사, 2000, 19~21쪽 참조.

39) 박현모, "정조의 성왕론과 경장정책에 관한 연구", 서울대학교 대학원 정치학과 박사학위논문, 1999.

40) 정옥자, 앞의 책, 21~22쪽.

41) 위의 책, 22쪽 참조.

42) 이 정의는 영국 Skeffington 위원회의 "skeffington Report"의 정의이다. 최호준, 『참가와 능률의 행정학』, 삼영사, 1984, 37쪽 참조.

43) 한상권, 『朝鮮後期 社會와 訴冤制度—上言, 擊錚 研究』, 일조각, 1996.

44) 한상권, 위의 책.

45) 김문식, "18세기 후반 정조 능행의 의의", 『한국학보』 88, 1997.

46) 김성윤, "정조 정치사상의 구조와 전개", 『조선후기 탕평정치 연구』, 지식산업사, 1997.

47) 김준혁, "조선후기 정조의 불교인식과 정책", 『중앙사론』 10·11합집, 1999.

48) 위의 글.

<정조 경장정책의 평가와 한계>

1) 안해균, 『정책학』, 앞의 책 참조.

2) 이에 관해서는 Carl E. Van Horn, Policy Implementation in the Federal System(Lexington: Heath, 1979), p.161과 R. Nakamura and F. Smallwood, op. cit., pp.38~39.

3) 박현모, 앞의 책.

4) 갑자년 구상은 후일 김조순이 안동 김씨 세도정치가 확립된 이후 공개된 영춘옥음기(迎春玉音記)라는 비밀기록으로 확인되었다.

참고문헌

1. 국내 문헌

* 1차 자료

경국대전(經國大典)

남명집(南冥集)

삼봉집(三峰集)

수원하지초록(水原下旨抄錄)

화성성역의궤(華城城役儀軌)

비변사등록(備邊司謄錄)

조선경국대전(朝鮮經國大典)

증보문헌비고(增補文獻備考)

담헌서(湛軒書)

반계수록(磻溪隧錄)

성학집요(聖學輯要)

승정원일기(承政院日記)

양촌집(陽村集)

일성록(日省錄)

여유당전서(與猶堂全書)

조선왕조실록(朝鮮王朝實錄)– 성종실록(成宗實錄), 영조실록(英祖實錄), 정조
실록(正祖實錄), 고종실록(高宗實錄), 순조실록(純祖實錄)

퇴계집(退溪集)

한중록(閑中錄)

홍제전서(弘濟全書)

* 2차 자료–단행본

『신한 새국어사전』, 서울 : 신한출판사, 1974.

강광식,『신유학사상과 조선조 유교정치문화』, 서울 : 집문당, 2000.

강만길 외,『한국사: 중세사회의 해체』, 서울 : 한길사, 1995.

강만길,『조선후기 상업자본의 발달』, 서울 : 고대출판부, 1973.

강재언,『근대한국사상사연구』, 서울 : 미래사, 1983, 1986.

金令鍾, 林星漢, 鄭然渲, 韓石泰,『官僚制와 行政哲學』, 서울 : 法文社, 1987.

金雲泰,『朝鮮王朝行政史』近世篇, 서울 : 博英社, 1983.

금장태,『한국실학사상 연구』, 서울 : 집문당, 1987.

김규정,『신고 행정학원론』, 서울 : 법문사, 1986.

金鼎卨,『風流精神』, 서울 : 정음사, 1987.

김동욱,『실학정신으로 세운 조선의 신도시, 수원화성』, 서울 : 돌베개, 2002.

김만규,『조선조의 정치사상연구』, 인천 : 인하대출판부, 1982.

김문식,『정조의 경학과 주자학』, 서울: 문헌과 해석사, 2000.

김성윤,『조선후기 탕평정치연구』, 서울 : 지식산업사, 1998.

김영작,『한말 내셔널리즘 연구』, 서울 : 청계연구소, 1989.

김용섭,『한국근대 농업사 연구』상, 서울 : 일조각, 1984.

김한식,『실학의 정치사상』, 서울 : 일지사, 1979.

김혜승,『한국 민족주의 ― 발생양식과 전개과정 ―』, 서울 : 비봉출판사, 1997.

노태구,『동학과 신문명론』, 서울 : 아름다운 세상, 2000.

______,『민족주의와 국제정치』, 서울 : 백산서당, 2002.

______,『한국민족주의의 정치이념』, 서울 : 새밭, 1981.

______,『세계화를 위한 한국민족주의론』, 서울 : 백산서당, 1995.

민족사상연구소,『효사상과 평화통일학』, 민족사상연구 제14호, 2006.

민중사상연구소 편,『한국근대민중사』, 서울 : 참한, 1988.

빅꾕용,『영조와 성조의 나라』, 서울 : 푸른역사, 1998.

박동서,『한국 관료제도의 역사적 전개』, 서울 : 한국연구도서관, 1961.

박충석,『한국정치사상사』, 서울 : 평화출판사, 1989.

박충석 · 유근호 공저,『조선조의 정치사상』, 서울 : 평화출판사, 1980.

박현모,『정치가 정조』, 서울 : 푸른역사, 2001.

송복,『한국사회의 갈등구조』, 서울 : 현대문학, 1990.

신석호 외,『한국사』10―양반관료국가의 사회구조―, 국사편찬위원회, 1977.

愼鏞廈 編, 1985『民族理論』, 서울 : 文學과 知性社.

신용하,『한국근대사회의 구조와 변동』, 서울 : 일지사, 1994.

______,『韓國近代社會思想史研究』, 서울 : 一志社, 1987.

愼鏞廈,『東學과 甲午農民戰爭研究』, 서울 : 一潮閣, 1983.

申采浩,『韓國史硏究草』乙酉文庫 151, 서울 : 乙酉文化社, 1974.

아담 샤프, 김택현 역,『역사와 진실』, 서울 : 청사, 1982.

안병태,『한국근대경제와 일본제국주의』, 서울 : 백산서당, 1982.

안해균,『현대행정학 : 행정의 기본개념과 원리』, 서울 : 다산출판사, 1983.

유명종,『한국유학연구』, 서울 : 이문출판사, 1988.

유봉학,『정조대왕의 꿈』, 서울 : 신구문화사, 2001.

유승국,『한국사상과 현대』, 서울 : 동방학술연구원, 1988.

유영익,『韓國近現代史論』, 서울 : 一潮閣, 1992.

柳馨遠,『磻溪隧錄』, 서울 : 삼성출판사, 1977.

윤사순,『한국의 성리학과 실학』, 서울 : 열음사, 1987.

이기순,『인조 · 효종대 정치사연구』, 서울 : 국학자료원, 1998.

李東熙,『政治學原論』, 서울 : 日新社, 1989.

이상익,『서구의 충격과 근대 한국사상』, 서울 : 한울아카데미, 1997.

이재석 외, 2002『한국정치사상사』, 서울 : 집문당.

이종은 (역),『현대 정치이론의 이해』, 나남, 1991; Thomas Arthur Spragens, Jr.,
        Understanding Political Theory, New York: St. Martin's Press, 1976.

이태진,『조선후기의 정치와 군영제 변천』, 서울: 한국학연구원, 1985.

이한빈,『社會變動과 行政』, 서울 : 박영사, 1968.

丁奎英 편,『俟菴先生年譜』, 서울 : 正文社, 1984.

정석종,『조선후기 사회변동연구』, 서울 : 일조각, 1983.

정성철,『실학파의 철학사상과 사회정치적 견해』, 서울 : 한마당, 1989.

丁若鏞(茶山研究會 譯註),『牧民心書 II』 創批新書 25, 서울 : 創作과 批評社,
        1979.

정옥자,『정조시대 사상과 문화』, 서울 : 돌베개, 1999.

______,『정조의 수상록 일득록 연구』, 서울 : 일지사, 2000.

정옥자 외,『정조시대의 사상과 문화』, 서울: 돌베개, 1999.

朱紅星외 지음, 김문용 · 이홍용 옮김,『한국철학사상사』, 서울 : 예문서원, 1996.

최영성,『한국유학사상사』, 서울 : 아세아문화사, 1997.

최완수,『우리문화의 황금기 진경시대 1-사상과 문화』, 서울 : 돌베개, 1998.

최호준,『참가와 능률의 행정학』, 서울 : 삼영사, 1984.

______,『시민의 도시』, 서울 : 디자인 네트, 2000.

최홍규,『정조의 화성건설』, 서울 : 일지사, 2001.

______,『정조의 화성경영 연구』, 서울 : 일지사, 2005.

콘, 한스(車基璧 譯),『民族主義』三星文化文庫 50, 서울 : 三星美術文化財團, 1974.

한국역사연구회 편,『한국사강의』제2판 색인 증보판, 서울 : 한울아카데미, 1989.

한상권,『朝鮮後期 社會와 訴冤制度―上言, 擊錚 硏究』, 서울 : 일조각, 1996.

______,『정조의 화성행차 28일』, 서울 : 효행출판, 1999.

한우기·이성무 외,『역주 경국대전』―주석편―, 한국정신문화연구원, 1986.

황   현,『매천야록』, 서울 : 국사편찬위원회, 1996.

* 2차 자료 ― 논문

고성훈, "正祖朝 홍복영 獄事와 山人勢力",『東國史學』26, 동국사학회, 1992.

곽효문, "조선조 자휼전칙의 복지행정사적 의의",『행정논총』39―3, 서울대학
　　　교 행정대학원, 2001.

金繁雄, "한국행정이론의 토착화 준거 : P이론의 시각",『행정논집』제16집, 동
　　　국대학교 행정대학원, 1987.

金榮漢, "理想社會와 유토피아",『韓國史 市民講座』제10집, 서울 : 一潮閣,
　　　1992.

금장태, "조선후기 서학의 전래와 조선정부의 대응책",『차산 안진오박사 회갑
　　　기념논문집』, 동양학논총, 1990.

김한식, "실학과 만족주체의 논리", 조명기 외 33인,『증보판 한국사상의 심층
　　　연구』, 서울 : 우석, 1986.

김광웅, "사회과학연구방법의 토착화에 관한 소고,"『행정논총』제17권 제2호,
　　　서울대학교 행정대학원, 1979.

김도환, "북벌론과 홍대용의 화이론",『한국사상사학』15, 한국사상사학회,
　　　2000.

김동철, "채제공의 경제정책, ―특히 辛亥通共發賣論을 중심으로",『부대사학』
　　　4, 1980.

김문식, "18세기 후반 정조 능행의 의의",『한국학보』88, 1997.

______, "정조의 화성 경영과 문헌 배포",『규장각』23, 2000.

김선근, "정조시대 아동복지정책에 관한 연구―자휼전칙을 중심으로", 단국대
　　　학교 행정대학원 석사학위논문, 1999.

김성윤, "정조 철학사상의 정치적 조명",『부산사학』25·26합집, 1994.

_____, "정조 정치사상의 구조와 전개",『조선후기 탕평정치 연구』, 서울 : 지식산업사, 1997.

_____, "조선후기 정조대의 수원육성과 천도시도",『부대사학』20, 부산대 학교 사학회, 1996.

_____, "토지제, 노비제 개혁 논의",『조선후기 탕평정치 연구』, 서울 : 지식산업사, 1997.

_____, "華城축조와 水原 육성",『조선후기 탕평정치 연구』, 서울 : 지식산업사, 1997.

김우영, "조선조 도학정치사상의 성격", 경북대 박사학위논문, 1989.

김인규, "북학파의 대외인식과 북학사상",『한국사상사학』14, 한국사상사학회, 1999.

김준혁, "조선후기 정조의 불교인식과 정책",『중앙사론』10 · 11합집, 1999.

김춘식, "15세기의 민본이데올로기와 그 변화",『역사와 현실』창간호, 1989.

김필동, "고려시대 契의 단체 개념," 서울대학교 사회학연구회 編,『現代資本 主義와 共同體理論』오늘의 思想新書 105, 서울 : 한길사, 1987.

김해영,『正祖의 孝思想 研究』성균관대학교 석사학위 논문, 2005.

노태구, "2000년대를 향한 한국민족주의," 민족문제연구소 창립 학술대회 발표논문, 1993.

_____, "민중적 민족주의론의 이해,"『민족지성』통권 23호, 1월호, 1988.

_____, "韓國의 政治와 民族主義思想: 光復50年 分斷과 統一의 過程,"『제5회 한국정치 세계학술대회 발표문』, 한국정치학회, 1995.

_____, "正祖大王 孝思想의 現代的 照明", 민족사상연구 제14호,『효사상과 평화통일학』, 민족사상연구소, 2006.

문재윤, "정선조 정조의 통치리더십", 경북대 대학원 박사학위 논문, 2001.

박광용, "조선후기 탕평연구", 서울대 국사학과 박사학위논문, 1994.

박병련, "조선조 유교관료제의 성격에 관한 연구", 서울대 행정학 박사학위 논문, 1991.

박현모, "신해통공의 정치경제학",『한국정치학회보』35, 한국정치학회, 2001.

_____, "정조의 성왕론과 경장정책에 관한 연구", 서울대학교 대학원 정치학과 박사학위논문, 1999.

배병삼, "조선후기 개혁사상의 고찰 : 정조와 정약용을 중심으로", 한국정치학회 96 하계학술대회 발표논문, 1996.

배우성, "정조년간 무반군영대장과 군영정책", 『한국사론』 24, 서울대학교 국사학과, 1991.

백승현, "현대정치학에 있어서 철학적 정치학의 위상: 에릭 보글린의 '새로운 정치학'적 관점에서." 『한국정치학회보』 제24집 특별호, 1990.

백완기, "한국적 행정이론의 성립가능성 모색", 『한국정치학회보』, 제21집 제2호, 1987.

______, "한국행정학의 학문성 정립문제 : 과학주의의 입장에서", 『한국정치학회보』 제12집, 1978.

부남철, "조선 전기 군주권 유지를 위한 이념정책", 『한국정치학회보』 25집 1권, 1991.

설석규, "16−18세기의 유소와 공론정치", 경북대 사학과 박사학위논문, 1994.

______, "규장각 연구−정조대의 정국과 관련하여", 『대구사학』 29, 대구사학회, 1986.

손문호, "조선조 성리학 정치사상의 역사적 성격," 『한국정치외교사학회논 총』 제4집, 서울 : 평민사, 1987.

송영배, "洪大容의 상대주의적 思惟와 변혁의 논리", 『韓國學報』 74, 서울 : 일지사, 1994.

愼鏞廈, "두레 共同體와 農樂의 社會史," 愼鏞廈, 『韓國近代社會史研究』, 서울 : 一志社, 1987.

______, "東學思想의 휴머니즘과 民主主義," 東學革命 100周年紀念 國際學術 大會, 1993.

심재우, "정조대 欽恤典則의 반포와 形具 정비", 『규장각』 22, 1999.

안병영, "한국의 행정현상과 행정학연구의 주체성, "『한국정치학회보』, 제13집, 1979.

안재순, "韓國近世史에 있어서 正祖의 統治哲學에 관한 硏究 − 그 傳統性과 開放性을 중심으로 −", 성균관대학교 동양철학과 박사학위 논문, 1990.

오석원, "유교의 효사상과 현대사회", 『유교사상연구』 13집, 한국유교학회, 2000.

우경섭, "영 · 정조대 홍문관 기능의 변화", 『한국사론』 39, 서울대학교 국사학과, 1998.

윤사순, "서학에 대한 한국 근대유학의 대응", 『차산 안진오박사 회갑기념 논문집』, 동양학논총, 1990.

윤한택, "高麗前期 私田硏究", 고려대 사학과 박사학위논문, 1995.

李達鎬, "華城建設研究" 상명대 대학원 사학과 박사학위논문, 2003.

이상익, "朱子學의 主客合一論과 그 解體",『정치사상연구』4, 2001.

이종범, "행정학의 토착화에 관한 논거",『한국행정학보』제11호, 1977.

정만조, "17세기 정치사의 이해방향",『한국의 철학』22, 경북대 퇴계연구소, 1994.

정옥자, "정조시대 연구 총론",『정조시대 사상과 문화』, 서울 : 돌베개, 1999.

정정길, "정책결정과 정책문제 채택", 김운태 외,『한국정치행정의 체계』, 박영사, 1982.

조　광, "19세기 민란의 사회경제적 배경", 진덕규(외),『19세기 한국전통사회의 변모와 민중의식』, 서울 : 일지사, 1999.

진덕규, "조선후기 정치사회의 권력구조에 관한 정치사적 인식",『19세기 한국전통사회의 변모와 민중의식』, 고대민족문화연구소, 1982.

______, "斥邪衛正論의 민족주의적 비판인식",『한국문화연구원논총』, 1973.

최병덕, "조선성리학의 정치사상적 변용-조광조·이황·이이의 정치사상을 중심으로-", 경북대 박사학위논문, 1997.

최연식, "여말선초의 권력구상 : 왕권론, 신권론, 군신공치론을 중심으로",『한국정치학회보』32집 3호, 2002.

최홍규, "정조시대의 화성 경영과 장용외용 문제",『정조의 화성건설』, 서울 : 일지사, 2001.

______, "현륭원 천봉과 신도시 화성건설",『정조의 화성건설』, 서울 : 일지사, 2001.

______, "화성축조와 화성성역",『水原市史』, 1996.

한영우, "정도전의 사회·정치사상",『한국사론』1, 서울대 국사학과, 1973.

한충희, "조선초기 의정부연구" 상, 하,『한국사연구』31, 1980.

허　범, "정책의 본질," 유훈 외 5인 공저,『정책학개론』, 서울 : 법문사, 1976.

황성모, "사회과학의 토착화에 대하여", 한국사회과학연구소 편,『현대사회 과학방법론』, 서울 : 민음사, 1977.

2. 외국 도서

Becker, C. L., "What are historical facts?", the Western Political Qarterly, no. 3, new york, 1955.

Bjur, Wesley E., & A. Zomorrodian, "Toward Indigenous Theories of Administration," Occasional Paper(School of Public Administration, University of Southern California, September), 1985.

Chung, Yeun—Chae, A Medical Approch to Political Leadership : An Chae—hong and Heality Korea, Ph. D. dissertation, University of Hawaii, 1988.

Dror, Yehezkel, Policymaking Reexamined(Scranton, Penn.: Chandler Publishing Company), 1968.

Dunn, William N., Public Policy Analysis : An Introduction(Englewood Cliffs, N.J.: Prentice—Hall), 1981.

Dye, Thomas R., Understanding Public Policy, 4th ed. (Englewood Cliffs, N.J.: Prentice—Hall), 1981.

Easton, David, A Systems Analysis of Political Life(New York: John Wiley & Sons), 1965.

____________, The Political System(New York: Alfred A. Knopf, Inc.), 1953.

Etzioni, Amitai, The Active Society : A Theory of Societal and Political Processes(New York: The Free Press), 1968.

Horn, Carl E. Van, Policy Implementation in the Federal System(Lexington: Heath), 1979.

Lasswell, Harold D., "The Policy Orientation," in Daniel Lerner(ed.), The Policy Sciences(Stanford : Stanford University Press), 1951.

____________, and Abraham Kaplan, Power and Society(New Haven: Yale University Press), 1970.

Meehan, Eugene, The Theory and Method of Political Analysis(Homewood, IL: Dorsey), 1965.

Mitchell, Joyce M., and William C. Mitchell, Political Analysis and Public Policy(Chicago: Rand McNally), 1969.

Nadel, Mark V., "The Hidden Dimension of Public Policy: Private Governments and the Policy—Making Process," Journal of Politics, Vol. 37(February), 1975.

Oppenheim, Felix, Political Concept: A Reconstruction(Oxford: Basil Blackwell Publisher, Ltd.), 1981.

Presthus, Robert, Public Administration, 6th ed.(New York: The Ronald Press Company), 1975.

Ramos, Alberto Guerreiro, "Modernization: Towards a Possibility Model", in W. A. Beling and G. O. Totten, Developing Nations: Quest for a Model(New York: Van Nostrand Reinhold Company), 1970.

Ranney, Austin, "The Study of Policy Content: A Framework For Choice", in A. Ranney (ed.), Political Science and Public Policy(Chicago: Markham Publishing Co.), 1968.

Schuman David, 저(박영기 역),『관료제와 조직 및 행정 : 정치 행정학 입문서』, 대영문화사, 1988.

Simon, Herbert A., Administrative Behavior: A Study of Decision−Making Processes in Administrative Organization, third edition(New York: The Free Press), 1976.

Webster's Third New International Dictionary Vol. II(Chicago: Encyclopedia Britanica, Inc.), 1976.

저자 **송기출**

경기도 수원 출생, 수원고등학교 졸업, 경기대학교 행정학 박사, 경기도지사 정책보좌관, 수원 청소년문화센터 관장, (재)경기도수원월드컵경기장관리재단 사무총장, 경기대학교 청소년학과 겸임교수, 협성대학교 객원교수 역임, 현재 (재)한민족한마음 재단 대표

韓國史研究叢書 105

통합의 정치가 이산

| 초판 1쇄 인쇄일 | | 2012년 4월 20일 |
| 초판 1쇄 발행일 | | 2012년 4월 23일 |

지은이		송기출
펴낸이		정구형
출판이사		김성달
편집이사		박지연
책임편집		이하나
본문편집		정유진 이원숙
디자인		장정옥 김현경 조수연
마케팅		정찬용
영업관리		김정훈 권준기 정용현 천수정
인쇄처		미래프린팅
펴낸곳		**국학자료원**

등록일 2006 11 02 제2007-12호
서울시 강동구 성내동 447-11 현영빌딩 2층
Tel 442-4623 Fax 442-4625
www.kookhak.co.kr
kookhak2001@hanmail.net

| ISBN | | 978-89-279-0173-0 *94900 |
| 가격 | | 18,000원 |